Dr Titone

MANHATTAN
La fabuleuse histoire de New York des Indiens à l'an 2000

DU MÊME AUTEUR

Aux Éditions Gallimard :

JAMES DE ROTHSCHILD
VICTORIA

Aux Éditions Denoël :

LA FEMME SOLEIL
PAR LES YEUX DE MARCEL PROUST

A Sélection du Reader's Digest :

MÉMORIAL DE LA SECONDE GUERRE MONDIALE (en collaboration)

ANKA MUHLSTEIN

MANHATTAN
La fabuleuse histoire de New York des Indiens à l'an 2000

BERNARD GRASSET
PARIS

Merci tout d'abord à François Nourissier. Il a eu l'idée de ce livre, la bonne grâce d'en attendre l'achèvement et la patience de lire le manuscrit. Merci aussi à Jason Epstein, mon éditeur américain, qui a fait confiance à ce regard parisien posé sur sa ville. Je dois beaucoup à Paul Goldberger dont les articles et les livres m'ont littéralement ouvert les yeux. Je ne suis jamais sortie sans m'assurer que son guide de New York se trouvait dans ma poche. Un grand merci à Adam Begley dont la passion pour la littérature des États-Unis est contagieuse. Il n'a pas seulement répondu à toutes mes questions, il les a souvent devancées. Je me suis reposée, comme d'habitude, sur Robert Dujarric pour les faits et les chiffres contemporains. Enfin, un merci public à mon lecteur le plus constant, Louis Begley, pour lequel je suis revenue à Manhattan.

New York, avril 1986.

Pour Tototte,
en souvenir de Central Park.

INTRODUCTION

Tout le monde est d'accord : New York n'est pas fini. « Ce qu'ils ont dû s'amuser en faisant tout cela, s'écria Jules Romains, en débarquant. Ils y ont pris tant de plaisir qu'ils ne se sont jamais arrêtés[1]. » « On reconstruit New York, tout entier, environ tous les dix ans[2] », déclarait le maire de la ville en 1839. Un siècle plus tard, Le Corbusier s'émerveillera de ce que « s'épongeant le front [...] New York subitement s'écrie : Oui, je m'y suis mal pris. Recommençons... Cette ville n'a guère plus de vingt ans![3] »

Le thème de ce remaniement constant est vieux comme la ville elle-même. Dès 1788, Brissot s'étonnait « du changement rapide observé en six semaines[4] ». Henry James, horrifié par « la répudiation perpétuelle du passé, si tant est qu'il y ait un passé[5] » ne reconnaîtra pas sa ville natale lorsqu'il y reviendra, en 1904, après une absence de vingt ans. Personne, parmi les New-Yorkais ordinaires, ne s'est jamais ému de trouver « un geyser architectural[6] » là où il avait laissé un immeuble familier. On pourrait imaginer que les descriptions d'une ville aussi changeante fluctueraient d'une époque à l'autre. Eh bien, pas du tout. Paradoxalement, les commentaires sont si semblables, au cours des ans, qu'il serait impossible de les dater sur leur simple contenu. On peut aimer ou détester New York mais, tous, habitants ou visiteurs, semblent s'accorder sur ce qui fait sa singularité : « Une furieuse et aveugle vigueur de croissance [...] le bruit et la précipitation constituent la qualité dominante de la ville[7]. » Ce diagnostic de H.G. Wells, porté après une visite faite en 1906, n'a jamais été réfuté. La ville a toujours été fiévreuse. Walt Whitman, en 1842, se posait déjà la question du rapport entre New York et le silence : New York, cette ville de « bruit, de cris, de grondements, de bousculades, d'agitation, d'orages et de turbulence [8] ».

Quelque vingt ans plus tard, Mark Twain se lamente de ce que « chacun semble penser qu'il lui faut accomplir les devoirs de deux existences en une et ainsi chacun court, court, court et n'a jamais le temps de flâner [9] ». Si, en 1841, un visiteur suédois, Gustav Unionus, regrette de ne pas avoir « une paire d'yeux plantés dans la nuque et un œil dans chaque oreille pour éviter d'être renversé [10] », en 1947, Claude Roy met le pied sur la chaussée et « s'engage dans un flot de gens comme une truite dans un rapide filmé au ralenti [11] ». Chacun ne réagit pas de la même façon au choc de cette presse et de cette turgescence. Les uns, de la forte école du poète Walt Whitman, le chantre de la ville, qui s'amusait à déclamer du Shakespeare dans l'omnibus pour voir si sa voix s'élèverait au-dessus du tintamarre de la rue, tirent un grand réconfort de cette houle qui les submerge. Pour eux, la foule n'est pas synonyme de désordre mais d'énergie. « Ils aiment la vie, ces gaillards [12] », décide Jules Romains. Aux yeux de Whitman, les masses qui encombrent Broadway et descendent tous les matins en rangs serrés vers la vieille ville sont disciplinées comme des soldats à la manœuvre et il admire, le soir venu, que « les vagues successives de la marée matinale se retirent en ordre inverse — marchands, financiers, avocats d'abord, puis commis et, en dernier lieu, vendeuses et ouvriers [13] ». Chacun a une place et la multitude qui peuple les rues de cette ville, « le cœur, le cerveau, l'aimant, le ressort principal, le pinacle, le plus haut degré, l'insurpassable du Nouveau-Monde [14] », lui communique force et confiance.

Pour les âmes moins bien trempées, et ce sont les plus nombreuses, la ville est source d'angoisse : « New York est un désert splendide [...] une solitude couronnée de dômes et de clochers, où un étranger est seul parmi un million d'êtres de sa race [15] », déplore Mark Twain. H.G. Wells est saisi par « la force inhumaine de tout cela [...] les individus comptent pour rien [...] le caractère particulier de la ville, c'est la masse [...] l'énormité sans précédent de la chose [16] ». « New York me fait peur, avoue une des héroïnes de William Dean Howells, je m'y perds [17]. » Se perdre dans une ville au plan aussi évident ? Mais oui, et Sartre précisera : « Jamais égaré, toujours perdu [...] dans l'anonymat numérique des rues et des avenues [18]. » Certes, la disposition des rues est simple, mais Manhattan a longtemps été un agrégat de quartiers qui se sont construits d'abord et rejoints ensuite pour constituer une ville compacte. Au XIXᵉ siècle on devait traverser des terrains vagues pour atteindre les quartiers les plus modernes au nord de l'île. De nos jours, on passe sans arrêt des rues frontières, qui séparent, par exemple, Harlem des quartiers bourgeois, Chinatown de la Petite Italie, le centre des affaires du monde des ateliers et des galeries. Un moment d'inattention dans l'autobus, une station manquée dans le métro, et vous vous retrouvez — ou plutôt vous voilà perdu — dans un quartier insolite. New York n'est pas un labyrinthe mais un collage, et on ne peut y vivre que les yeux grands ouverts. Ajoutez à cela l'effet d'une architecture qui n'est pas à l'échelle humaine. Il n'y a aucune commune mesure entre la taille des hommes et celle des choses. « Objectivement, fait remarquer Claude Lévi-Strauss, New York est une ville, mais le spectacle qu'elle propose à la sensibilité européenne est d'un autre ordre de grandeur [...] La beauté de New York ne tient donc pas à sa nature de ville, mais à sa transposition, pour notre œil inévitable si nous renonçons à nous raidir, de la ville au niveau d'un paysage artificiel où les principes de l'urbanisme ne jouent plus : les seules valeurs significatives étant le velouté de la lumière, la finesse des lointains, les précipices sublimes au pied des gratte-ciel, et des vallées ombreuses parsemées d'autos multicolores comme des fleurs [19]. »

Paradoxalement, au XIXᵉ siècle, les Américains réussissaient l'accommodation nécessaire moins bien encore que les Européens de passage. « Hideux ces cauchemars au lourd couvercle qui menacent de bloquer le ciel [20] », gronde un vieux citadin, George T. Strong, alors que les bâtiments incriminés n'atteignent que dix ou quinze étages. Henry James n'apprécie pas davantage « ces épingles extravagantes piquées dans un coussin déjà surchargé [21] », et un autre écrivain, William Dean Howells, condamne « l'anarchie sauvage » qui permet à une façade de dominer ses voisines de six ou sept étages. Les étrangers témoignent plus de bienveillance à l'égard de « ces girafes de brique et de ciment [22] ». Paul Bourget y discerne l'expression de cet « en avant » infatigable qui est la caractéristique fondamentale de la ville. Paul Morand les trouve bien un peu menaçants, ces premiers gratte-ciel, « comme des escaliers sans rampe sur le bleu implacable de l'hiver indien », mais ils « donnent à New York sa grandeur, sa force, son aspect de demain. Sans toits, couronnés de terrasses, ils semblent attendre des ballons rigides, des hélicoptères, les hommes ailés de l'avenir[23]. » Et comment un Britannique ne serait-il pas diverti par ces jeunes chiens d'Américains qui, « lorsqu'ils se trouvent un peu à l'étroit font basculer une rue et l'appellent un gratte-ciel[24] ? » Que l'on soit sensible ou non à leur splendeur, une chose est certaine, les gratte-ciel traduisent l'irrépressible poussée de la ville, l'essence même de son style.

Mais cet essor, de par sa puissance et son désordre, porte en lui les germes d'une paralysie. Il n'a jamais été simple de circuler à travers cette ville sans cesse bourgeonnante. « Impossible de passer le carrefour de Pearl et de Wall Street [...] bloqué par les voitures, les carrioles, les brouettes ; hommes et chevaux entremêlés dans une promiscuité saugrenue[25] », déplore un voyageur anglais en 1807. En 1850 il faut piétiner dix minutes, au moins, avant de tenter la traversée périlleuse de Broadway. Les automobiles ne feront qu'aggraver la situation dès les premières années du siècle : « Le chauffeur qui franchit un carrefour [...] est résolu soit à tuer, soit à se tuer[26]. » « Il a plu assidûment, le 7 novembre 1937, le trafic est totalement bloqué[27] », constatera Le Corbusier. Et de nos jours chacun sait qu'il faut souvent plus d'une heure pour traverser en voiture les quatre kilomètres qui séparent les deux rives de l'île. Le record officiel de la lenteur est détenu par la 49e Rue avec 5,5 km à l'heure.

Unanimité, donc, dans le temps, sur la congestion de cette ville en état de croissance perpétuelle ; unanimité encore sur l'incroyable arc-en-ciel linguistique qui égaie la cité. Dans un rapport de 1641 sur la Nouvelle-Amsterdam, un père jésuite précisait que dans cette agglomération de quatre à cinq cents personnes on parlait dix-huit langues. Trois siècles plus tard, Claude Roy, emporté par l'enthousiasme, en dénombrait quatre-vingt-trois ! En fait, non seulement on parle toutes les langues à New York mais souvent plusieurs langues s'unissent pour créer une expression. La ville n'est pas tant une tour de Babel polyglotte qu'une Babel monoglotte, dans la mesure où, soumis à un rude pilonnage, l'anglais que l'on y entend a des variations extrêmes d'accent, de structure et de ton. Posez une question à un vendeur : s'il est portoricain, haïtien, philippin ou coréen — new-yorkais en un mot —, vous avez de fortes chances de ne pas comprendre sa réponse. A l'inverse, combien d'Américains, à l'accent classique des élèves des bonnes écoles, s'irritent de ce que leur chauffeur de taxi ne comprenne pas leurs indications ? « Les cafés où se réunissent les immigrants sont les chambres de torture du langage vivant [28] », décrétait Henry James, consterné par ce qu'il avait saisi au cours d'une promenade dans les bas quartiers de la ville. Maïakovski, lui, s'en amusait et métamorphosait les mots anglais maltraités par ses compatriotes en néologismes russes : *chuingam* pour *chewing-gum* ou *mekmonei* pour *make money*[29]. Des générations de romanciers juifs se sont enchantées des possibilités de jeux de mots fondés sur de curieux rapprochements : *kockin*, est-ce la version phonétique de cocaïne, ou le fait de se soulager en yiddish ? Et *molleh*, est-ce une molaire à l'anglaise ou une circoncision à la juive ? A l'interlocuteur de juger. Ainsi le langage de plus de la moitié des habitants est-il un puzzle où les mots changent de signification selon leur éclairage.

Comme tant d'autres, j'ai été, à mon tour, saisie par New York, et avec d'autant plus de force que je venais de Paris avec le sentiment très vif qu'une ville se définissait par la permanence de son organisation, le lent vieillissement de ses pierres, l'immuabilité de canons esthétiques. Or, voilà que j'étais confrontée à une confusion joyeuse sur fond géométrique, à l'éphémère et au discordant, à une laideur et une beauté également écrasantes. Je pénétrais dans un monde où hommes, bâtiments, idées, modes et langages étaient brassés et transformés par un mouvement perpétuel. Décrire, cerner New York, c'est aussi difficile que de sauter dans un train en marche. Heureusement, on sait avec exactitude d'où part le train : j'y ai puisé le courage de m'élancer.

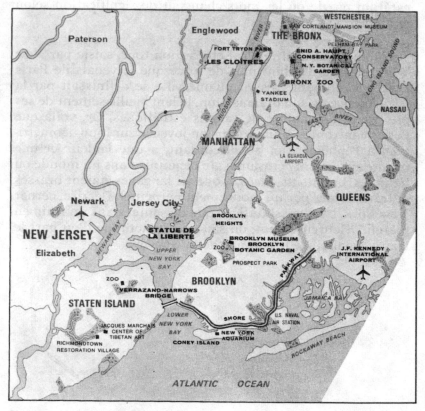

Carte extraite du « Guide Michelin »

I

CASTORS, DINDONS ET SCHNAPS

Manhattan est un mot indien. C'est, dans la traduction du poète Walt Whitman, « l'île assise sur le roc où sans cesse gaiement se grisent, accourent ct dévalent les vagues précipitées[1] ». Les Hollandais adoptèrent le nom indigène pour désigner l'île sur laquelle ils s'installèrent, et ils baptisèrent « Nouvelle-Amsterdam » le point de peuplement établi à son extrémité, face à la mer. Après la conquête anglaise, en 1664, l'île conserva son appellation de Manhattan alors que la petite ville devint New York. Le nom survécut à l'indépendance américaine de 1783. Au cours du XIXe siècle, New York grandit et occupa graduellement tout le site de Manhattan. Le nom indien prit une réalité administrative en 1898 lorsque furent rattachés à New York la ville de Brooklyn, jadis appelée Breuckelen (*Broken Land*), également fondée par les Hollandais, de l'autre côté de L'East River, sur la pointe sud-ouest de Long Island ; Queens, située à l'est de Long Island, et qui fut désignée ainsi par les Anglais en l'honneur de Catherine de Bragance, l'épouse de Charles II ; Staten Island, une île au sud de Manhattan, à une vingtaine de minutes de ferry, baptisée à la gloire des états généraux des Provinces-Unies ; et enfin le Bronx, du nom d'un gros propriétaire, Jan Broncks, le seul faubourg à s'étendre sur la terre ferme, au nord de Manhattan. Manhattan est donc aujourd'hui un des cinq *boroughs* qui constituent la ville de New York, le plus petit, le plus ancien et le plus illustre.

C'est une île de vingt-cinq kilomètres de long et de cinq kilomètres au plus large, d'une superficie de 57 km², bordée de trois cours d'eau : Hudson River à l'ouest, l'East River à l'est et Harlem River au nord. Centre nerveux d'une agglo-

mération urbaine de plus de onze millions et demi de personnes, elle abrite sur un territoire exigu un million et demi
d'habitants et, les jours ouvrables, en accueille plus du double. Les banlieusards, se pressant en rangs serrés, para-
lysent, matin et soir, les vingt et un ponts et les dix-huit tunnels qui relient l'île à sa région.

Découverte et abandonnée en 1524 par Giovanni da Verra-
zano, qui cherchait pour le compte de François Ier un passage vers l'Asie, redécouverte et vantée par l'explorateur
Henry Hudson, finalement achetée vingt-quatre dollars par
la Compagnie des Indes occidentales à un chef indien, l'île de
Manhattan est aujourd'hui la Ville par excellence, la der-
nière-née des « villes-monde », après Rome, Byzance, Venise,
Amsterdam et Londres, où affluent hommes, marchandises,
informations et capitaux, ville triomphante et fragile offrant
aux yeux de ses visiteurs un « inventaire du possible[2]. » Telle
est sa caractéristique essentielle. Fondée pour le commerce,
cette vocation marchande ne l'a jamais quittée. Elle la doit
tout entière à son origine hollandaise.

Lorsque Amsterdam l'emporta sur les villes italiennes
pour la domination économique de l'Europe, la recherche
d'une nouvelle route vers l'Asie lui incomba. Les bourgeois
hollandais embauchèrent un marin célèbre, expérimenté et
courageux, l'Anglais Henry Hudson. Celui-ci traversa l'Atlantique, buta sur la côte américaine et obliqua vers le nord à la
découverte d'une voie de pénétration. Le 5 septembre 1610, il
croisa devant une baie particulièrement accueillante. Il s'y
engagea. Les Indiens qui en peuplaient les rives pagayèrent
jusqu'à son bateau et offrirent du tabac à ses hommes. Mis
en confiance, les Européens poussèrent plus avant et décidèrent de remonter le fleuve qui porte aujourd'hui le nom de
Hudson. Convaincus après quelques jours que cette voie ne
les mènerait pas à l'Orient, et redoutant d'être pris par le gel,
ils firent demi-tour et reprirent contact avec les Indiens qui
troquèrent des peaux de castor contre de l'alcool et quelques
aunes de toile.

De retour en Hollande, Hudson fit une description enthou-
siaste des lieux et de la cordialité des indigènes mais ne parvint pas à émouvoir ses patrons. Ceux-ci tiraient tant d'avantages de leur commerce avec l'Inde que les possibilités américaines leur semblaient sans intérêt. Cependant, l'occasion
de s'approvisionner sans risques en peaux à bas prix, ces
peaux dont raffolaient leurs clients, n'était pas négligeable.
Un groupe de marchands décida donc de tenter l'aventure.

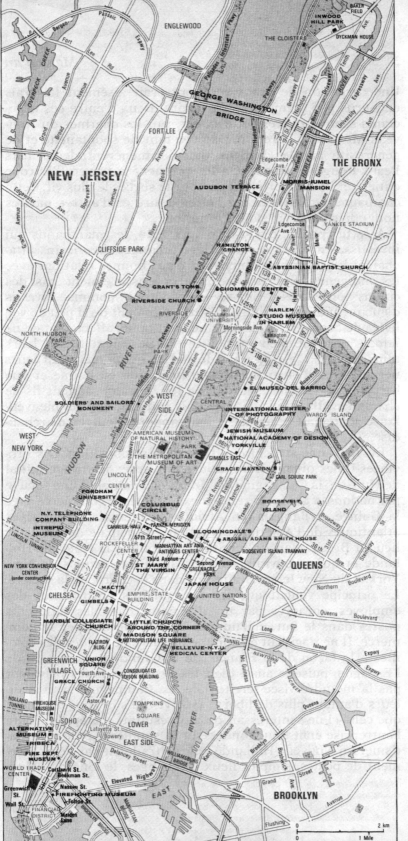

ENGLEWOOD

THE CLOISTERS

INWOOD
HILL PARK

BAKER
FIELD

DYCKMAN HOUSE

GEORGE WASHINGTON

BRIDGE

FORT LEE

THE BRONX

NEW JERSEY

AUDUBON TERRACE

MORRIS-JUMEL
MANSION

CLIFFSIDE PARK

YANKEE STADIUM

HAMILTON
GRANGE

ABYSSINIAN BAPTIST CHURCH

GRANT'S TOMB

SCHOMBURG CENTER

RIVERSIDE CHURCH

NORTH HUDSON
PARK

COLUMBIA
UNIVERSITY

HARLEM
STUDIO MUSEUM
IN HARLEM

RIVERSIDE
PARK

EL MUSEO DEL BARRIO

SOLDIERS' AND SAILORS'
MONUMENT

WEST
SIDE

CENTRAL

WARDS ISLAND

INTERNATIONAL CENTER
OF PHOTOGRAPHY

WEST
NEW YORK

AMERICAN MUSEUM
OF NATURAL HISTORY

JEWISH MUSEUM

NATIONAL ACADEMY OF DESIGN
YORKVILLE

HUDSON

PARK

THE METROPOLITAN
MUSEUM OF ART

GIMBELS EAST

GRACIE MANSION

LINCOLN
CENTER

FORDHAM
UNIVERSITY

COLUMBUS
CIRCLE

CARL SCHURZ PARK

ROOSEVELT
ISLAND

N.Y. TELEPHONE
COMPANY BUILDING

CARNEGIE HALL

PARKER MERIDIEN

BLOOMINGDALE'S

INTREPID
MUSEUM

LINCOLN TUNNEL

57th Street

ROCKEFELLER
CENTER

ABIGAIL ADAMS SMITH HOUSE

MANHATTAN ART AND
ANTIQUES CENTER

ROOSEVELT ISLAND TRAMWAY

NEW YORK CONVENTION
CENTER
(under construction)

Third Avenue

ST MARY
THE VIRGIN

GREENACRE
PARK

JAPAN HOUSE

QUEENS

CHELSEA

MACY'S

GIMBELS

EMPIRE STATE
BUILDING

UNITED NATIONS

MARBLE COLLEGIATE
CHURCH

LITTLE CHURCH
AROUND THE CORNER

MADISON SQUARE

METROPOLITAN LIFE INSURANCE

FLATIRON
BLDG

BELLEVUE-N.Y.U.
MEDICAL CENTER

GREENWICH
VILLAGE

UNION
SQUARE

Fourth Ave.

GRACE CHURCH

CONSOLIDATED
EDISON BUILDING

HOLLAND
TUNNEL

FIREHOUSE
MUSEUM

Astor Pl.

Houston

TOMPKINS
SQUARE

SOHO

Lafayette St.
Bowery

LOWER
EAST SIDE

ALTERNATIVE
MUSEUM

TRIBECA

Delancey Street

WILLIAMSBURG
BRIDGE

FINE DEPT
MUSEUM

WORLD TRADE
CENTER

Cortlandt St.

Beekman St.

Greenwich
St.

Nassau St.

FIREFIGHTING MUSEUM

Wall St.

Fulton St.

FINANCIAL
DISTRICT

Maiden
Lane

BROOKLYN

0   1   2 km

0   1 Mile

Carte extraite du « Guide Michelin »

Une cargaison de peaux rembourserait aisément les frais
encourus par l'armement du navire. Deux d'entre ces négociants s'embarquèrent et découvrirent les charmes du Nouveau Monde. Ils furent reçus avec tant de spontanéité et de
générosité par les Indiens qu'ils ramenèrent deux chefs
Peaux-Rouges avec eux. On les promena à travers l'Europe
entière et ils remportèrent partout le succès le plus vif. Cette
campagne publicitaire eut l'effet désiré et d'autres navires
hollandais partirent pour l'Amérique.

A cette époque, c'est-à-dire vers 1614, les marchands qui
investissaient dans ces premiers échanges américains atta-
chaient la plus grande importance aux bonnes relations avec
les indigènes. En effet, ces Européens n'étaient pas des
colons ordinaires. Ne se considérant comme investis
d'aucune mission politique, ils témoignaient de si peu de velléités de conquête ou d'enracinement qu'ils affectaient de ne
jamais poser le pied sur le sol. Ils passaient toutes leurs
nuits à bord. C'est du pont du navire qu'ils menaient leurs
négociations. Il leur fallait une invitation en bonne et due
forme pour se rendre autour du feu de camp. Jamais ils ne
chassaient. Ils attendaient que les Indiens, dont la bienveillance leur était essentielle, leur apportassent la marchandise.

En 1621, une structure plus précise se constitua. Les Provinces-Unies organisèrent, douze ans après le voyage initial
de Hudson, la Compagnie des Indes occidentales, une société
par actions, à qui fut garantie l'exclusivité du commerce avec
la Guinée et l'Angola, en Afrique occidentale, et les rives
atlantiques de l'Amérique. L'activité principale devait avoir
lieu au Brésil, mais un territoire dénommé la Nouvelle-Hollande et qui recouvrait, en gros, les États actuels de New
York et du New Jersey, fut inclus dans la charte de la société.
Le principe voulait que les actionnaires envoyassent des
employés, encadrés par un directeur, dans les différents
postes dans le but, et l'unique but, de développer le commerce. Il ne s'agissait en aucune manière de fonder des colonies à la façon de la France, de la Grande-Bretagne ou de
l'Espagne, puisque aussi bien les Provinces-Unies n'avaient
pas la moindre visée territoriale. La Compagnie avait d'ailleurs d'autant plus de liberté vis-à-vis de son gouvernement
que celui-ci ne s'intéressait qu'aux résultats matériels. Toute
l'entreprise était donc fondée sur la souplesse et le pragmatisme. En Nouvelle-Hollande, elle se traduisit par l'établissement de postes, simples lieux d'échanges, le long de l'Hud-

son, sur la route des peaux. Bien vite, il apparut que Manhattan, à la fois protégée et d'accès facile, devait servir de point
de rassemblement. La première construction sur l'île ne fut
pas un fort, ni une église, mais un entrepôt. Ce bâtiment, fort
modeste mais lourd de signification symbolique, fut à l'origine de la Nouvelle-Amsterdam. Deux ans plus tard, en 1626,
une palissade renforcée, à l'intérieur de laquelle furent élevés la maison du directeur et un temple, servit de fort rudimentaire.

Les résultats furent assez encourageants pour que la Compagnie, après une période d'essai de trois ans, finançât l'installation de quarante-cinq personnes en 1624. Ces premiers
immigrants n'étaient donc ni des persécutés, ni des malheureux s'accrochant à un dernier espoir comme la plupart des
colons de l'époque, mais quasiment des fonctionnaires,
employés au service de la Compagnie. Ils affrontèrent le long
voyage de six à huit semaines — les capitaines traversaient
l'Atlantique Sud, faisaient escale aux Canaries, avant de
remonter vers le nord en suivant la côte — chargés d'un fret
bruyant et volumineux : taureaux, vaches, chevaux, cochons,
moutons et poules, objets de tous les soins de l'équipage,
encombraient le pont. S'il existait une première classe, on la
réservait aux animaux. Ces bons Hollandais n'imaginaient
pas de maisons sans vitraux ni de jardins privés de roses ou
de tulipes. Ainsi avait-on embarqué des carreaux soigneusement emballés et des caisses de boutures et d'oignons.
L'année suivante, le peuplement se poursuivit avec un arri-
vage de Wallons francophones. L'on trouve donc dans les
premiers documents de la colonie un mélange de noms néerlandais et français. En 1628, la Nouvelle-Amsterdam comptait deux cent soixante-dix habitants, dont une majorité
d'hommes, logés dans une trentaine de maisons regroupées
à l'extrémité de l'île.

Ils la partageaient, cette île, avec plus d'un millier
d'Indiens de la tribu des Algonquins[3]. Grands gaillards au
teint cannelle, très beaux au dire des Hollandais qui ne se
lassaient pas de vanter leur taille, leur endurance et la douceur de leurs femmes. D'humeur beaucoup plus pacifique
que leurs cousins iroquois, ils subsistaient dans des *wig-
wams*, huttes en bois flexible, parfois assez grandes pour servir à plusieurs familles. Ces abris n'avaient ni fenêtres ni sol
mais leurs parois doublées d'écorces protégeaient efficace-
ment du froid. Les Indiens cultivaient le maïs, le potiron et
toutes sortes de haricots qu'ils séchaient et conservaient

dans de grands fossés creusés à cet effet, mais ils étaient
trop frustes pour domestiquer des animaux. L'hiver ils chassaient, sans grande énergie, et préféraient concentrer leurs
efforts sur la pêche, qui semble avoir été très répandue à
Manhattan. Les Hollandais s'étonnaient des quantités
énormes de crustacés ingurgitées par les indigènes. Des
débris de coquillages indiquaient toujours une trace d'occupation indienne. Une des rues les plus anciennes de New
York, Pearl Street — la rue de la Perle — suit un ancien sentier indien et tira son nom de l'amoncellement de coquilles
d'huîtres qui la jonchaient. En revanche, les coquilles de
moules ne traînaient jamais par terre car elles servaient de
monnaie d'échange. La valeur du *wampum* — tel était le
terme indien, instantanément retenu par les Hollandais —
variait selon la qualité et la nuance de l'irisé. La coquille
devait être polie et ses bords lissés. On assimilait le *wampum* rugueux à de la fausse monnaie. La « mine » de moules
ne se trouvait pas à Manhattan mais à Montauk, à la pointe
de Long Island.

Tout cela fut rapidement assimilé par les nouveaux arrivants à qui les Indiens témoignèrent une curiosité chaleu-
reuse. Ces derniers s'imaginèrent-ils que les Blancs les proté-
geraient des incursions des tribus voisines, ou étaient-ils
naturellement bons ? Toujours est-il qu'ils les aidèrent à
s'installer, leur firent découvrir sentiers et points d'eau et
leur dévoilèrent les délices du maïs grillé, du *succotash*, un
mélange de maïs et de haricots, et de la dinde rôtie, mets qui
figurent toujours au menu américain[4]. Les échanges se
firent rapidement réciproques, car les Peaux-Rouges ne
furent pas longs à s'apercevoir que leur boisson de jus de
noix fermenté ne les stimulait pas autant que le rhum ou le
genièvre des Visages-Pâles. Ils y prirent goût et firent bientôt
des bassesses pour obtenir l'eau de feu. Ils avaient d'autres
faiblesses, ces sauvages vêtus de peaux de bêtes, au chef
agrémenté de quelques plumes, dont la plus attendrissante
était leur coquetterie enfantine. Un chiffon bleu ou rouge les
comblait. Le jaune ne leur plaisait pas, ce qui pourrait expliquer pourquoi ils ne s'intéressèrent jamais à l'or. Ce penchant pour la toilette demeura vivace au cours des âges. La
marquise de La Tour du Pin, réfugiée non loin de New York
pendant la Terreur, raconte qu'elle avait gagné les bonnes
grâces d'une squaw en lui cédant quelques rubans du temps
des bals de Versailles.

Le troc allait bon train. Les Indiens fournissaient les

peaux et, du moins au début de l'établissement des colons, légumes et poissons contre des babioles, mais aussi contre des choses utiles comme les *duffel*, ces étoffes souveraines contre le froid et l'humidité (dont on faisait les *duffel-coats* après la guerre), des hameçons et des crochets. Mais l'échange ne leur profita guère, dans la mesure où ils n'adoptèrent pas les outils européens et ne changèrent en rien leurs méthodes de culture. Les Hollandais, en revanche, saisirent vite la commodité du *wampum* et utilisèrent jusqu'au XVIIIᵉ siècle cette coquille-monnaie dont ils fixèrent le taux pour leurs échanges quotidiens. Huit coquilles valaient un *stiver* hollandais et ainsi, en 1655, le menuisier s'engagea à construire une maison pour le passeur, qui transportait hommes et marchandises de l'île à Long Island, pour cinq cent cinquante florins payables pour un tiers en peaux de castors, un tiers en bon *wampum* et un tiers en pièces d'argent [5].

Peu à peu, les Hollandais s'enracinaient et franchissaient les frontières de la Nouvelle-Amsterdam. Si le commerce du produit de la trappe demeurait primordial, ils établirent aussi des fermes pour subvenir à leurs besoins et construisirent des bâtiments permanents. Cette évolution se déroulait dans une atmosphère cordiale : toutes les directives envoyées aux colons soulignaient l'importance fondamentale des bons rapports avec les Indiens. Contrairement aux autres Européens, les Hollandais ne se soucièrent ni de massacrer les sauvages ni de sauver leur âme, mais de les mettre en confiance. « Les colons doivent tenir fidèlement leurs promesses aux Indiens, prescrit un texte de l'époque, et ne pas leur porter offense en ce qui concerne leurs personnes, leurs femmes et leur propriété [...] Toutes les transactions avec les indigènes doivent porter la marque de l'honnêteté, de la fidélité et de la sincérité. » On leur conseillait aussi d'« attirer les Indiens par de petits présents [...] afin d'apprendre d'eux les secrets de la région et les conditions de l'intérieur [6] ».

Ce souci de relations agréables amena le gouverneur de la Nouvelle-Hollande à acheter l'île de Manhattan aux Indiens en 1626 pour un prix fixé à soixante florins ou, d'après les calculs des historiens modernes, à vingt-quatre dollars. Cette transaction, considérée comme la meilleure affaire foncière de l'histoire, et amèrement contestée par les Indiens de nos jours, n'avait rien d'un contrat moderne et était moins inique qu'il ne nous paraît. Les Hollandais ne se vantèrent jamais d'avoir berné les Algonquins ; ils avaient simplement cherché à se concilier les indigènes et à obtenir le droit de cohabiter avec eux. D'ailleurs les Indiens ne quittèrent pas l'île, continuèrent à pénétrer librement dans la bourgade et n'eurent pas le sentiment d'une passation de pouvoirs. Mais cet accord entraîna bien d'autres ventes véritables, fondées sur d'autres conceptions, dans la campagne environnante, et qui furent à l'origine de difficultés réelles pour l'entente entre les deux populations. Pour un Européen, une vente était définitive. Impossible de la remettre en question. Pour un Indien, la notion même de propriété n'existait pas. L'usage de la terre était une chose naturelle et non un bien que l'on pouvait acheter ou vendre. Certes, les différentes tribus possédaient des territoires définis et le *sachem*, le chef de la tribu, divisait les parcelles entre les familles, mais cette allocation demeurait imprécise. Des clans pouvaient s'unir pour exploiter un bon terrain de chasse ou un point de pêche fructueux. Si un groupe abandonnait son lot pour s'installer plus loin dans les bois, le *sachem* le réattribuait. Les Indiens acceptaient volontiers les dons offerts par les Blancs pour leurs terres, mais ils furent d'abord surpris de l'étendue des constructions nouvelles et de ce que les clôtures gênaient la chasse, puis bientôt stupéfaits de ce que la transaction était irréversible. La coutume indienne voulait, en effet, qu'un accord puisse être remis en question dès que l'une des parties s'en trouvait mécontente. Mais ces difficultés n'apparurent pas immédiatement et les premières années de la Nouvelle-Amsterdam s'écoulèrent sous le signe de la confiance mutuelle. Si les Indiens furent nettement mieux traités lors des débuts de la Nouvelle-Amsterdam que dans les autres colonies, ce fut en raison de l'aide inappréciable qu'ils fournirent au développement du commerce des peaux, qui s'accrut à un rythme rapide pendant ces années.

La vie semblait donc pleine de promesses pour les nouveaux arrivants : un climat plaisant, malgré des pointes d'extrême chaleur et d'extrême froid, une terre d'une fertilité merveilleuse pour ces hommes habitués à la culture minutieuse de l'Europe du Nord. Tous les visiteurs s'extasiaient sur la luxuriance des vergers, la grosseur des fruits, la variété des récoltes. Les melons poussaient sans exiger de soins particuliers. Fraises, myrtilles et pêches s'offraient aux promeneurs. Tant de fruits tombés de l'arbre jonchaient les sentiers que les cochons rassasiés les dédaignaient. La vigne s'acclimatait mais les Hollandais, manquant d'expérience dans ce domaine, ne parvinrent pas à produire un vin buvable. Il fallut attendre l'arrivée des Allemands et l'introduction des presses à grappes pour obtenir une sorte de vin du Rhin. Les bois étaient si touffus que, rapidement, les colons imitèrent la désinvolture des Indiens qui ne se fatiguaient pas à gauler ou à faire la cueillette mais se contentaient de couper la branche chargée de fruits. On abattait les arbres sans discernement pour la construction des maisons et la fabrication des mâts. Bien vite, le bois fut exporté en grandes quantités vers la Hollande. La colonie devenait une colonie de peuplement, et de peuplement permanent. Seul le manque d'hommes freinait un développement qui rapportait assez à la Compagnie pour que celle-ci fît des efforts pour attirer des Européens.

Tout candidat colon désireux de s'installer en Nouvelle-Hollande avec cinquante personnes obtenait une maison sur l'île et des terres à l'extérieur. On donnait le nom de *patroonship* à ces propriétés. Les « servants », c'est-à-dire les ouvriers qui faisaient partie de l'unité, devaient un certain nombre d'années de service à leur *patroon*, puis devenaient fermiers à leur compte. Or le grand attrait de la colonie était la perspective de troquer avec les Indiens, et non l'acquisition de terres dans ce pays lointain. La Compagnie aurait voulu imposer l'interdiction absolue de commercer directement avec les Indiens, afin de conserver le monopole des peaux, mais la fraude était telle qu'elle dut admettre la réalité et réviser ses termes. La libération du commerce indigène amena alors un afflux d'immigrants d'Europe, d'Anglais de Virginie et de Nouvelle-Angleterre, sans que cela réglât le problème de la main-d'œuvre utile. Les bras manquaient d'autant plus que les hommes venus d'Europe désertaient souvent dès qu'ils découvraient les plaisirs rémunérateurs de la trappe. La Compagnie se tourna alors vers la traite pour obtenir les ouvriers indispensables.

Dès 1626, une dizaine de Noirs arrivèrent d'Afrique et participèrent à l'érection des murs du fort. Amsterdam avait espéré établir un courant commercial équilibré avec l'Angola, en exportant des produits agricoles et en important des esclaves. Mais les pionniers rechignaient à employer les Noirs africains, « fiers et traîtres[7] », et leur préféraient de beaucoup ceux qui venaient de Curaçao, où un premier stage dans les plantations les avait rendus plus dociles et adroits. L'afflux régulier d'esclaves contribua à stabiliser l'économie de la Nouvelle-Hollande en développant l'agriculture et en réduisant la dépendance des colons envers le commerce des fourrures, donc envers les Indiens. Mais une situation comparable à celle des colonies anglaises ne se créa pas, car les Hollandais ne furent pas des maîtres conventionnels.

Jamais ils n'adoptèrent le strict code de l'esclavage en usage dans le sud du pays. A la Nouvelle-Amsterdam, il revenait au maître et à l'esclave de s'entendre et la discussion commençait parfois chez le marchand d'hommes. Un esclave sûr de son talent pouvait négocier avec son propriétaire potentiel et refuser d'être vendu à un maître connu pour sa brutalité. Ces artisans et ces domestiques habiles ne constituaient pas une main-d'œuvre aisément remplaçable, taillable et corvéable à merci, et ils en tiraient parti. Les Noirs, fait exceptionnel en Amérique, étaient considérés comme des personnes légales, ayant le droit et même le devoir de témoigner devant les tribunaux. Les Hollandais renouaient avec la tradition classique en reconnaissant, comme les Athéniens, à certains de leurs esclaves le droit d'être propriétaires et d'organiser eux-mêmes leur labeur. Certains travaillaient à leur compte, quitte à verser une petite rente à leur maître. Nombre d'entre eux parvenaient à amasser un pécule, comme le prouve la lecture des testaments de l'époque, et bien des maîtres libéraient les esclaves dont ils étaient satisfaits. Ainsi un petit groupe de fermiers noirs et libres s'établirent-ils à Minetta Lane, aujourd'hui une des rues les plus pittoresques de Greenwich Village. La confiance des Hollandais était telle les esclaves furent armés pendant les guerres indiennes, et là encore, on pense à la Grèce où les esclaves scythes faisaient la police à Athènes. Plus significatif encore : le *patroon* le plus puissant de l'époque, David Van Rensselaer, envoyait ses esclaves exiger le paiement du terme dû par ses locataires récalcitrants.

Une vingtaine d'années après l'arrivée des pionniers, la Nouvelle-Amsterdam commença de s'organiser. Pour le spirituel, un pasteur protestant, à qui l'on doit les premières lettres qui aient subsisté. Il fit élever une église, réservée à son culte, et tâcha de s'y consoler des malheurs de son existence. Le pauvre homme avait perdu sa femme pendant la traversée et ne trouvait personne pour soigner ses enfants en bas âge. Il se désolait de la rudesse de ses fidèles, plus occupés à s'enivrer et à médire de leur voisin qu'à implorer le Seigneur. Il parvint cependant à organiser un culte si vivace qu'il existe toujours sous le nom de *Collegiate Reformed Pro-*

La Nouvelle-Amsterdam. Le marché aux esclaves se tenait dans les halles couvertes, au centre. La grande maison mansardée servit à la fois de taverne, d'auberge et d'hôtel de ville jusqu'en 1697. (Musée de la ville de New York.)

testant Church. Un maître d'école entra en fonctions mais dut compléter ses appointements en faisant office de blanchisseur, et un huguenot, M. de la Montagne, tint lieu de médecin.

Les maisons de bois furent bientôt remplacées par des constructions en brique venues d'abord de Hollande, puis fabriquées sur place. Un joli plan de 1660, très précis, désigne l'emplacement de chacune des cent vingt demeures regroupées au sud-est de l'île. Les dix-sept rues furent pavées aux frais de leurs riverains. La rue de la Brasserie, dont la poussière et la boue incommodaient particulièrement les habitants, fut la première à être achevée et prit le nom de Stone Street — la rue de la Pierre. En moins d'une génération le petit entrepôt était devenu le centre d'une véritable agglomération urbaine.

Ne faut-il pas beaucoup de hardiesse pour avancer que la concentration de moins d'un millier de personnes constitue une ville[8] ? Ce serait oublier que les chiffres de la population, au XVIIᵉ siècle, sont bien différents des nôtres, et ignorer que les statistiques ne veulent rien dire dans l'absolu. Seul le rapport entre population rurale et population urbaine importe. La Nouvelle-Amsterdam, avec sa poignée d'habitants, avait un arrière-pays « blanc » bien clairsemé et ainsi, malgré ses potagers, ses vergers, et les cochons et les vaches qui déambulaient sur ce qui portait déjà le nom de Broadway, ne pouvait-on lui refuser l'appellation de ville puisqu'elle en exerçait les fonctions. Ville forte, elle représentait la sécurité pour sa population. Depuis que les Hollandais s'étaient installés sur Long Island, aux environs de 1636, ils avaient été menacés par les Anglais qui prétendaient que les découvertes de John Cabot, en 1497, leur avaient donné tous les territoires entre la Virginie et Terre-Neuve. Pour se protéger de raids éventuels, les Hollandais avaient remplacé l'ancienne palissade fortifiée, trop légère, par un véritable mur, au nord du bourg, longé par une voie qui prit le nom de Wall Street ; un fort, tout neuf, défendait l'accès par la mer. A la moindre alerte, les habitants des campagnes venaient s'y réfugier, d'autant plus aisément qu'un système de ferries avait été organisé. Au début, on appelait le passeur, un paysan de Brooklyn, en sonnant d'une trompe attachée à un arbre. Il comptait très cher, près d'un dollar, pour une carriole et deux chevaux, trente *cents* pour un Indien et quinze pour un Blanc, payables d'avance et en *wampum*. Plus tard, les traversées se firent plus fréquentes et moins onéreuses.

Autre fonction urbaine essentielle : être un marché. Très vite, la Nouvelle-Amsterdam, dont les habitants se consacraient principalement au commerce, avait dépendu des fermes avoisinantes pour se ravitailler et avait donc instauré un marché hebdomadaire en plein air et une foire à bestiaux. Les fermiers blancs vendaient là leurs fruits, leurs légumes et une bière faite à partir d'orge et de froment. Les Indiens fournissaient toutes sortes de plateaux et de corbeilles en osier, si bien tressés qu'ils retenaient l'eau « comme un vase de terre [9] », des balais, du gibier, leurs dindons, leurs pigeons et leurs oies. Un article très demandé était le mocassin en peau de buffle. L'art de dresser un étal leur avait été enseigné par la femme d'un médecin venu de Hollande et qui, seule, avait fait l'effort d'apprendre convenablement leur dialecte. Pour lui témoigner leur reconnaissance, les Indiens lui firent don d'un grand terrain dans le Bronx [10].

Enfin, la Nouvelle-Amsterdam, comme toute ville qui se respecte, attirait les étrangers. J'ai déjà noté l'étonnement du jésuite français confronté à la cacophonie des dix-huit langues utilisées dans la ville. Plus précisément, le fond de la population était constitué d'un mélange de Hollandais, d'Anglais venus des autres colonies américaines — soit pour profiter des ouvertures commerciales, soit, comme les quakers, pour échapper à la persécution des Puritains — et enfin d'un groupe francophone important : Wallons, habitants de Jersey et de Guernesey, huguenots qui avaient fui leur pays après le massacre de la Saint-Barthélemy. Au xviie siècle, la population, où l'inégalité entre le nombre d'hommes et de femmes demeurait considérable, ne grandissait donc pas naturellement mais s'accroissait, comme elle le fait encore aujourd'hui, par l'arrivée de réfugiés ou de risque-tout. Laissés à eux-mêmes, les directeurs de la Compagnie auraient répugné à accepter une communauté aussi bigarrée, mais, de la lointaine Amsterdam, la Compagnie sut imposer la tolérance à ses employés et exigea notamment le bon accueil des juifs.

Les juifs, nombreux et actifs en Hollande, où ils avaient trouvé un refuge contre l'Inquisition, avaient envoyé quelques membres de leur communauté comme représentants de la Compagnie à Curaçao et à Pernambouc. Ils durent fuir à l'arrivée des Portugais et vingt-trois des leurs, sous la direction d'Asser Lévy, arrivèrent en 1654 à Manhattan où ils furent fort mal reçus par Peter Stuyvesant, le directeur de la Compagnie, qui exhala son exaspération dans une lettre envoyée à Amsterdam : « Nous avons déjà des Papistes, des Mennonites et des Luthériens parmi les Hollandais ; aussi des Puritains ou des Indépendants et bien des athées et autres adorateurs de Baal parmi les Anglais qui se dissimulent sous le nom de chrétiens. La confusion sera accrue si l'on permet aux juifs obstinés et inébranlables de s'installer. » Mais il se fit rabrouer par ses supérieurs qui lui rappelèrent que la liberté de pensée constituait « la plus grande gloire des Provinces-Unies » et lui ordonnèrent de « laisser chacun libre de ses croyances tant qu'on se conduisait tranquillement et qu'on ne contrevenait pas au gouvernement ». Ils lui signalèrent qu'Amsterdam « avait toujours pratiqué la modération en ces matières et, par voie de conséquence, avait connu un grand afflux de population et [qu'ils ne doutaient pas que] sa province pourrait tirer grand avantage de cette politique [11] ». Les juifs s'établirent donc et vécurent en si bonne intelligence avec leurs voisins qu'on ne leur imposa pas de se regrouper dans un ghetto. Si Asser Lévy devint le premier boucher *casher* de la ville, il s'associa avec un chrétien afin d'ouvrir un rayon de charcuterie et élargir ainsi sa clientèle. Son sens civique égalait son flair commercial et il fut le premier juif à s'engager dans la milice.

Mais bientôt les habitants furent confrontés à des problèmes plus graves et plus urgents, créés par les incursions de plus en plus agressives des Anglais et par la difficulté croissante des rapports avec les Indiens. Si les relations avec les indigènes avaient été aisées aux débuts de la colonisation, l'écart culturel entre les uns et les autres était tel que la compréhension entre les deux groupes ne pouvait être que superficielle. Des vues divergentes sur la notion de propriété ou la conception de la justice allaient amener des conflits insolubles. Plus grave encore, la faiblesse des uns, la rapacité des autres entraînèrent la dislocation et le déséquilibre rapides du mode de vie indien.

Impossible, pour les Indiens, de résister à l'attrait des armes à feu, de l'alcool, des vêtements européens. Or, seules les peaux leur permettaient d'obtenir ces merveilleux produits. Alors que, jusqu'à l'arrivée des Blancs, la chasse au castor n'avait constitué qu'un aspect de leur activité, vers le milieu du siècle elle prit une importance démesurée. Les Indiens négligèrent la pêche, leurs cultures, leurs formes traditionnelles d'artisanat, et ne gagnèrent rien à la fréquentation des Blancs, sinon de succomber de plus en plus à l'alcoolisme dont les ravages furent sur eux d'une brutalité extrême. Les responsables de la Compagnie, comme les *sachems*, mesuraient bien les conséquences de cette situation mais ne parvenaient pas à la contrôler. Et les incidents se multipliaient, toujours identiques. Un Indien pris de boisson massacre un Blanc. Le directeur somme le chef indien de « réparer », de préférence en exécutant son homme et non en offrant un prix du sang, selon la coutume indigène. Le sachem rejette la responsabilité sur le Blanc qui a enivré son Rouge. Inutile d'ajouter qu'ils ne tombaient pas souvent d'accord et que d'autres meurtres s'ensuivaient. Il y eut un cas, et un cas unique, d'entente entre Indiens et Blancs, qui alla jusqu'au mariage. Un chef indien, « roi » de sa tribu, se lia d'amitié avec un grand propriétaire sur la rive nord du Long Island Sound. L'Indien et son épouse se convertirent mais gardèrent leur rang, leurs usages et leurs terres. Ils eurent deux fils et le cadet s'anglicisa au point d'ajouter le nom de John White à son appellation d'origine, Wampage. Il épousa la belle-fille de Thomas Pell, son voisin et ami. A la génération suivante, un deuxième mariage eut lieu à l'instigation de l'Anglais qui y vit très justement la meilleure manière d'assurer la paix sur ses terres [12].

Pour les autres propriétaires, la cohabitation avec les Indiens se fit de plus en plus pénible. Rien, ni les règlements, ni les amendes, ni l'insécurité provoquée par le mécontentement des Indiens, ne freina l'avidité des Blancs. Pour obtenir les plus belles fourrures, ils continuaient au mépris de la prudence la plus élémentaire à offrir genièvre et fusils à leurs pourvoyeurs. Insensiblement, ces bons sauvages d'Indiens, si pacifiques, si bienveillants, se muèrent en adversaires redoutables. Le pasteur de la Nouvelle-Amsterdam les jugeait « étrangers à toute décence, impolis et bêtes comme des piquets [...] traîtres et voleurs d'une cruauté inhumaine, bien plus barbares que les Africains [13] ». Kieft, un directeur de la Compagnie, particulièrement belliqueux et sourd à tous les conseils de prudence prodigués par les habitants plus expérimentés, provoqua une véritable guerre en 1643 lorsqu'il se mit en tête de taxer les indigènes. Guerre sanglante, absurde, impossible à arrêter et qui fut la première d'une longue série. Les cruautés se multipliaient des deux côtés. Les Indiens attaquaient de nuit, massacraient les hommes et enlevaient femmes et enfants. Il faut croire qu'ils se calmaient vite, de retour à leur village, car les enfants refusaient souvent de revenir lorsque les trêves négociées le leur permettaient. Il y eut même un cas où une femme choisit librement de demeurer avec les Indiens. Mais dans les fermes et les petits villages autour de la Nouvelle-Amsterdam, les Blancs isolés avaient maintenant peur, tiraient à la moindre provocation, et les Indiens savouraient des vengeances tardives. Pourquoi, dans ces conditions, continuer à vendre et à procurer des armes aux Indiens ? C'est que les Hollandais devaient également faire face aux Anglais, de plus en plus nombreux à s'installer sur Long Island, aux portes de leur ville. Il semble que devant l'échec d'une tentative d'alliance anglo-néerlandaise dirigée contre les Indiens, ils aient imaginé que les Indiens se rangeraient à leurs côtés contre les Anglais.

En Europe, la rivalité entre l'Angleterre et les Provinces-Unies atteignait son paroxysme. Cromwell, qui avait pris le pouvoir après l'exécution de Charles Ier en 1649, engagea le pays dans une guerre qui se termina à son avantage par le traité de Westminster, en 1654. La puissance maritime de l'Angleterre, qui allait changer l'équilibre des forces en Europe, commençait de s'affirmer. La Restauration en 1660 et le retour de Charles II n'amenèrent point un apaisement du sentiment anti-hollandais dans le pays. Les Anglais reprirent l'initiative des opérations, d'abord en Guinée, puis en Amérique en 1664. Les Hollandais décidèrent de concentrer leurs forces en Europe et aux Antilles et donc de ne pas défendre la Nouvelle-Amsterdam. Le 12 mars 1664, Charles II accorda à son frère, le duc d'York, tous ses territoires américains, y compris la Nouvelle-Hollande qu'il considérait comme sienne. Cinq mois plus tard, une escadre anglaise s'amarra à l'entrée du port et exigea la reddition de la ville. Le gouverneur Peter Stuyvesant, entouré de son administration, résista pour la forme et uniquement en paroles. Lorsqu'il se fut assuré que les habitants pourraient conserver leur église et leurs coutumes en droit de succession, il consentit à prêter serment au roi d'Angleterre. La Nouvelle-Amsterdam et la Nouvelle-Hollande, donc la ville comme la province, prirent le nom de New York.

Cette première période met en lumière deux caractéristiques de la ville, qui toutes deux dérivent de la suprématie absolue du commerce. D'abord une volonté évidente, de la part de cette population cosmopolite et disparate, de vivre et de travailler ensemble, volonté qui se traduit par un vif attachement à la liberté de conscience et par le sentiment très net que l'intolérance religieuse interdirait l'éclosion du succès commercial. Cette ville ouverte sur la mer, accueillante, a bien appris la leçon de ses maîtres hollandais : « L'arche de Noé, c'est la tolérance obligatoire [14]. » Un exemple illustre cette attitude, le premier bâtiment à servir de lieu de culte était mis à la disposition de la congrégation des *Dutch Reformed* le matin, des huguenots à midi, et des anglicans à la fin de la journée. Un peu plus tard, la première église luthérienne fut construite grâce à des fonds juifs [15]. Cette minuscule colonie reflète donc bien l'atmosphère des grandes villes-marchés du monde. Venise, par exemple, où « chacun vit à sa fantaisie et en liberté de conscience [16] », ou Londres, où la mosaïque religieuse est telle qu'un voyageur français s'étonne d'y voir cohabiter paisiblement « des juifs, des protestants allemands, hollandais, suédois, danois, des luthériens, des anabaptistes, etc., etc. [17] ».

Ensuite, la domination du commerce exige la subordination de la politique à l'intérêt des marchands. Ce qui compte, ce n'est pas l'État en soi, mais le négoce, et les habitants de la Nouvelle-Hollande le prouvent en acceptant avec une aisance déconcertante de passer sous l'autorité de la Grande-Bretagne. Il n'y a pas trace d'héroïsme chez ces marchands, aucune passion nationale, aucun attachement à la patrie. Ils se remettent de leurs émotions en songeant que les affaires vont reprendre et la suite de l'Histoire leur donnera raison. Pour les marchands de la Nouvelle-Amsterdam, comme pour ceux des Provinces-Unies, l'intérêt du commerce vaut raison d'État.

II

LES AFFRES DE LA CROISSANCE

Seule de toutes les colonies américaines à ne pas avoir été fondée par les Anglais, New York fut donc incorporée à l'Empire britannique et conserva, pendant plusieurs générations, les traces de ses origines. Que la victoire sur les Hollandais ait été obtenue sans effusion de sang, elle n'en entraîna pas moins des conséquences sociales et politiques d'importance, et la période qui s'achèvera, près d'un siècle plus tard, en 1783, par la Déclaration d'indépendance, se caractérisa à New York par deux séries de problèmes. Les uns, particuliers à la ville, nés de la mainmise d'une nouvelle classe dirigeante, les autres, communs à toutes les jeunes cités américaines, provenant de la rapidité de croissance de ces avant-postes plantés dans le désert du Nouveau-Monde.

Les soldats anglais stationnés à New York n'eurent pas à imposer un nouvel ordre car la reddition ne fut suivie ni de violences ni d'exigences impératives. L'anglicisation de la ville fut le résultat d'une longue évolution, dont les différents aspects, politiques, culturels et religieux ne se manifestèrent pas tous au même rythme.

Le premier changement, et le plus simple à amener, concerna le régime politique. La Nouvelle-Amsterdam avait été soumise à la règle, souvent discutable, d'une compagnie commerciale ; New York fut gouvernée par un maire et un conseil nommés par le gouverneur de la province. Le premier maire fut anglais, mais un Anglais qui ne pouvait guère effaroucher ses administrés car il avait longtemps vécu dans sa propriété de Leyde, en Hollande méridionale. Il parlait parfaitement le néerlandais et comptait bien des amis, en particulier Peter Stuyvesant, dans la colonie. Ses succes-

seurs furent indifféremment anglais, hollandais ou huguenots. Certes, leurs proclamations devaient être rédigées en
anglais, déclaré langue officielle de la province, et le maire
en 1674 menaçait de jeter au panier toute supplique formu-
lée en flamand, mais la réalité ne devait pas toujours refléter
la loi. Encore en 1731, un gouverneur intérimaire de la province, Rip Van Dam, ne savait ni lire ni écrire l'anglais.
Cependant, comme les transactions avec l'Europe furent de
plus en plus fréquemment menées en anglais, l'on alla vers
une scission linguistique : l'anglais pour les affaires, le hollandais et le français à la taverne et à la maison. D'ailleurs,
dans la mesure où il n'y avait pas d'écoles publiques à New
York, l'éducation des enfants se faisait au gré des parents
dans l'une ou l'autre des trois langues principales de la ville.
En pratique, les gens étaient pour le moins bilingues. Il fallut attendre le milieu du XVIIIᵉ siècle, soit près de cent ans
après la conquête, pour que l'anglais devînt prééminent. « Le
déclin du néerlandais se précipite surtout parmi la jeunesse,
notait Cornelius Van Horne en 1743, comme toutes les
affaires sont menées en anglais, cette langue prédomine chez
nous[1]. »

La nomenclature des rues et des quartiers rappelle toutefois la persistance du hollandais dans la ville. Si la Nouvelle-
Amsterdam dut abandonner un nom trop marqué, en
revanche le petit village de Harlem, au nord de Manhattan,
ne se convertit pas en « Lancaster », malgré le désir des autorités, et les fermiers de Conyne Eylant — l'île aux Lapins,
devenue Coney Island — « plus rudes et plus sauvages et qui
ne se préoccupaient ni de Dieu ni d'aucune matière spiri-
tuelle mais uniquement de leurs maisons, de leur bétail, de
leurs cochons et de leurs récoltes[2] », refusèrent l'appellation
souhaitée de « Yorkshire ». Une des artères principales de la
ville, la Bowery, tire son nom des fermes hollandaises — les
bouheries — qui la bordaient ; la baie de Manhattan est
découpée en *kills* — un chenal hollandais — et de nos jours,
les New-Yorkais, assis sur leurs *stoops* — les quelques
marches qui donnent accès à leur porte — en grignotant
cookies ou *waffles* avant de retourner au travail sous les
ordres d'un *boss* témoignent des origines de leur ville.

L'anglicisation ne fut pas plus rapide dans le domaine de
la justice. Les habitants de la Nouvelle-Amsterdam avaient
été chicaniers à l'extrême. Les procès tenaient la place
qu'occupe le cinéma dans notre culture : pas de meilleure
distraction. Il y avait eu en 1646 quatre-vingt-treize procès,

New York en 1673. Une vue quelque peu idĕalisée faite en Hollande, l'année de la recon-
quête éphémère de la ville sur les Anglais. (Collection J. Clarence Davies, musée de la ville
de New York.)

dont vingt-huit intentés pour calomnie. La justice était simple, fondée davantage sur le bon sens du juge que sur la
jurisprudence. On exposait son cas, sans l'aide d'un avocat,
soit devant trois arbitres, soit devant un juge qui décidait
sans appel. Les Anglais n'imposèrent pas l'usage de leur langue et les archives continuèrent à être tenues en hollandais
pendant une vingtaine d'années. Ils acceptèrent le système
de l'arbitrage, qui avait l'avantage d'être rapide — un arbitrage prenait environ un mois alors que les délibérations
d'un tribunal duraient huit semaines — et particulièrement
bien adapté aux désaccords commerciaux[3]. Les arbitres pouvaient être nommés par le tribunal ou choisis par les parties
et leurs décisions étaient rarement contestées. Parallèlement, les Anglais instituèrent l'usage des jurys dans les tribunaux. La qualité et la régularité de la justice s'en accru-
rent.

Dans le domaine de la religion, en revanche, les Hollandais résistèrent à toute intervention des vainqueurs. Ils

s'opposèrent aux velléités d'introduire la liturgie anglaise dans leur Église, et avec un succès tel que le nombre de leurs congrégations passa de onze en 1664 à soixante-cinq en 1740, date à laquelle on prêchait toujours en hollandais. Plus significatif encore, ils obtinrent que tous les cultes fussent autorisés. Les instructions concernant le gouverneur précisaient qu'il « ne devait ni molester ni déranger qui que ce soit dans l'exercice de sa religion [4] ». Le résultat fut que la coexistence « de religions de toutes sortes » commença à être connue en Europe et que New York eut la réputation justifiée d'être plus libérale et plus ferme en matière de liberté de conscience et de libertés civiles que les autres colonies. Cette caractéristique attira de nombreux Écossais (dont le pays connut de graves troubles religieux entre le retour de Charles II, en 1660, et la révolution de 1688 qui mit fin au règne de son frère, Jacques II, et marqua le début de celui de Guillaume d'Orange) et des protestants français, les huguenots. Leur présence continua d'accroître la diversité de la petite ville, dont pourtant la population demeura principalement hollandaise pendant les vingt années qui suivirent la conquête. Les registres fiscaux de 1677 indiquent que sur les deux cent quatre-vingt-dix chefs de famille imposables qui constituaient la classe dirigeante, quatre-vingts pour cent étaient hollandais, dix-huit pour cent anglais et deux pour cent français ou juifs. Les Hollandais auraient pu conserver plus longtemps une situation dominante si la révocation de l'édit de Nantes, en 1685, n'avait suscité une immigration huguenote nombreuse, énergique et ambitieuse.

Après que Louis XIV eut interdit, sous peine de mort, le culte réformé dans son royaume, deux cent mille protestants, le plus souvent riches, éduqués et convaincus, prirent la fuite et se réfugièrent en Suisse, aux Pays-Bas, en Prusse et en Angleterre. De là, les plus jeunes et les plus aventureux s'élancèrent vers l'Amérique pour y rejoindre les rescapés dès guerres de religion du XVIe siècle. Ils se fixèrent en Caroline du Sud, dans l'État de New York (où ils fondèrent New Rochelle en souvenir du port d'où ils avaient quitté leur patrie), et sur l'île de Manhattan. Arrivés au terme de leur odyssée, ils se trouvaient souvent plus riches en talents qu'en capitaux mais ils trouvèrent vite à s'employer. Artisans remarquables, ils contribuèrent à la création de l'industrie horlogère et à l'épanouissement de l'orfèvrerie new-yorkaise à la gravure et à la décoration plus élaborées que la production de la Nouvelle-Angleterre. On ne commença à boire du thé, du café et du chocolat dans les colonies qu'à la fin du XVIIe siècle, près de trente ans après que la mode s'en était établie en France et en Angleterre, et ce goût nouveau entraîna une fabrication considérable de pots et de verseuses. Les becs, les couvercles et les poignées des articles new-yorkais étaient particulièrement bien ornés [5]. Siméon Soumain, originaire de Provence, forma une génération d'orfèvres-artistes américains. De Sedan arriva Jacques Tiphaine, l'ancêtre des Tiffany, aujourd'hui les joailliers les plus célèbres de la ville.

Les manufactures d'armes et de textiles que les huguenots avaient dû abandonner en France furent reconstituées dans le Nouveau-Monde [6]. Leur expérience d'armateurs leur servit immédiatement dans ce pays à vocation maritime et commerciale. Inventifs, industrieux, doués pour le négoce, habiles à étendre les échanges, ils ne pouvaient être mieux adaptés à leur nouveau pays. Mais, pour eux, la Hollande ne comptait guère. C'est l'Angleterre, hospitalière, refuge de leurs parents, qui occupait leurs pensées. Ils se joignirent donc aux Anglais de la colonie pour former un groupe homogène face aux Hollandais ; un groupe qui allait l'emporter en influence et en richesse d'autant plus aisément que Londres prenait la première place, longtemps tenue par Amsterdam, dans le commerce international. Les relations familiales et amicales des Hollandais avec la mère patrie ne leur servaient plus autant [7].

Les Anglais, en revanche, utilisaient habilement leurs parents restés en Europe ou fixés aux Antilles, région soustraite, sauf la Guyane, à la puissance néerlandaise, pour organiser de nouveaux circuits commerciaux. Les huguenots calquèrent ce modèle grâce à la communauté restée à Londres ou à Bristol et les juifs, qui commençaient à arriver plus nombreux en Amérique, entrèrent dans la ronde en entraînant leurs cousins anglais. Seuls les représentants des plus grandes dynasties hollandaises, établies à Amsterdam, à Londres et à New York, pouvaient soutenir leur rang. Ils mariaient volontiers leurs filles aux Anglais et aux huguenots pour élargir leur champ d'action. Mais les bourgeois plus modestes perdaient du terrain, non en raison d'actes discriminatoires ou de décisions politiques, mais tout simplement par manque de contacts. Et dans la mesure où New York continuait à ne vivre que pour et par le commerce, il n'existait pas d'autre terrain où leur talent aurait pu s'épanouir. Ce recul se manifesta par le fait qu'ils durent aban-

donner les postes administratifs les plus importants aux
Anglais et aux huguenots parce que le service public n'était
pas rétribué. Il fallait donc être aisé pour s'y consacrer ; or,
les Hollandais, en tant que groupe, ne s'enrichirent pas, à la
fin du XVIIᵉ siècle, au même rythme que leurs concurrents.

New York demeura donc une société mixte et point toujours paisible en raison de l'amertume et du ressentiment
grandissants des Hollandais. Il y eut deux tentatives de ren-
versement du gouvernement anglais. La première tint davantage de l'opérette que de la haute politique. En août 1673,
alors que les Provinces-Unies faisaient face à une coalition
franco-anglaise en Europe, quelques bâtiments parvinrent à
reprendre New York, qui devint pour six mois la Nouvelle-
Orange. La paix revenue sur le vieux continent, les Hollandais échangèrent leur ville pour Surinam. Un événement
plus grave fut la prise du pouvoir par un capitaine de la
milice, Jacob Leisler, qui représentait les intérêts hollandais
et institua un gouvernement populaire. Il ne put se maintenir longtemps mais ce coup d'État fit apparaître la profondeur du clivage politique et ethnique qui déchirait la ville en
1691.

Quarante ans après la conquête, la population de la ville
ne comprenait plus que quarante pour cent de Hollandais ;
vingt pour cent d'Anglais et autant de Français exerçaient
une influence plus grande encore que les chiffres seuls ne
l'indiquent. Dix-huit pour cent de Noirs et deux pour cent de
juifs ajoutaient encore au pluralisme. New York n'avait donc
rien perdu de la diversité qui caractérisait déjà la Nouvelle-
Amsterdam et qui sera, plus tard, si typique des États-Unis
en général. Variété qui se traduira par la persistance dans la
ville de traditions parallèles et distinctes. Edith Wharton,
dans un de ses romans sur la New York des années 1880, évo-
quera les familles d'origine hollandaise pour lesquelles la
table est sacrée, et les opposera aux lignées anglaises qui ne
s'intéressent qu'à l'horticulture et aux belles-lettres[8].

Si la diversité et la tolérance furent consolidées par le passage d'une culture à une autre, bien d'autres éléments
allaient bouleverser la ville. Les uns économiques, les autres
démographiques. Il fallut notamment que New York apprît
les règles de la coexistence et de la concurrence avec Boston
et Philadelphie, qui, pendant toute la période prérévolution-
naire, eurent une population supérieure à celle de New York.
Une chose était la liberté de l'avant-poste commercial d'une
puissance peu encline à faire de la politique outre-mer, et

une autre l'insertion dans l'empire anglais. Un facteur supplémentaire de déséquilibre, qui d'ailleurs n'était pas propre
à New York, provenait de l'explosion démographique. J'ai dit
plus haut que la Nouvelle-Amsterdam exerçait les fonctions
d'une ville. Certes, mais ses quinze cents habitants menaient
la vie simple de villageois. Lorsqu'ils furent cinq mille, puis
sept mille, et près de douze mille en 1750, ils découvrirent les
complexités de la vie urbaine, décuplées précisément par
leur manque de traditions et par la diversité des habitants.
Diversité qui allait croissant, puisque les immigrants continuaient de débarquer de différents pays européens. Un
décret de 1683 autorisait tout étranger décidé à s'établir à
New York à se faire naturaliser moyennant finances. Outre
les Écossais et les huguenots, qui continuèrent à venir nombreux, des Allemands du Palatinat, ravagé par les armées de
Louis XIV en 1689, et des Irlandais vinrent tenter leur
chance. Il fallut inventer des solutions pour protéger tous
ces arrivants de la maladie, de l'incendie et des rigueurs du
climat. Et puis, comment les loger ?

La crise de l'immobilier, qui désole tout nouveau venu, est
un des éléments les plus constants de la vie à New York, et
même à l'heureuse époque où les maisons se blottissaient
toutes à la pointe de Manhattan et où le reste de l'île était
désert, on trouvait mal à se loger. C'est que toutes les terres
non appropriées en 1686 furent données à la municipalité
par la grâce de la charte du gouverneur Dongan et que celle-ci rechignait à se séparer de ces biens. Certes, elle fournit
les lots indispensables aux installations des *ferries* et à la
construction de nouvelles halles, mais elle ne fit aucune
concession aux particuliers. On abattit le mur, désormais
inutile, qui bordait Wall Street ; on divisa les grandes propriétés à l'intérieur des anciennes limites de la ville ; on
s'empila tant que l'on put. Les malheureux New-Yorkais
s'émerveillaient de ce que Boston et Philadelphie fussent si
peu encombrées, mais rien n'y fit, et les lamentations qui
nous sont si familières fusèrent dès 1701 : « Nous sommes
une famille de huit et je ne sais toujours pas comment je vais
m'arranger. Il y a si peu de maisons disponibles ici et les
loyers sont si élevés[9] », gémissait un fonctionnaire venu
prendre son poste. Effectivement, en 1703 on recensa sept
cent cinquante maisons dans la ville qui comptait alors cinq
mille habitants, toutes concentrées au sud de Fulton Street,
soit trois cents mètres au nord de Wall Street. C'est dire que
la cité ne s'était guère étendue en cinquante ans. L'atavisme

hollandais se manifesta cependant, en ce sens que les habitants gagnèrent du terrain sur l'eau en remblayant l'espace disponible entre les jetées qui s'appuyaient sur le quai de Pearl Street pour s'enfoncer dans l'East River. Grâce à un système très ingénieux, qui consistait à abaisser lentement dans l'eau soit des radeaux de troncs de pins chargés de pierres, soit des coques de bateaux devenues inutilisables pour la navigation, que l'on recouvrait ensuite de terre, de briques et de cailloux, ils arrivèrent à combler des profondeurs de douze mètres. L'on découvrit en 1982 un de ces bateaux-fondations en rasant un vieil immeuble pour élever un gratte-ciel à l'angle de Front et de Water Street. On ne le dérangea pas et il continue de jouer son rôle de soutien. Pearl Street céda la place de quai à Water Street, qui fut à son tour, en 1796, supplantée par South Street.

Jusqu'au milieu du XVIIIᵉ siècle, New York garda l'apparence d'une ville hollandaise, dont le charme provenait de son unité de style et de l'apparence soignée des maisons. « L'œil attristé » de Chateaubriand regrettera cependant en 1791 qu'aucun monument « ne pyramidât au-dessus de la masse des murs et des toits[10] ». Les demeures anciennes, étroites, à deux étages, avec les pignons caractéristiques et l'escalier extérieur qui menait à la porte d'entrée du premier étage — élément essentiel dans un pays, comme les Pays-Bas, si prompt à souffrir de l'inondation mais simplement décoratif en Amérique —, s'ornaient de jolis toits aux tuiles rouges et blanches que les voyageurs distinguaient de loin en arrivant au port. Mais les immeubles plus récents, construits sur les lots que les propriétaires avaient subdivisés, se dressaient souvent sur cinq ou six étages et donnaient un sentiment désagréable d'encombrement. Cependant, les habitants s'inquiétaient moins de l'apparence et de l'administration de leur ville que de son entretien.

On s'attaqua d'abord au problème des ordures, en enjoignant aux citadins d'empiler leurs détritus en tas bien nets devant leur maison. Un éboueur les chargeait dans une carriole et allait les jeter à la rivière. On interdit de laisser paître librement chevaux et vaches dans la ville. Défense aussi de ne pas attacher son cochon au piquet. Mais ce dernier règlement ne fut suivi d'aucun effet et, bien avant dans le XIXᵉ siècle, les cochons harcelèrent les piétons. « Le cochon new-yorkais est un cochon républicain, décida Charles Dickens lors de sa visite en 1842, il va où il lui plaît, se mêle à la meilleure société, il est sur le même pied, sinon supérieur,

Le premier parc de la ville en 1830. Bowling Green, aménagé sur l'ancienne foire à bestiaux, marquait le point de départ de Broadway et rassemblait tous les élégants de la ville. Washington a habité la première maison à gauche, au début de la Révolution. A droite, l'Adelphi, le plus grand hôtel de la ville. Notez la petite fille à la pompe. L'alimentation en eau de la ville fut insuffisante jusqu'à la construction du réservoir de Croton en 1842. (Musée de la ville de New York.)

Bowling Green, un siècle plus tard. Brutal changement d'échelle. Le parc qui a gardé sa grille d'origine n'est plus qu'une goutte de verdure à l'ombre de la façade Renaissance de l'immeuble de la Cunard et de celui de la Standard Oil, à droite. (H.L. Witteman, musée de la ville de New York.)

que les plus grands car chacun lui fait place lorsqu'il paraît
et le plus fier lui abandonne le mur si tel est son bon plaisir
[...] ce sont les charognards de la ville que ces vilaines
bêtes[11]. » L'on déplaça les abattoirs et les tanneries si malodorants au nord de la ville.

Deux autres problèmes urgents se posaient : la protection
contre l'incendie et la distribution de l'eau. Une précaution
élémentaire consistait à avoir des cheminées propres et en
bon état ainsi qu'une réserve de seaux remplis à proximité
de l'âtre. Une inspection avait lieu tous les quinze jours et le
préposé hésitait si peu à infliger l'amende prévue en cas de
négligence que le premier à devoir s'exécuter fut un ancien
maire. On devait payer si sa cheminée était défectueuse et
l'on devait également payer si, par sa faute, sa propre maison avait brûlé. Il fallut également trouver le moyen d'avoir
accès facilement à l'eau. Non pour la boire. On ne buvait
d'eau qu'en tout dernier ressort, aussi bien à la Nouvelle-
Amsterdam que dans le vieux New York, et l'on y établit des
brasseries bien avant des fabriques de tuiles ou de briques !
Certes, l'eau en ville avait un goût détestable et personne
n'en voulait. Mais l'absence du moindre puits, trente ans
après l'installation des premiers colons, créait une situation
si dangereuse que les autorités firent percer seize puits en
plein milieu des rues principales avant la fin du siècle.

La vermine, l'incendie, l'insuffisance du réseau d'eau :
autant de problèmes de base pour une ville. Impossible de
survivre sans les régler, et les New-Yorkais s'y acharnèrent.
Les mesures prises eurent de bons résultats puisque New
York ne connut pas au XVIIe siècle les incendies qui ravagè-
rent Boston ou Philadelphie. En 1750, les habitants éprouvè-
rent enfin le besoin d'avoir un peu de verdure sous les yeux
et trois des citoyens les plus notables de la ville, John Chambers, Peter Bayard et Peter Jay, louèrent à la municipalité,
pour un grain de poivre par an, le terrain qui servait jadis de
foire à bestiaux et en firent le premier parc de la ville. Il
existe toujours sous le nom de Bowling Green.

La ville grandissait et, ce faisant, devenait plus impersonn-
nelle. Un historien de l'époque fait remarquer que, vers 1730,
les journaux commencent à faire paraître des petites
annonces. Auparavant, on publiait les dates de départ des
bateaux ou de la mise en vente de terrains ; dorénavant, les
artisans signalent par de petits panneaux publicitaires leurs

marchandises et leurs talents, signe indiscutable que la ville est devenue une agglomération aux maillons plus lâches, où chacun ne sait plus ce que fait son voisin.

Des quartiers qui reflétaient la composition sociale de la ville apparurent. Administrativement, New York se divisait en *wards*, ou arrondissements. Les bureaux et les organes de gouvernement occupaient la pointe sud de l'île. Au nord-est, sur les bords de la rivière, s'étendaient l'East Ward et le Montgomery Ward, du nom d'un gouverneur de l'État, populeux et populaires, animés par les matelots, les dockers, les petits boutiquiers, parmi lesquels de nombreux Hollandais poussés vers le bas de l'échelle sociale par le succès de leurs concurrents. Voilà les rues où l'on débarquait pour commencer l'aventure. Occupés par une population moins dense, presque excentriques, le Hudson Ward et le North Ward longeaient l'Hudson. Au sud-est, autour de Pearl Street, le Dock Ward constituait le quartier le plus élégant, le premier beau quartier d'une ville qui allait en connaître tant. Ce fut dans ses rues rafraîchies par la brise, à proximité du port d'où ils pouvaient surveiller les allées et venues de leurs navires, que se fixèrent les grands marchands anglais, les héritiers hollandais, les juifs prospères et les huguenots les plus heureux. On ne se regroupait pas selon les origines nationales mais par affinités financières.

Cette ville, tout entière dominée par le commerce, ignorait les préjugés nationaux ou religieux. La conscience de classe existait, mais la classe étant définie par les revenus, et non par la naissance, elle s'ouvrait à qui prouvait son talent ; ni les huguenots, ni les juifs, ni les Irlandais, ni les Allemands ne se heurtèrent alors aux généralisations malveillantes qui rendront l'existence si rude aux immigrants du XIX siècle. La meilleure preuve de cette réelle entente entre différents clans, ce sont les mariages contractés à cette époque. La famille DeLancey, qui donna son nom à DeLancey Street, une des rues les plus animées de l'ancien quartier juif, en fournit un exemple évocateur[12].

Étienne DeLancey dut fuir Caen, sa ville natale, en 1685, pour échapper aux dragons de Louis XIV et il se réfugia à Londres où il vendit ses bijoux pour financer sa traversée et son installation à New York. Son succès de négociant se traduisit en millions, difficiles à évaluer en monnaie moderne, mais qui firent de lui un des contribuables les plus imposés de la ville. Il accumula une masse imposante de biens immobiliers. Outre plusieurs maisons en ville — l'une d'elles,

Fraunces Tavern, à l'angle de Pearl Street et de Broadway, a
été reconstituée — il possédait une propriété qui couvrait
plus de cent vingt blocs actuels sur l'emplacement de *Chinatown* et de *Little Italy*. Aussi intéressantes que ses richesses
furent ses alliances.

Il épousa Anne Van Cortlandt dont le père, arrivé simple
soldat à la Nouvelle-Amsterdam en 1637, fit fortune dans la
brasserie et devint un des hommes les plus influents de la
colonie. Van Cortlandt souffrit si peu de la conquête anglaise
qu'il demeura administrateur de la ville pendant toute la
période transitoire. Étienne DeLancey eut plusieurs enfants,
qu'il établit judicieusement. Une fille épousa un cousin Van
Cortlandt ; la seconde, un grand marchand, John Watts,
d'origine écossaise, membre du conseil de la ville ; et la
cadette un Anglais, Peter Warren, propriétaire de trois cents
acres à Greenwich Village ; son fils aîné s'unit à la fille de
Caleb Heathcote, un anglican arrivé en 1690 et qui, à force
d'héritages, de spéculations immobilières et d'entreprises
industrielles conquit les moyens de devenir le dandy le plus
voyant de la ville : il fut le premier New-Yorkais à peindre
ses armes sur les portes de sa voiture. Le plus jeune des fils
DeLancey, Olivier, enleva Phila, la fille de Jacob Franks, l'un
des deux plus riches marchands juifs de la ville. La légende
veut que la mère de la jeune israélite pleurât, que le père du
jeune homme ne fût prévenu qu'une fois le fait accompli,
mais toujours est-il que la famille DeLancey, une génération
après son arrivée, couvrait en quelque sorte tout le terrain et
administrait la preuve qu'un New-Yorkais faisait peu de cas
des origines ou de la religion lorsqu'il s'agissait d'assurer
l'avenir des siens.

L'on connaît toujours mieux le détail des mariages des
classes dirigeantes. Cependant, l'étude des registres municipaux met en lumière la même ouverture chez les petits artisans. Les huguenots s'unirent à un rythme si soutenu aux
Hollandais ou aux Anglais qu'en 1710 on ne pouvait déjà plus
les considérer comme formant un groupe homogène. Plus
surprenante encore est l'assimilation des juifs dans cette
première société new-yorkaise [13]. Il y eut même davantage de
mariages entre juifs et chrétiens qu'entre juifs ashkénazes et
juifs sépharades. Ainsi, Mrs. Franks sécha-t-elle vite ses
larmes pour consentir au mariage de son fils avec une
demoiselle Evans. A la génération suivante, tous ses petits-
enfants étaient baptisés.

Malgré leur diversité, ces premiers New-Yorkais avaient bien des traits communs. En particulier, ils excellaient à faire valoir leurs droits et ne se laissaient pas faire par les Anglais de la métropole, comme le prouve l'instauration d'une presse libre à l'occasion d'un désaccord qui opposa le gouverneur de la province à un juge local. Celui-ci, secondé par ses amis, créa un journal pour y présenter sa défense. Irrité, le gouverneur se crut assez puissant pour arrêter le rédacteur en chef. Mal lui en prit. Un procès eut lieu, où l'accusé fut acquitté. La prolifération des feuilles qui s'ensuivit permit au peuple d'assurer ses droits et de développer l'autonomie des habitants, contribuant par la suite au schisme avec la Grande-Bretagne. Mais l'esprit d'indépendance ne va pas nécessairement de pair avec une grande activité intellectuelle et l'élite new-yorkaise constituait encore une société béotienne, où ni la science, ni la philosophie, ni aucune autre forme de culture désintéressée n'était mise en avant.

Personne ne s'attendait à ce qu'un poste commercial fût un haut lieu de l'esprit ; cependant la rareté des librairies et la pauvreté des bibliothèques atterraient les visiteurs. Benjamin Franklin regrettait qu'il fallût faire venir ses livres d'Angleterre tant les ressources locales étaient insuffisantes [14]. Les habitants s'intéressaient pourtant à la peinture et à la musique. Ils possédaient davantage d'instruments de musique que leurs voisins et leur goût pour les beaux portraits était tel que des peintres venaient de Hollande à la demande des familles. Ils restaient quelques mois et retournaient en Europe, le tableau exécuté [15].

Mais les problèmes linguistiques et scolaires, notamment le maintien de trois langues principales, nés de la conquête anglaise retarda, semble-t-il, le développement intellectuel de New York. En outre, les parents ne se souciaient pas particulièrement de l'éducation de leurs enfants. Un des rares hommes cultivés de la ville, le chapelain du fort, avait réuni une grande bibliothèque dont il fit don à la municipalité tant il s'inquiétait de l'ignorance de ses concitoyens, qu'il expliquait de la façon suivante : « La ville est si propre au commerce, et le génie de son peuple si enclin au négoce, que l'on n'impose aucun savoir autre que l'écriture et l'arithmétique [16]. » Si l'université de Harvard avait été fondée dès 1634, à l'usage des Bostoniens, il fallut attendre 1754 — plus d'un siècle plus tard — pour que King's College, qui allait devenir Columbia, fût constitué. En pratique, les petits-bourgeois

apprenaient à lire et à écrire à la maison, après quoi on les
envoyait dans les officines de leurs pères découvrir les addi-
tions et les multiplications. Le niveau des seules véritables
écoles, financées et organisées par les innombrables sectes
ou églises de la ville (dès 1703, l'une d'entre elles fut réservée
aux enfants noirs), laissait à désirer et aucun personnage de
la ville n'y aurait inscrit sa progéniture. Pour satisfaire une
population aussi diverse il eût fallu des écoles à la fois publiques et laïques ce qui, à l'époque, semblait une contradiction
dans les termes. Ainsi, les rares personnes réellement édu-
quées de la ville avaient-elles fréquenté une université en
Nouvelle ou en Vieille-Angleterre, ou encore à Leyde, aux
Pays-Bas. En 1713 il n'y avait que deux libraires et un imprimeur à New York, alors que Boston se tenait au second rang,
après Londres, pour le nombre de livres en anglais imprimés
et vendus [17]. La presse locale, active en tout ce qui concernait
la politique et le commerce, ne suffisait pas à satisfaire les
curiosités et l'on attendait toujours avec impatience les

*L'église méthodiste de John Street en 1768. Le peintre a représenté des personnages
réels. Ainsi, le bourgeois au bandeau avait perdu son œil lors d'une guerre indienne, et le
Noir, qui se tient à l'entrée de l'église, servait à la fois de sacristain et de fossoyeur. Il parvint à acheter sa liberté et fonda la première église noire de la ville. Son fils devint pasteur. (Aquarelle de John Smith, musée de la ville de New York.)*

gazettes de Londres. Abigail Franks, la belle-mère d'Olivier DeLancey, se plaignait sans cesse dans sa correspondance de « l'ignorance grossière des Hollandais », et de ce que les dames de sa synagogue soient « une bande d'idiotes ». Elle-même s'inquiétait tant de l'éducation de ses enfants qu'elle finit par les envoyer tous en Angleterre.

Si elle n'avait guère de préoccupations purement intellectuelles, cette aristocratie marchande aimait les objets, l'argenterie, les meubles, les bijoux. Il régnait à New York une ostentation très caractéristique de la ville. A Boston ou à Philadelphie, il était et il est toujours du meilleur goût de ne pas faire étalage de ses richesses. New York n'a jamais eu de ces délicatesses et c'est une des raisons qui expliquent son attrait. New York fut la première ville coloniale à avoir de véritables magasins de meubles, de tableaux et surtout de mode. Une veuve d'origine huguenote, Mme Bourdet, vendait à l'enseigne des « Trois Pigeons » des robes de soie venues d'Europe, des bas, des ceintures et des chapeaux ; pour occuper les messieurs pendant que les dames hésitaient, elle leur proposait, dans son arrière-boutique, un assortiment d'armes, de scies et de haches. Ce fut une New-Yorkaise qui inaugura l'industrie miracle des produits de beauté dans le Nouveau-Monde. Elle offrait « à prix très raisonnable » crèmes merveilleuses et diverses pour le cou, les mains et le visage, sans oublier de la poudre dentifrice. Ailleurs, les boutiques vendaient de l'utile ; à New York, on proposait le rêve. Autre spécialité new-yorkaise, le théâtre, distraction honnie en terre puritaine. La première de Shakespeare en Amérique, une représentation de *Roméo et Juliette*, fut donnée en ville en 1730.

Mais le panache et la joie de vivre n'étaient le fait que d'une fraction de la population. Il y avait maintenant des pauvres à New York, phénomène nouveau et troublant pour une communauté qui, pendant longtemps, n'avait eu personne à sa charge, sinon quelques malheureux Noirs qui ne trouvaient pas à se réemployer après leur libération. La ville construisit un hospice et le secours aux indigents constitua bientôt le poste le plus lourd du budget municipal. Malgré ces efforts, le nombre croissant de vols, une violence inconnue jusqu'alors, inquiétèrent les habitants. Le thème de la criminalité fit son apparition dans la presse. On suggérait d'éclairer les rues en accrochant des lanternes aux fenêtres et de parer ainsi aux dangers nocturnes. On organisait des rondes de milice plus fréquentes. Certes, les incidents étaient moins graves et moins nombreux que dans les villes anglaises de la même importance, mais le sentiment d'une rupture du tissu social prit forme, et créa un malaise d'autant plus pénible que l'antagonisme entre les différentes classes de la société était plus virulent qu'à Boston, Philadelphie ou que dans les villes du Sud. Le souvenir du soulèvement de Leisler, héros du parti populaire hollandais, demeurait vivace, et l'évolution économique de la colonie tendait à creuser davantage encore les différences entre riches et pauvres.

La simplicité première d'une colonie qui vivait exclusivement du commerce des peaux n'existait plus. Le recul des Indiens devant l'établissement des fermiers et le désir d'équilibrer les revenus de la province avaient incité les Anglais à accorder à Albany, une petite ville située au nord de New York, sur l'Hudson, le monopole du négoce des fourrures. Les marchands de New York durent donc trouver une activité de remplacement. N'hésitant pas à affronter la concurrence de Boston ou de Philadelphie, ils se tournèrent vers la construction navale, puis le tamisage et l'empaquetage de la farine, pour lesquels ils obtinrent un monopole, et se mirent au raffinage du sucre et à l'extraction de l'huile de baleine, pêchée à partir de Sag Harbor, un port de Long Island. Toutes ces entreprises exigeaient une attitude plus dure en affaires, une émulation accrue, une course au succès menée de façon plus impitoyable, et cela se répercutait sur la ville dont l'atmosphère se fit plus agressive et nerveuse. Le sens de la solidarité se désagrégea devant ces complexités nouvelles. Le secret, la méfiance s'emparèrent de cette cité fiévreuse où des gens de toutes croyances et de toutes origines s'agitaient à la recherche d'une affaire fructueuse, d'une idée neuve ou d'un renseignement utile, le long de rues grouillantes d'esclaves, de commis, de soldats et de matelots éméchés qui titubaient d'une taverne à l'autre. Ils n'avaient que l'embarras du choix : une maison sur quatre était un estaminet...

La situation des esclaves fournit une illustration supplémentaire de la nouvelle rudesse de New York. La mansuétude et la souplesse du système hollandais avaient disparu depuis longtemps. Effrayés par le nombre grandissant de Noirs — en 1740 ils comptaient pour un cinquième de la population —, les Anglais avaient imposé un code plus strict. Traités avec sévérité, ayant perdu le droit d'acheter ou de vendre pour leur propre compte, les esclaves demeuraient cependant libres de circuler et de se réunir en ville. La crainte qu'ils inspiraient aux Blancs se cristallisa en 1741. Sur les aveux douteux d'une servante blanche, la population, terrifiée par une série d'incendies inexplicables, se persuada qu'un soulèvement général se préparait. Le calme revint après plusieurs semaines de tumulte. Le procureur lui-même admit que la foule avait été victime de son imagination. Absence de réactions rationnelles, aveux forcés, dénonciations, autant de signes menaçants, symptomatiques de conditions malsaines. Trop de gens, incertains de l'avenir, vivant entassés les uns sur les autres, contribuaient à créer un mélange détonnant d'inquiétudes et de jalousies. Et, effectivement, la lutte pour l'indépendance que mèneront les colonies contre l'Angleterre débutera, à New York, par une suite d'émeutes et de révoltes.

Carte extraite de l'Atlas historique de G. Duby (Larousse).

BAIE
D'HUDSON

OCÉAN

Fort York

L. Winnipeg

L. Manitoba
Fort Dauphin

TERRE DE RUPERT
Cⁱᵉ DE LA BAIE D'HUDSON
Fᵗ Albany
Fᵗ Charles
Fᵗ Moose
Rupert

French Shore
TERRE
NEUVE
Anticosti
Gaspé
Stᵉ Laurent
Sᵗ-Pierre
Miquelon
I. Sᵗ Jean
I. du
Cap-Breton

L. Supérieur
Sault-Sᵗᵉ-Marie
L. Nipissing
Stᵉ Foyr
Québec
Montréal
Fᵗ St Frédéric
Carillon
Fᵗ Wm
Henry
Detroit
L. Ontario
Fᵗ Oswego
Chicago
L. Érié
Fᵗ Le Bœuf
Fᵗ Duquesne
Stᵗ-Louis

Nᴸᴸᴱ-ÉCOSSE
Annapolis
Royal
Halifax

Boston
New York
Philadelphie

ATLANTIQUE

Missouri

LOUISIANE
Cédée par la
France à l'Espagne
en 1762

Mississippi

TERRITOIRE DES INDIENS
1763

LES TREIZE COLONIES

Norfolk

Charleston

L'AMÉRIQUE DU NORD
DE 1763 A 1774

Traité de Paris (févr. 1763)
    Anglais
    Espagnols
    Possessions françaises
    droit de pêche et de débarquement

Proclamation royale (oct. 1763)
    Frontières fixes
    Frontières imprécises
    Ligne de la Proclamation

Acte de Québec (juin 1774)
    Frontières fixes
    Extension de la province de
    Québec (1774-1783)
    Frontières imprécises

FLORIDE
OCCᴬᴸᴱ
La Nouvelle
Orléans
Mobile
Sᵗ Augustine
FLORIDE
ORᴬᴸᴱ

GOLFE DU MEXIQUE

BAHAMAS

0   1000 km

Carte extraite de l'Atlas historique de G. Duby (Larousse).

III

RÉVOLUTION, RETOURNEMENTS
ET REPRISE DES AFFAIRES

Qu'une communauté de plus de vingt mille personnes venues d'horizons différents soit divisée selon des critères religieux, sociaux et économiques, n'a rien de surprenant ou qui prête à confusion. Mais lorsqu'à ces distinctions viennent se superposer des divergences sur la loyauté due au gouvernement, les lignes de partage se font plus floues et difficiles à suivre. Quand, de surcroît, la crise politique ne se règle pas par la négociation mais par la guerre, d'autres éléments entrent en jeu et le compliquent encore. C'est ce qui s'est passé à New York. « Le diable lui-même s'y perdrait ! » s'exclama le futur président des États-Unis, John Adams, lors d'une visite dans la ville[1]. Pendant la période révolutionnaire, New York a survécu à dix ans de tumultes et de retournements.

Tour à tour agitée d'émeutes, cœur de la résistance patriotique à la Grande-Bretagne, champ de bataille, siège de l'état-major britannique, refuge de tous les conservateurs anti-révolutionnaires et enfin capitale du jeune État victorieux, la ville a subi des oscillations brutales de population qui illustrent le chaos de l'époque. Vingt mille habitants en janvier 1776, à l'ouverture des hostilités ; cinq mille trois mois plus tard, après que femmes, enfants et loyalistes, fidèles à la Grande-Bretagne, se furent enfuis à la perspective des premières batailles ; plus de trente mille en septembre[2], quand une victoire des Anglais sur George Washington et les insurgés incita les fuyards à revenir et attira de surcroît tous les loyalistes des colonies environnantes. La paix enfin signée en 1783, un dernier soubresaut secoua la cité: les Anglais, suivis de leurs partisans, s'embarquèrent tandis que, par milliers, les Américains nationalistes rentraient dans leurs murs. Ils retrouvaient une ville dévastée mais qui recouvra vite ses caractéristiques fondamentales : un appétit extrême des affaires, une opinion toujours divisée, mais où dorénavant les revendications, aussi véhémentes qu'elles pussent être, faisaient partie du fonctionnement normal d'une démocratie.

Revenons un peu en arrière pour comprendre les causes de la commotion. Toutes les guerres européennes, au XVIIᵉ et au XVIIIᵉ siècle, avaient eu des prolongements en Amérique et mis aux prises l'Angleterre et la France. Les Français, à partir de leurs possessions du Canada, s'étaient approprié les territoires déserts le long de l'Ohio et du Mississippi, et barraient la route aux Anglais dans leur progression vers l'ouest. Il existait donc un état de guérilla permanent le long de cette frontière. Les Indiens, indispensables grâce à leur connaissance du terrain et à leur faculté de se fondre dans les feuillages pour espionner l'ennemi, y participaient activement, le plus souvent aux côtés des Français qui comprenaient mieux la nécessité de payer avec exactitude ces alliés. Ce fut au cours de ces combats que George Washington fit son apprentissage militaire et qu'il eut, pour la première fois, en observant la stupidité et l'arrogance du généralissime britannique, Edward Braddock, le sentiment que « ses idées exaltées sur la capacité des militaires anglais n'étaient pas fondées [3] ».

Ces engagements, pour violents qu'ils fussent, n'affectaient guère les ports de la côte. Bien au contraire, les années de guerre, notamment celles de la guerre de Sept Ans, déclarée en 1754, furent favorables aux commerçants américains. Le gouvernement de la métropole ne pesait ni sur leurs épaules ni sur leurs escarcelles. Jamais ils n'avaient joui d'une telle autonomie ; jamais les impôts n'avaient été si légers et jamais les échanges moins entravés, puisque l'Angleterre se trouvait dans l'impossibilité d'imposer le respect des mesures protectionnistes d'usage.

Mais, en 1763, l'Angleterre l'emportait sur la France, qui dut abandonner le Canada. Vergennes s'en consola en prévoyant que ce triomphe serait fatal à la Grande-Bretagne : « Ses colonies n'auront plus besoin de sa protection. Lorsque l'Angleterre leur demandera d'aider à supporter le fardeau qu'elles lui avaient imposé, elles répondront en se dégageant de toute dépendance [4]. » George III ne se soucia guère de cette prédiction. Il avait gagné et s'empressa de le faire savoir à ses sujets américains par une série de dispositions désagréables : taxes accrues sur les produits importés les plus nécessaires comme le thé, le papier, le verre. Le vote de la loi du Timbre — le *Stamp Act* — qui prévoyait l'apposition obligatoire de timbres sur une multitude de documents indispensables — licences, patentes, contrats, journaux, brochures, cartes à jouer ou almanachs — porta la colère des colons à son comble.

Le bien-être et l'enrichissement de la classe marchande, de sa clientèle et par extension de la colonie tout entière, s'en trouvèrent menacés. Or les New-Yorkais en particulier n'étaient pas conciliants. Ils avaient pris goût à la liberté et leur tradition d'opposants demeurait vivace. Les Hollandais nourrissaient des griefs contre les Anglais depuis 1664 ; les quakers, fort nombreux en ville, avaient souvent eu maille à partir avec le pouvoir royal, et l'autoritarisme avait toujours répugné aux huguenots et aux palatins. Est-ce à dire que la réaction anti-anglaise fut unanime ? En aucune manière. Les uns, liés à la Grande-Bretagne par leur clientèle et leurs intérêts, avaient trop besoin de la stabilité, du crédit et de la protection anglais pour ne pas demeurer des royalistes loyaux, malgré les pertes encourues par l'accroissement des taxes. En revanche, les négociants qui étaient en affaires avec des correspondants fixés aux Antilles ou dans les colonies du Sud, et qui commerçaient donc le long des côtes américaines et non à travers l'Atlantique, avaient davantage intérêt à une réelle indépendance commerciale. Le *Sugar Act*, par exemple, une taxe sur le sucre, risquait de paralyser leurs échanges de sucre, de mélasse et de rhum, et servit de catalyseur à la colère de ces hommes irrités par ce qui leur semblait une atteinte à leurs libertés. Cette catégorie de marchands plus « américains », plus nationalistes dans leurs vues, se défendit sur deux plans. Ils présentèrent une défense juridique de leurs droits — les avocats new-yorkais, pour soutenir la position de leurs clients, gagnèrent une immense influence dans le pays en arguant de l'illégalité de mesures votées par un Parlement où les colons n'étaient pas représentés — et, déterminés à ne pas négliger l'action directe, ils se lièrent avec les classes les plus simples constituées par les artisans, les boutiquiers, les patrons des innombrables tavernes de la ville, tous ceux que l'on appelait en anglais les *mechanics*.

Ceux-ci avaient fondé une association, « les Fils de la Liberté », assez ouverte pour accueillir ces avocats et marchands prêts à participer à des réunions dont, en d'autres temps, le ton révolutionnaire leur aurait semblé excessif. Le rapprochement n'était pas toujours paisible car les *mechanics*, de loin l'élément le plus actif et le plus bruyant de la société pendant ces années qui précédèrent la guerre d'Indépendance, où incidents, manifestations et émeutes se multiplièrent, menaient un double combat. L'un contre les Anglais, l'autre contre les riches bourgeois. Et leurs alliances variaient selon les circonstances.

Leur rage contre les Anglais provenait de l'afflux des produits manufacturés britanniques qui sapait leur industrie naissante, et de la présence de l'armée anglaise. Ces soldats, ils n'en voyaient pas l'utilité depuis la fin des hostilités avec la France. Or, ils devaient en assurer l'entretien au moyen d'une taxe spéciale et, comble de l'injure et de l'injustice, ceux-ci les concurrençaient directement sur le marché du travail ; car ces mercenaires avaient l'autorisation de s'employer à leurs heures de liberté et le faisaient à des prix anormalement bas puisque leur rémunération ne constituait qu'un salaire d'appoint. Portés au comble de l'irritation dans les moments de crise, les artisans et les ouvriers américains s'alliaient aux grands marchands anglophobes et mettaient en scène des manifestations communes. La plus spectaculaire fut le défilé de milliers de citoyens en vêtements de deuil à l'arrivée dans la rade d'un navire porteur de ces timbres qui symbolisaient les nouvelles mesures fiscales.

Mais il leur arrivait aussi d'interrompre brutalement un concert ou une pièce de théâtre où leurs alliés de la veille oubliaient leurs soucis. C'est qu'ils voulaient aussi manifester leur indignation du manque de solidarité des classes riches devant la misère grandissante, phénomène nouveau dans une société qui avait été jusque-là très consciente de ses responsabilités. Dans ces circonstances, ils mettaient en cause le système social tout entier et non plus seulement les rapports entre la colonie et la Couronne. Il existait donc à New York, contrairement à Boston par exemple où les différentes revendications étaient clairement distinctes, un enchevêtrement complexe d'éléments politiques et sociaux, propice à une explosion. L'atmosphère survoltée de la ville frappait tous les visiteurs. « Les gens ici sont très divisés et l'esprit de parti très échauffé, écrivait un Écossais, fixé en Virginie, venu à New York en mars 1775. Affiches et discours sont imprimés, placardés et distribués plusieurs fois par jour. Hommes, femmes et enfants sont obsédés de politique[5]. » Ce fut cependant dans le Massachusetts que l'insurrection éclata en avril 1776.

George Washington, mis à la tête des troupes américaines, se hâta de s'assurer de New York, « cette ville [...] le nexus des colonies du Nord et du Sud, une sorte de clé qui ouvrait le continent, passage vers le Canada, les Grands Lacs et les Nations Indiennes[6] ». Mais à l'annonce de son arrivée, la population, craignant d'éventuels combats, céda à la panique. Les patriotes, partisans de la révolte, envoyèrent leurs femmes et leurs enfants à l'abri tout comme leurs adversaires, les loyalistes, qui eux s'enfuirent en famille. Le gouvernement se désagrégea et la ville fut livrée à l'action de différents comités, c'est-à-dire aux organisations populaires. Les New-Yorkais célébrèrent leur indépendance en déboulonnant la statue équestre, en plomb doré, de George III, qui s'élevait sur Bowling Green. Elle fut fondue et fournit quarante-deux mille balles de mousquet à la cause de la liberté.

Un Comité des Cent, un Comité de salut public, un Comité des Cinquante se constituèrent et s'octroyèrent les pouvoirs les plus étendus, notamment celui « d'arrêter et d'exiler toute personne au caractère suspect et équivoque[7] ». Si leur action ne fut pas aussi radicale que celle des organisations similaires, en France, quelques années plus tard, c'est que ces comités ne furent pas uniquement peuplés de révolutionnaires. Bien des bourgeois aux opinions politiques modérées en firent partie. Ces hommes, plus inquiets du danger anglais que des vues à long terme de leurs alliés, jugeaient qu'il leur fallait « nager avec un courant impossible à détourner », persuadés, à juste titre, de la nécessité de « céder au torrent pour en diriger le cours[8] ».

Cette union contre nature de boutiquiers, d'artisans et d'ouvriers avec les marchands nantis provenait de ce que les premiers souffraient de la crise qui ruinait les seconds, et que ceux-ci savaient que, sans le peuple, ils ne pouvaient exercer aucune pression politique. Certes, l'alliance comportait une inconnue : la guerre d'Indépendance se transformerait-elle en un vaste mouvement social ? L'élite américaine assuma le risque. On n'avait pas le temps de finasser. Si on ne combattait pas tous pour le même motif, tant pis ! L'essentiel était de gagner. Il n'est peut-être pas inutile de rappeler ici que les révolutions américaine et française étaient bien différentes. Il y avait des écarts entre les classes en Amérique ; en France des abîmes fractionnaient la société. Il n'est que de regarder des vues anciennes de New York pour s'en convaincre. Les plus belles maisons, avec leurs trois étages étroits, leur décoration modeste, leur surprenante ressemblance avec les maisons voisines — à New York, c'est la densité d'occupation d'un immeuble qui détermine l'aisance du propriétaire, non le raffinement architectural — ne rappellent en rien les hôtels particuliers des ducs ou des fermiers généraux parisiens. La pauvreté scandalisait parce qu'elle était récente. Dans l'ensemble, une aisance honnête régnait et les Américains n'avaient pas à lutter contre le triple écrasement de l'aristocratie, de l'Église et de la Couronne. En France, la Révolution provoqua un choc entre des intérêts et des idéologies qui s'excluaient mutuellement, alors que « le soulèvement américain représentait un accord national qui s'élevait au-dessus des divisions économiques et sociales [9] ». La question pouvait être posée en ces termes : « Pourquoi la volonté tout à fait compréhensible des épiciers de Boston, de ne pas payer un penny supplémentaire par livre de thé, se transformera-t-elle entre les mains des Pères Fondateurs en une Déclaration des Droits de l'Homme, impliquant le droit à la vie, à la liberté et à la poursuite du bonheur ? Car ce fut, bien sûr, pour ces idéaux élevés que les colons se sentaient prêts à combattre et à mourir [10]. »

Les New-Yorkais n'eurent guère le loisir de réfléchir à la réponse car, dès septembre 1776, la ville fut reprise par les Anglais. Une bataille sur Long Island se termina par la défaite de Washington. A la faveur d'un brouillard très dense, il réussit à battre en retraite sans perdre d'hommes et à se réfugier sur Manhattan. Mais, sans l'appui d'une flotte, il ne pouvait espérer conserver cette position. Il avait pourtant tout tenté, y compris l'utilisation du premier sous-marin, le *Turtle*. Il s'agissait d'une sphère en bois, montée par un homme qui en actionnait l'hélice à la main et qui portait un dispositif permettant d'accrocher une bombe ou une torpille sous la quille d'un navire ennemi. Parti de Manhattan en présence du général, le sergent Ezra Lee se rendit en deux heures à Staten Island pour s'en prendre au vaisseau amiral de soixante-quatre canons. Mais il ne réussit pas à amarrer sa torpille. Il se débarrassa de son engin, qui explosa dans l'East River, et atterrit sain et sauf.

Washington dut donc se résigner à abandonner Manhattan. Comme quelques mois auparavant, les voies d'accès furent bloquées par un double embouteillage. Cette fois, les patriotes s'enfuyaient tandis que les loyalistes revenaient en foule. Les bonnes âmes de Boston et de Philadelphie stigmatisaient l'agitation hystérique des New-Yorkais épouvantés. Mais comment eussent-ils pu rester calmes alors que Washington et ses officiers envisageaient d'incendier la ville pour annuler la victoire anglaise ? Washington, finalement, s'y refusa par humanité, mais la retraite américaine fut cependant marquée par une immense conflagration dont l'origine demeura douteuse. Un quart de la ville, soit tout le quartier construit entre Broadway et l'Hudson, fut détruit au moment où la population se grossissait de tous les réfugiés anglophiles accourus à New York pour y trouver protection contre Washington. Lequel se regroupa dans le New Jersey avant de descendre au sud, vers Philadelphie et le Delaware.

New York allait demeurer aux mains des Anglais pendant les sept ans que dura la guerre et souffrir considérablement de cette occupation. Les ravages de l'incendie ne furent jamais réparés ; pis, un second feu de la même importance éclata deux ans plus tard. Comme on ne reconstruisit pas sur l'emplacement du sinistre, les sans-abri dressèrent, en s'appuyant sur les cheminées et les pans de murs encore debout, à l'aide de vieilles toiles ramassées sur le port, un village de tentes, si malsain et si dangereux qu'on baptisa *banditti* les malheureux squatters. L'insécurité se fit angoissante. On n'osait plus sortir le soir. Les Américains se sentaient déshonorés d'être témoins du traitement cruel réservé aux prisonniers de guerre. Des milliers d'hommes avaient été pris lors des engagements antérieurs et parqués à New York. Les passants entendaient les gémissements de ceux qui, souvent blessés, toujours affamés, étaient entassés dans les églises de la ville. Les gardes empêchaient qu'on approchât pour offrir aux malheureux quelque réconfort, de peur de trahisons. Pire encore était le sort des pauvres diables jetés dans les bateaux-prisons amarrés au port. Plus de onze mille d'entre eux périrent malgré les incessants efforts de Washington pour obtenir des échanges d'hommes.

Mais le général anglais Sir William Howe et son état-major ne se laissaient pas abattre par les circonstances. Soldat de métier, épicurien de nature, Howe s'installa dans le luxe et la facilité. Une table toujours bien servie, une société gaie constituée par ses jeunes officiers et les riches royalistes qui offraient bals et divertissements à leurs protecteurs. On allait au spectacle au petit théâtre de John Street. Un orchestre donnait des concerts dans le cimetière de l'église incendiée de la Trinité. Les lieux de culte encore debout servaient d'hôpitaux mais aussi de manèges et souvent d'écuries. Enfin on faisait des parties de cricket tout près du cimetière juif, à Chatham Square. La fête dura jusqu'en 1780 pendant que la guerre se poursuivait, essentiellement dans le New Jersey puis dans le Sud, en Virginie. Sans flotte, les insurgés ne pouvaient pas reprendre la ville. Washington, maître de la vallée de l'Hudson, fit barrer le fleuve à quelques dizaines de milles en amont par une énorme chaîne de fer mais il ne pouvait pas empêcher les navires d'entrer et de sortir par la baie.

En 1780, cependant, le siège faillit être levé. L'hiver fut si rude que la baie entière fut prise par les glaces. Le prix des vivres augmenta brutalement puisque le ravitaillement par voie d'eau était devenu impossible. Le bois de chauffage se fit introuvable : meubles et palissades furent brûlés et les navires paralysés n'offraient plus aucune protection. La nervosité des habitants grandit, car Washington aurait bien pu profiter de la situation pour tenter un coup de main. Il en rêvait mais ses troupes trop épuisées par l'hiver n'auraient pas pu le mener à bien. Ce fut l'époque où les Américains furent tentés d'entrer en pourparlers avec les Anglais, mais ce fut aussi le moment où Benjamin Franklin obtenait enfin un réel appui de la France qui rendait possible une victoire indiscutable.

Jusqu'alors seuls des volontaires individuels avaient rejoint les rangs de l'armée américaine. Si l'Amérique est encore reconnaissante à La Fayette, à Kosciusko et à Steuben, Washington ne savait souvent que faire de ces jeunes gens pleins d'assurance qui ne comprenaient pas un mot d'anglais, ignoraient tout d'une guerre de harcèlement et lui réclamaient grades, soldes et commandements. Mais, en 1780, la France s'engagea officiellement. Elle reconnut les États-Unis sur le plan diplomatique, leur offrit des troupes sous les ordres de Rochambeau et, mieux encore, l'appui de sa marine. Dès que Washington apprit que les bâtiments de l'amiral de Grasse approchaient des côtes américaines, il entraîna ses hommes vers l'estuaire de la York où le commandant anglais, Cornwallis, avait fortifié la position de Yorktown. Les Américains firent la jonction avec le corps de La Fayette tandis que de Grasse empêchait l'arrivée de tout renfort britannique. Cornwallis se rendit le 17 octobre 1781. L'Angleterre avait perdu ses colonies. Les négociations qui devaient mener au traité de Versailles en septembre 1783 furent entamées.

La nouvelle de ces premiers contacts, puis de la fin des hostilités, fut accueillie avec inquiétude par une fraction importante de la population new-yorkaise. Mais, en décembre 1783, d'accord avec Washington, les Anglais commencèrent à organiser leur départ et celui de leurs partisans. Deux tiers des habitants de la ville choisirent de la quitter. Parmi les dix mille Américains qui optèrent pour l'exil, les uns se contentèrent de trouver refuge aux alentours de New York, notamment dans le Connecticut ou le New Jersey, les autres se dirigèrent soit vers la Nouvelle-Écosse, une province du Canada, l'Acadie perdue par Louis XIV au traité d'Utrecht en 1713, soit vers les Antilles, ou encore vers la Grande-Bretagne. Parmi eux, l'on reconnaissait bien des représentants de ce groupe anglo-huguenot de notables, dont les DeLancey avaient été si représentatifs, qui s'embarquaient avec bagages, esclaves et meubles de prix. En revanche, les colons de souche hollandaise restèrent sur place. Les Van Rensselaer, les Roosevelt, les Beekman reprirent une place prépondérante.

L'évacuation terminée — pendant de nombreuses années *Evacuation Day* fut fêté à New York —, l'on prévint Washington qui attendait à l'extérieur pour éviter des incidents inutiles. Il fit donc une entrée en bon ordre dans une ville où la confusion était portée à son comble. Les derniers traînards empaquetaient à la hâte ce qu'ils n'avaient pu réussir à vendre lors d'enchères improvisées. Les revenants erraient à travers des rues bordées de maisons incendiées. Ils hésitaient à entrer dans les demeures encore debout, tant leur délabrement faisait peur. Les Anglais et leurs partisans n'avaient pas entretenu les maisons réquisitionnées et, dans leur rage de vaincus, les avaient souvent saccagées avant de partir. Parfois l'on retrouvait sa maison intacte, mais d'autres problèmes surgissaient : comment prouver son bon droit ? Les titres de propriété avaient été perdus. Une maison avait été vendue à un acheteur de bonne foi : était-il tenu de la rendre au propriétaire d'origine ? Comment évaluer les dommages subis ? Le maire, désigné par l'Assemblée de l'État de New York, organisa un tribunal habilité à régler ces différends. L'instabilité de la population, qui multipliait les allées et venues, ne rendait pas les choses aisées. Et pourtant, il fallait retisser d'anciens liens de voisinage, réunir famille, amis et associés. Pour faciliter l'hébergement et les retrouvailles, on ouvrit un registre où inscrire les arrivants, afin de leur assigner une résidence temporaire et permettre à leurs parents de les retrouver. Trois ans plus tard, ces listes de personnes privées et de commerces furent publiées sous forme d'un petit opuscule. Ainsi, New York fut-elle la première ville à bénéficier d'un véritable annuaire.

Malgré la désorganisation, les tracas et les incertitudes, les affaires reprirent très vite. D'autant que le départ des marchands aristocratiques, soucieux de respectabilité à l'européenne, s'il laissait un vide intellectuel et financier indéniable, faisait place nette à des commerçants, des hommes d'affaires, des avocats « libres de créer une civilisation selon leur cœur. La dignité, les loisirs et la culture comptèrent moins ; l'énergie, la rude affirmation de soi, davantage. L'ambitieux négociant et le spéculateur furent plus prééminents dans la société américaine. Tout le monde était à égalité, tout le monde était pressé et presque tout le monde accordait plus de respect au dollar[11] ». La *Middle Class* était née. Terme intraduisible parce qu'en Europe la classe moyenne est une situation relative. Aux États-Unis, ce que Walt Whitman appelait la « divine moyenne » — *the divine average* — est un état d'esprit. Et il est significatif, fait remarquer l'historien Sacvan Bercovitch, dans une étude sur la victoire américaine et ses conséquences sociales, « que les termes péjoratifs de *parvenu* ou de *nouveau riche* n'aient jamais été adoptés [dans ce pays]. L'équivalent est cet américanisme flatteur, le *self-made man*[12] ».

Les transactions les plus importantes et les plus immédiates concernèrent les biens immobiliers des loyalistes en fuite, jugés comme traîtres par la Cour suprême ; leurs biens furent confisqués et mis en vente par la municipalité. Ce fut une des sources de revenus les plus importantes pour la ville. Les propriétés les plus étendues, celle des DeLancey, des Warrens ou des Watts, l'équivalent des maisons de campagne d'Auteuil ou de Grenelle du siècle dernier, se trouvaient à l'extérieur de la ville construite. Leur superficie dépassait largement celle de la ville. Cette vente, outre son avantage financier pour la municipalité, permit un accroissement immédiat et considérable du terrain constructible. L'on se souvient qu'à l'époque précédente, l'administration avait refusé de repousser les limites de la ville, au prix d'un encombrement prodigieux. Non seulement on construisit mais on morcela les domaines. Le démembrement des grandes propriétés — celle des DeLancey, par exemple, fut divisée en deux cents lots — ne peut pas être assimilé à une redistribution populaire, dans la mesure où il profita essen-

tiellement à des marchands, des propriétaires ou des spéculateurs, mais il vivifia l'économie et contribua à un rééquili-
brage des richesses. La mesure fut perçue par l'opinion
publique comme favorable à une certaine égalisation des
chances.

Donc, une reprise immobilière fructueuse, suivie d'un nouvel essor commercial symbolisé par le premier voyage de
l'*Impératrice de Chine*, un navire armé par des marchands
new-yorkais en 1784, qui inaugura un service régulier avec
Canton... Après l'Europe et les Antilles, l'Asie s'ouvrait donc
au commerce américain, et d'autant plus largement qu'une
liaison avec Madras fut organisée à la même époque. Brissot,
l'un des fondateurs du mouvement girondin, en voyage aux
États-Unis en 1788, s'exclamait d'admiration devant « une
activité qui régnait partout et annonçait une prospérité grandissante [...] partout des maisons s'élèvent, des rues se forment [...] on a gagné deux cents pieds sur la rivière [13] ». La
monnaie se stabilisa. Le *wampum* fut définitivement abandonné et l'on compta dorénavant en *dollars* et en *cents*.

La reprise fut donc rapide et, bien que New York eût
davantage souffert de la guerre que ses rivales, elle apparaissait dès 1795 aux yeux du célèbre marchand de thé anglais,
Thomas Twining, comme « la plus agréable et la plus floris-
sante ville des États-Unis [14] ». Le duc de La Rochefoucauld-
Liancourt soulignait aussi « la rapidité inouïe [15] » avec
laquelle la ville s'était développée grâce « à l'immense béné-
fice que son commerce [avait] tiré des dernières deux ou trois
années de l'état de l'Europe ». Il est exact que la Révolution
française et la longue période de guerres et d'instabilité qui
s'ensuivit profitèrent aux échanges américains. Mais les circonstances politiques ne suffisaient pas à expliquer l'intensité de l'activité particulière de la ville.

A New York, on travaillait dur. Les marchands de la ville
se dépensaient sans compter. « Déjeuner à huit heures et
demie et, dès neuf heures, ils sont à leurs bureaux pour pré-
parer la tâche de la journée ; à dix heures, les voilà sur les
quais, un tablier à la taille, à rouler un tonneau de mélasse
ou de rhum ; à midi, au marché, ils volent d'un côté à l'autre,
aussi sales que les porteurs les plus diligents ; à deux heures
les voici de nouveau à rouler, à pousser, à donner du geste et
de la voix avant de se remettre à grattouiller leurs chiffres ; à
quatre heures, ils rentrent se changer pour dîner ; à sept
heures théâtre et, à onze heures du soir, on les retrouve à
souper avec une équipe de fortes Bacchantes, et c'est à qui

fumera le plus gros cigare, avalera d'une lampée le plus de cognac et ils s'époumoneront dans les noirs nuages qu'ils auront formés comme autant de joyeux diables. Jamais on n'abattrait une journée pareille en Caroline du Sud[16]! »

Ces marchands, fidèles à la tradition de la Nouvelle-Amsterdam, ne constituaient pas une caste, mais une classe ouverte à tous ceux qui réussissaient. Autre caractéristique héritée des temps hollandais, la suprématie absolue du commercial sur le politique. Il ne fallut pas un an aux anciens adversaires pour se réconcilier et se consacrer ensemble aux affaires... La rapidité du retour à la vie publique des anciens loyalistes illustre l'absence de passion idéologique. New York n'a jamais été une ville à principes.

Les conservateurs anglophiles, les *Tories*, n'avaient pas tous fui en 1784, et l'on estime que les Américains radicaux et nationalistes, les *Whigs*, reprirent une ville constituée pour plus d'un tiers de leurs ennemis. Ceux-ci furent d'abord soumis à une réelle persécution politique et économique. On leur enleva, par exemple, le droit de vote ; on leur retira leurs licences commerciales ou professionnelles. Bien des médecins, bien des avocats, bien des professeurs ne purent plus exercer. Ils s'adressèrent aux tribunaux. Les juges, convaincus que la ville ne pouvait pas fonctionner en paralysant une fraction aussi importante de sa population, furent d'une indulgence telle que non seulement les *Tories* recouvrèrent leurs droits mais que de nombreux émigrés, rassurés par cette mansuétude, revinrent en ville.

Deux ans après leur défaite, les *Tories* votaient et gagnaient souvent les élections. Ils occupaient des postes importants dans l'administration de la ville. Ainsi, un Tory se retrouva-t-il président de la Chambre de commerce et y collabora, sans l'ombre d'une difficulté, avec son vice-président, un des patriotes les plus virulents de la guerre d'Indépendance, entouré de collègues indifféremment juifs, allemands, quakers, hollandais, « vieux » New-Yorkais ou nouveaux venus de Nouvelle-Angleterre. Cette diversité du groupe dominant reflétait la composition de la ville.

A la reprise de l'activité commerciale, se superposa un grand mouvement de population. La ville ne grandissait pas, elle explosait. Vingt mille habitants en 1783, plus de trente-trois mille en 1790. New York dépassait maintenant Philadelphie, jusque-là championne de la poussée démographique. La courbe s'accéléra et, dix ans plus tard, en 1800, on recensait soixante mille habitants à New York. La ville ne dépasse plus les autres agglomérations américaines, elle les écrase : Boston, Charleston et Baltimore ne comptent que vingt à vingt-quatre mille habitants. Les paris sont ouverts et les New-Yorkais enhardis affirment qu'ils seront plus de trois millions en 1890[17]. A titre de comparaison, Londres et Paris avaient respectivement, à la même époque, un million et cinq cent mille habitants. Mexico, la ville la plus populeuse d'Amérique, en avait cent trente-sept mille.

Bien sûr, cette augmentation provenait de l'arrivée de fermiers des environs, de citoyens d'autres États et aussi de l'immigration européenne. Les Irlandais, enchantés de la défaite de la Grande-Bretagne, face à son ancienne colonie, commencèrent à venir en assez grand nombre pour provoquer dans la ville une certaine appréhension devant cet afflux catholique. Le flot des Allemands s'enflait toujours. Les émigrés qui fuyaient la Révolution française fournirent un contingent remarquable. Il fallait être hardi, curieux et énergique pour risquer la traversée au lieu de tranquillement laisser passer l'orage en Angleterre. New York vit passer Louis-Philippe et ses frères, Talleyrand, Chateaubriand, le ménage La Tour du Pin, un ingénieur de talent, Marc Isambard Brunel, qui construisit un des plus jolis théâtres de la ville, et Brillat-Savarin. La charmante maison d'un riche marchand, Stéphane Jumel, située aujourd'hui en plein Harlem, a été préservée. L'ambassadeur de la République, Edmond-Charles Genêt, sentant s'élever le vent de la Terreur, décida de ne pas rentrer à Paris. La fille du gouverneur de l'État, George Clinton, lui ouvrait les bras. Il y resta.

Ces Français eurent peu d'influence politique. Bien au contraire. On les accueillit avec générosité mais les sympathies penchaient plutôt du côté des révolutionnaires. On discutait les idées nouvelles avec passion et celles-ci ne furent pas étrangères à la démocratisation rapide du gouvernement de la ville, menée à un rythme beaucoup plus soutenu que celle des autres municipalités. Dans cet État fédéral, la législation, et en particulier les modalités de vote, n'étaient pas uniformes. Il ne fallut que vingt ans, période pendant laquelle le parti populaire se fit entendre non plus par l'émeute mais par l'organisation et l'action politiques, pour que New York devînt démocratique. Après le départ des Anglais, l'État de New York avait adopté une nouvelle Constitution et, seul, prit la mesure révolutionnaire d'accorder le droit de vote à tous les hommes âgés de plus de vingt et un ans. En revanche, le régime de la ville de New York ne fut pas aussi rapidement transformé. Les législateurs considéraient, en effet, que donner le droit de vote aux fermiers et aux habitants tranquilles des petites agglomérations de la région, et l'accorder à ces têtes chaudes de citadins, étaient choses très différentes. Aussi le régime censitaire demeurat-il en vigueur. Le maire gouvernait la ville, assisté d'un Conseil formé pour moitié d'administrateurs nommés comme lui par l'Assemblée de l'État, et pour moitié d'élus de la ville.

Le maire et ses adjoints recevaient un salaire et, insensiblement, les grands marchands qui avaient occupé ces postes tant qu'ils n'étaient pas rémunérés, cédèrent la place aux avocats et aux hommes qui faisaient carrière dans la politique. Un mouvement actif réclama l'élection directe du maire, le personnage le plus important de la ville, et parallèlement un suffrage élargi. Les modalités du vote n'étaient pas simples en ville. Pour voter, il fallait être soit propriétaire ou payer un loyer dont le taux varia au cours des années, soit avoir obtenu du Conseil le droit d'acheter la franchise de la ville. Restrictions inacceptables pour les ouvriers et les artisans. Après avoir tant fait pour le succès de la Révolution, ils voyaient le pouvoir leur échapper. Ils luttèrent et obtinrent en 1821 que tout citoyen blanc âgé de plus de vingt et un ans et résidant depuis plus d'un an dans la ville pût voter. Les Noirs furent soumis à un statut particulier[18].

New York avait fait passer une loi tendant à l'émancipation progressive de tous les Noirs de l'État pour des raisons humanitaires et, ajoutaient les cyniques, tout simplement parce que l'esclavage coûtait cher et n'avait plus aucune justification économique. Ce fut donc le parti conservateur, dans lequel on trouvait précisément les propriétaires d'esclaves, qui imposa la libération, contre l'opinion et les désirs de la classe ouvrière. Celle-ci redoutait la concurrence des affranchis et craignait qu'un régime aussi libéral n'attirât les Noirs du pays entier et ne contribuât ainsi à un fléchissement des salaires. Les Noirs durent, en définitive, se prévaloir d'un cens élevé pour avoir le droit de voter. Leur loyauté envers leurs champions et l'animosité des ouvriers blancs expliquent qu'ils penchèrent — jusque vers 1930 — du côté des conservateurs. Ceux-ci ne purent cependant maintenir leur majorité et New York devint la première ville des États-Unis à être gouvernée par les hommes du peuple. Ce pouvoir populaire provenait d'une structure solide.

L'organisation était d'ailleurs une caractéristique de la société new-yorkaise de l'époque, et pas nécessairement réservée aux classes populaires. Elle revêtait des formes très diverses. Elle pouvait être professionnelle. Ainsi, les avocats se regroupèrent très tôt dans une association du barreau ; les marchands se réunirent pour mieux défendre leurs intérêts au sein de la Chambre de commerce. Ouvriers et artisans — maçons, coiffeurs, épiciers ou maîtres d'école — défilaient en corps constitués lors de manifestations officielles ou spontanées. Mais les rapprochements pouvaient aussi être nationaux ou ethniques, comme l'illustrent la société de Saint-Andrews qui accueillait les Écossais, celle de Saint-Patrick pour les Irlandais catholiques, et les nombreuses associations allemandes. Parfois la définition du groupe était politique et sociale, comme celui des Fils de Cincinnati, fondé par les officiers américains ou français ayant combattu pour la révolution américaine, ou morale, à la manière de la Société pour la libération des Noirs[19]. L'une des plus intéressantes, et qui joue toujours un rôle important dans la vie politique de la ville, était le club des Fils de Tammany. Créé en 1785 dans un but charitable, il afficha un ton nationaliste et égalitaire dès ses premiers jours. Le choix de Tammany, un chef indien, comme parrain, soulignait l'opposition aux cultes rendus aux différents saints européens. Au moment des grandes controverses autour de la Révolution française, les suivants de Tammany prirent des positions si radicales et avancées que les membres les plus modérés fuirent les salles de réunions ornées de bonnets phrygiens, symbole de la Révolution, et laissèrent les militants fonder ce qui allait devenir le noyau du parti démocrate et s'emparer de la direction politique de la ville.

Ce chapitre s'est ouvert sur le tableau complexe des divisions des New-Yorkais à la veille de la Révolution. L'indépendance acquise, l'exercice du pouvoir amena une clarification des forces en présence et facilita l'émergence de deux partis. Les fédéralistes, ou conservateurs, se maintinrent au pouvoir pendant la première partie de la période ; leur souci primordial fut de maintenir l'étroitesse du corps électoral afin de ne pas se laisser submerger par la masse des nouveaux arrivants qui menaçaient d'instaurer « la ruine et l'anarchie[20] » ; ils s'opposaient aux démocrates, portés par le courant de la Révolution française, partisans de l'élection directe du maire, qu'ils obtinrent en 1834, et, surtout, du suffrage universel. Malgré l'intensité du débat et l'importance de l'enjeu, la ville demeura calme pendant ces années et s'attela à la solution de problèmes pratiques, dont le plus urgent était le logement. Comment caser une population qui doublait tous les dix ans ? On oublie, et à juste titre, les subtiles querelles entre partisans du suffrage censitaire ou universel ; on oublie les nombreuses étapes de l'organisation municipale mais personne ne peut ignorer que le plan de New York, la grille de ses rues et de ses avenues, émane d'une décision consciente et dont les conséquences ont été incommensurables.

En 1783, il restait trois mille maisons debout dans la ville, pour abriter vingt mille personnes. En 1790, on en comptait neuf mille et l'on continuait à construire au rythme de mille maisons par an. Mais l'on élevait ces demeures le long de rues étroites et enchevêtrées qui débouchaient droit sur la campagne. La campagne, c'était Canal Street, non pas une rue mais en effet un canal creusé par les Hollandais pour raccourcir le trajet entre Long Island et l'Hudson : c'était Bleeker Street, où l'on allait cueillir les mûres les plus juteuses de l'île ; c'était la Bowery, une route parsemée de fermes ; c'était les bords des rivières où les pêcheurs halaient leurs filets. La poussée des maisons citadines entre les cours et les jardins effrayait les administrateurs par son désordre et sa vigueur. Ils demandèrent à trois commissaires, parmi lesquels Gouverneur Morris, l'ancien ambassadeur des États-Unis en France, d'établir un plan pour l'avenir de la ville. Trois ans plus tard, ceux-ci proposaient une grille totalement abstraite, puisqu'elle ne tenait compte ni de la topographie ni de la végétation existantes. La partie inhabitée de l'île devait être divisée en rectangles délimités dans le sens de la longueur par des avenues allant du sud au nord et dans celui de la largeur par des rues. Toutes ces voies porteraient de simples numéros. Ces blocs se subdivisaient tous en lots constructibles de la même superficie, vingt-cinq pieds sur cent, soit environ huit mètres sur trente. Pas de places monumentales, pas de ronds-points ou d'étoiles, pas de jardins ou de squares, contrairement à Washington ou à Philadelphie, dessinées à la même époque avec un souci esthétique plus évident. Les commissaires justifièrent l'absence de parcs et de verdure en avançant qu'il eût été ridicule de gâcher un espace si précieux dans une île étroite bordée de deux grands fleuves. L'argument n'était pas absurde. Tant

Greenwich Village en 1809. Un quartier d'artisans vu par la femme de l'ambassadeur de France. Selon sa fortune, on faisait tirer son traîneau par un cheval, un âne, une chèvre ou un chien. Mode de transport dangereux pour les piétons qui n'entendaient pas venir les luges. En 1908 encore, un décret rappelait l'obligation de les munir d'une cloche. (Aquarelle de la baronne Hyde de Neuville, musée de la ville de New York.)

Broadway et l'hôtel de ville, en 1819. Aquarelle très exacte d'un lieutenant de marine suédois. « Broadway, dit-il, est la promenade préférée des dandies et du beau sexe... Je me suis efforcé de reproduire les costumes et les véhicules depuis la jolie voiture jusqu'à la brouette poussée par un porteur qui s'achemine vers les quais. » A l'extrême gauche, l'église de Saint-Paul. La deuxième maison était à l'époque occupée par John Jacob Astor. (Axel Klinckowstrom, musée de la ville de New York.)

qu'on ne construisit pas de voies express — et cela bien avant dans le XXᵉ siècle — les berges auraient pu être accessibles. Mais elles ne servirent jamais de plages qu'aux gamins les plus déshérités de la ville, trop abattus par la chaleur pour se soucier d'hygiène. Harpo Marx prétendait que du bord de sa piscine à Hollywood il pouvait toujours identifier les origines des vedettes les plus glorieuses à leur manière de nager : une brasse à fleur d'eau, indispensable pour éviter les ordures qui flottaient sur la rivière, indiquait à coup sûr une enfance misérable passée à Manhattan.

Ce plan, dit de 1811, fondé sur l'utile et le profitable, cet énorme pari sur le futur, ne fut pas unanimement accepté. Les uns ricanèrent et firent remarquer qu'il faudrait des siècles avant que les hauteurs de Harlem fussent couvertes d'habitations. La municipalité elle-même ne paraissait guère confiante. Ayant dépensé cinq cent mille dollars pour l'érection d'un nouvel hôtel de ville, un très joli bâtiment, construit par un Français, Charles Mangin, elle décida d'économiser quinze mille dollars en réservant le marbre pour les trois façades principales, laissant le côté nord dans une pierre ordinaire puisque aussi bien la ville s'étendait au sud et que « personne au monde n'irait jamais voir l'arrière de l'édifice [21] ». Mais d'autres, plus hardis et même téméraires, fidèles à l'esprit de la ville, applaudirent un projet qui encourageait la spéculation foncière grâce à ces lots si bien délimités et s'en trouvèrent fort heureux. Jacob Astor, bientôt l'homme le plus riche des États-Unis, abandonna toutes ses entreprises et engagea la totalité de ses fonds dans la vente et l'achat de terrains. Ces audacieux avaient raison et ils surent tirer les conséquences du fait que New York l'emporta définitivement sur ses rivales en quinze ans, de 1815 à 1830.

IV

LA COURSE ET LA VICTOIRE

Pourquoi Paris, Londres, Vienne ou Athènes sont-elles la tête et le cœur de leur pays ? Questions absurdes, qu'on ne se pose pas. Le poids de l'histoire, la logique de la géographie ont désigné ces capitales dont l'origine se perd dans la nuit des temps. Mais New York n'a pas toujours joui de la situation prépondérante qui est la sienne aujourd'hui. Rien ne l'y destinait. Rien ne l'annonçait à l'orée du XIXᵉ siècle. Le gouvernement de l'Union l'avait abandonnée pour Philadelphie dès 1790. La direction intellectuelle et morale du pays se trouvait indiscutablement à Boston, et les premières banques comme les grandes compagnies d'assurances désignaient Philadelphie, demeurée longtemps la ville la plus peuplée des États-Unis, comme le centre financier du pays. Pourtant, en quinze ans, de 1815 à 1830, New York prit un essor si considérable qu'elle écrasa ses rivales, et le développement prodigieux de son port et de ses échanges commerciaux en fit le centre du système nerveux de la nation. Comment expliquer ce phénomène ?

Certainement pas par les avantages naturels du site. Près d'une dizaine de ports ponctuaient la côte est des États-Unis. Du nord au sud : Portland, Boston, New York, Philadelphie, Baltimore, Norfolk, Charleston, Savannah et La Nouvelle-Orléans présentaient tous des atouts et des inconvénients qui s'équilibraient. La compétition était ouverte. Si le gel et le brouillard paralysaient les ports septentrionaux pendant les mois d'hiver, les ports du Sud souffraient de la violence des ouragans et leurs baies, barrées de bancs de sable mouvants, étaient d'une redoutable traîtrise. Le climat ne pou-

vait donc pas plus les départager que ne le pouvait leur position sur la côte.

Portland et Boston étaient mieux placées pour les rapports
avec l'Europe ; New York, Philadelphie, Baltimore et Norfolk, de leur situation centrale, servaient tout naturellement
de postes de redistribution, tandis que Savannah, Charleston
et La Nouvelle-Orléans régnaient sur les échanges avec les
îles de la mer des Caraïbes. Restait le critère, souvent déterminant, des rapports avec l'arrière-pays. Tous ces ports, à
l'exception de La Nouvelle-Orléans, se ressentaient du barrage de la chaîne des Appalaches qui les coupait de l'ouest du
pays. La Nouvelle-Orléans prospéra, en dépit de son éloigne-
ment de la haute mer, parce qu'elle se trouvait sur le delta
du Mississippi, seule voie naturelle de pénétration vers les
grandes plaines du centre du pays.

New York jouissait donc d'une situation honnête. Une baie
difficile d'accès, avec un chenal étroit et si peu profond qu'un
plaisantin avait fait le pari de s'y tenir debout, en chapeau
haut de forme, pour saluer les passagers médusés d'un
paquebot, mais une protection contre les vents très remarquable. Une fois amarrés, les bateaux ne craignaient rien,
même pendant les tempêtes les plus violentes. La configuration de l'île, qui permettait une progression presque infinie
des quais, allait aussi constituer un gros avantage dans l'avenir. Enfin il convient de noter une particularité physique très
commode.

Quand on vient d'Europe par l'Atlantique Nord, on suit la
côte américaine vers le sud-ouest. Cent cinquante kilomètres
avant d'atteindre la baie de New York, on arrive devant
Long Island, une île très allongée, parallèle à la côte, qui se
termine juste devant Manhattan. (Brooklyn et Queens en
occupent une fraction.) Le capitaine a la possibilité de pour-
suivre sa route normale en longeant la côte atlantique de
l'île et il pénètre alors régulièrement dans le port de New
York. Mais il peut aussi, et cela se révélait très commode en
cas de mauvais temps, suivre la plage intérieure de l'île en
empruntant le bras de mer que l'on appelle Long Island
Sound, évidemment plus protégé que la pleine mer. Il utilise
alors l' « entrée de service » du port, en suivant l'East River
qui unit le Sound à la baie. Trajet court mais rude, en raison
de la violence des courants et du fond rocheux du détroit —
ce n'est pas un hasard si les Hollandais baptisèrent ce passage « les Portes de l'Enfer », ou Hellgat —, mais qui donne à
New York l'avantage incomparable de rester praticable par

très mauvais temps. Cette double entrée a une autre conséquence très importante pour la navigation. Il existe un déca-
lage de trois heures entre la marée du Sound et celle de la
haute mer et cet écart crée des courants dangereux autour
du port, mais ce brassage constant empêche en hiver la glace
de prendre. Il advient donc que l'Hudson soit gelé, que les
ports au sud de New York, Baltimore et Philadelphie, soient
paralysés, et que les installations sur l'East River restent
ouvertes.

Mais ces caractéristiques, pour favorables qu'elles fussent,
n'auraient pas suffi à distinguer New York si victorieusement. Le port dut son succès avant tout à l'initiative de ses
habitants, et plus précisément à quatre résolutions : une
décision fiscale qui lui permit de s'attacher la clientèle des
marchands anglais ; l'institution de lignes régulières avec
l'Europe ; l'adoption rapide de la marine à vapeur ; enfin
l'ouverture du canal Érié qui facilita la jonction avec l'intérieur du pays.

La paix rétablie en 1815 sur le continent européen, les
affaires reprirent avec vigueur. Un énorme surplus de marchandises et d'objets manufacturés encombrait les ports
anglais puisque les Britanniques n'avaient rien pu exporter
pendant les années de guerre. Ils en inondèrent le marché
américain dès que la liberté des mers fut rétablie. Le circuit
commercial classique, qui consistait à mettre le fabricant
anglais et le marchand américain en rapport grâce aux bons
soins d'un exportateur britannique et d'un importateur aux
États-Unis, fut abandonné. Tous ces intermédiaires faisaient
perdre trop de temps. Les marchands se contentèrent de
faire expédier les biens et de les offrir aux enchères à l'arrivée. Les vendeurs y perdaient quelque peu, car ils n'obtenaient pas les prix les plus élevés, mais en cette période de
surabondance, la rapidité de délestage semblait essentielle.

Les Anglais optèrent pour New York où le blocus, plus
sévère qu'à Boston ou dans les ports du Sud, avait créé une
demande, notamment pour les textiles, plus forte qu'ailleurs.
Ils parièrent aussi sur les facilités de réexpédition à partir de
New York pour réaliser ces ventes massives dont le grand
inconvénient était le risque d'engorger le marché. En fait, ni
les installations portuaires, ni les hangars, ni les salles de
vente ni les transports disponibles ne pouvaient digérer ces
énormes quantités de marchandises. Plutôt que de s'exposer
à voir s'éloigner des vendeurs découragés par des délais iné-
vitables, les New-Yorkais décidèrent alors d'abaisser les

droits de vente et, ce faisant, dissuadèrent la clientèle de se rendre dans les ports concurrents. Ils escomptaient avec raison que la perte fiscale serait largement compensée par le volume.

Une deuxième mesure mettait le vendeur dans l'obligation de conclure la vente même s'il n'avait pas atteint son prix de réserve. Paradoxalement, cette réglementation fut très avantageuse pour les vendeurs car les acheteurs, alléchés par la perspective de bonnes affaires, se précipitèrent en foule. Les biens se dispersaient rapidement et le nombre élevé de clients soutenait les prix. Les Anglais, fort satisfaits, continuèrent donc de parrainer la place de préférence à toute autre. New York commença alors à grignoter un des avantages de Boston. La région autour de Boston vivait en partie des filatures de la Nouvelle-Angleterre. Il existait une clientèle pour cette production textile plus rudimentaire mais moins coûteuse que les produits anglais, et le marché s'en tenait tout naturellement à Boston. Or, les acheteurs provinciaux, ayant fait leur plein de tissus anglais à New York, rechignaient à monter à Boston pour achever leurs commandes. Les Bostoniens se résignèrent donc à envoyer leur production à la vente à New York. Quelques années suffirent à la ville pour s'emparer de l'exclusivité du commerce des tissus, qu'ils fussent tramés à Manchester, à Leeds ou dans les petits centres de la Nouvelle-Angleterre. Ce fut le premier degré de l'ascension de la ville.

Le deuxième fut gravi lorsqu'un groupe de marchands armateurs décida d'instituer des passages réguliers vers l'Europe. On a peine à mesurer aujourd'hui l'impact révolutionnaire de cette innovation. Jusqu'en 1817, les liaisons maritimes étaient assurées soit par des caboteurs — les *tramps* — qui allaient de port en port au hasard des chargements sans s'attacher à un itinéraire particulier, soit par des bateaux qui se limitaient à une voie maritime en reliant deux ou trois ports, deux fois par an, au printemps et à l'automne. Ils appartenaient généralement à deux marchands, qui les utilisaient avant tout pour transporter leurs biens, mais ils embarquaient du fret supplémentaire chaque fois qu'ils le pouvaient et se chargeaient volontiers de passagers et de courrier. Personne ne se souciait des dates de départ de la concurrence et il arrivait fréquemment que six bateaux quittassent Liverpool, New York ou Boston la même semaine. Après quoi, aucun mouvement ne se produisait pendant plus d'un mois. Autre particularité irritante : les capitaines n'appareillaient pas à une date fixée à l'avance. Ils partaient lorsque leurs cales étaient pleines et que le beau temps semblait assuré. Le départ pouvait donc être remis d'une à deux semaines, à la fureur de l'exportateur dont la marchandise ainsi immobilisée risquait de s'abîmer, et à l'impatience du voyageur ou de l'expéditeur d'une lettre. La première page des journaux new-yorkais était tout entière consacrée aux annonces relatives aux départs. On y apprenait que « la *Mary-Jane* n'attendait plus que deux passagers pour appareiller », ou que « l'*Atalante* lèverait l'ancre le lendemain si le temps le permettait ». On imagine l'intérêt avec lequel ces nouvelles étaient lues. En décembre 1817, la curiosité des lecteurs se mua en stupéfaction lorsqu'une annonce, répétée tous les jours pendant un mois, soulignée par la silhouette de quatre petits navires, fit savoir que les propriétaires de la *Black Balls Line* s'engageaient, à partir du 5 janvier 1818, à faire trois voyages par an entre Liverpool et New York, à dates fixes.

Grande révolution dans le monde de la marine. On pariait gros dans les tavernes contre le succès de l'aventure, tant il paraissait improbable que les propriétaires tinssent leurs dates dans l'éventualité d'un chargement incomplet ou d'une tempête. Mais le 5 janvier 1818, à quatre heures précises, le premier bateau appareilla dans les tourbillons de neige qui obscurcissaient le port. La foule applaudit, à juste titre : elle allait en tirer de gros profits.

Pour pallier le manque à gagner éventuel sur les marchandises, les armateurs décidèrent de concentrer leurs efforts sur les passagers. Ils firent savoir le soin particulier apporté, lors de la construction des navires, aux quartiers réservés aux voyageurs ; ils vantèrent les cabines spacieuses, l'attention extrême portée à la nourriture. L'on embarquait une véritable basse-cour sur le pont pour procurer volailles fraîches et œufs du jour aux clients. Le lait était fourni par une vache au pied marin, qui faisait la traversée amarrée au pont. Les capitaines de ces bateaux formaient l'élite de la marine américaine. Il leur fallait être assez expérimentés et compétents pour atteindre à l'exactitude sur une route maritime souvent malaisée. Le voyage d'hiver, inhabituel, était rude aux hommes et au matériel. Maintenir l'ordre parmi l'équipage exigeait une énergie peu commune, et voguer en compagnie de célébrités, une dose non négligeable de grâces mondaines. Or, le prix de la traversée promettait des passagers difficiles. Ce n'étaient pas de pauvres immigrants que

Deux aspects de la ville en 1835. Les maisons aristocratiques de Washington Square de style néo-grec caractérisé par les portiques à colonnes, la brique nue des façades, le soin apporté au travail du fer forgé et l'animation du port sur les quais de South Street. (Collection de Edward W.C. Arnold, musée d'art métropolitain, musée de la ville de New York.)

l'on transportait mais des diplomates, des grands marchands, des écrivains, des ministres. Joseph Bonaparte fit le trajet plusieurs fois en choisissant toujours des dates compatibles avec celles d'un capitaine qu'il appréciait. Si les clients rentabilisaient l'opération pour l'armateur, la qualité des marchandises importées par cette voie profita à la ville comme au port.

Bien vite, la réputation de ponctualité des *Black Balls* leur valut la pratique des négociants en biens fins, et la qualité du fret contribua à équilibrer les pertes éventuelles en quantité. La ligne obtint ainsi l'exclusivité des tissus précieux. Or, la quantité de beaux tissus importés ne cessa de croître au cours du siècle. N'oublions pas que le costume d'une dame de qualité passa d'un métrage de huit mètres sous le Directoire à cent mètres à l'apogée des modes victoriennes, jupes, jupons et crinolines compris. Une seule toilette de cour aurait suffi à vêtir quatorze beautés de 1920 ! La vogue des soieries, spécialité française, encouragea l'instauration d'une ligne régulière New York-Le Havre. Chargement léger, complété par des cargaisons de vins et de liqueurs venus de Bordeaux. Bientôt, New York importa la presque totalité des textiles et plus des deux tiers des boissons alcoolisées consommées aux États-Unis, non seulement de France mais aussi du Portugal, d'Espagne, d'Italie, de Grande-Bretagne et de La Havane, car l'établissement d'un circuit — importateur, marchand et clientèle — drainait un marché de plus en plus élargi. Ainsi, les marchands de la ville offraient-ils un choix éblouissant de « bordeaux, champagnes, madères, portos et sherry, cognacs, rhums, whiskies, gins et bières[1] ». Le snobisme s'en mêla et, en 1830, on ne pouvait passer pour un « homme de bonne compagnie si l'on n'avait pas souscrit à l'achat d'une caisse de château-margaux [caisse tout à fait remarquable en ce sens qu'elle contenait quatre douzaines de bouteilles], importée tout spécialement pour Dominick Lynch, un grand marchand de William Street, à trois pas de Wall Street et juste en face de la Bourse aux Denrées[2] ».

A l'avantage fourni par le transport de passagers de marque et de marchandises de prix s'ajoutait celui des lettres et des journaux. Évidemment, les correspondants préféraient utiliser une compagnie dont les navires appareillaient à date fixe plutôt que de laisser moisir leur courrier. Lettres, journaux et livres rapportaient beaucoup à l'armateur pour un petit encombrement. Grâce à ce quasi-monopole sur les informations politiques, économiques et culturelles, New

York devint la source de nouvelles la plus importante du pays. Pour savoir le premier ce qui se passait dans le monde, c'est à New York qu'il fallait se trouver. Avoir la primeur des journaux européens donnait un avantage incalculable aux hommes d'affaires de la ville. Ils savaient avant leurs concurrents si les denrées renchérissaient ou fléchissaient sur le marché de Londres, si une crise menaçait, si une révolution avait éclaté en France. Ils avaient la latitude de décider s'ils voulaient divulguer ou non tel renseignement. Le prix de l'information était si élevé que les New-Yorkais avaient mis au point un système de sémaphore. Lorsque la marée ou le mauvais temps immobilisait les bateaux à l'entrée de la baie, les marchands postaient leurs commis derrière des téléscopes fixés sur les quais pour saisir les signaux transmis par les capitaines.

Le dynamisme des marchands n'avait d'égal que celui des journalistes. La concurrence entre les cinquante hebdomadaires et mensuels et les onze quotidiens, publiés en 1830[3], était telle que l'on dépêchait à la rencontre des bateaux de petites embarcations ultrarapides qui recevaient une liasse de feuilles jetée par-dessus bord et revenaient au port, toutes voiles dehors, boucler la dernière édition, avec les gros titres si caractéristiques de la presse américaine. Lors d'un événement particulièrement important — l'abolition des tarifs protectionnistes par exemple —, le capitaine lâchait une chaloupe à l'entrée de Long Island ; un cavalier la guettait de la plage et, le paquet reçu, se précipitait à bride abattue prévenir qui de droit tandis que le capitaine ralentissait à dessein. Cette course constante donnait une frénésie et une intensité très particulières au port.

Boston, Philadelphie, Baltimore et tous les ports du Sud dépendaient de New York pour connaître les nouvelles, au point que leurs journaux reproduisaient presque mot à mot les dépêches de la presse new-yorkaise. Dans un second temps, les gazettes de leur arrière-pays reprenaient les mêmes articles. Enfin les petites publications des villes du Middle West ou du Sud faisaient paraître le texte. Pratiquement toute l'information touchant aux affaires étrangères provenait de la presse new-yorkaise. Inversement, c'est à New York que l'on devait se trouver pour savoir ce qui se passait dans l'intérieur du pays, car tous les journaux de province avaient des correspondants en ville ; or, un correspondant est un canal qui fonctionne dans les deux sens. Et l'on apprenait plus rapidement, en traînant à Park Row, la rue des journaux à Manhattan, les événements de Charleston, que si l'on habitait une ville voisine. Avec une régularité frappante, les journaux de Boston et de Philadelphie citaient une source new-yorkaise en publiant des nouvelles de Charleston, Savannah ou de La Nouvelle-Orléans ! En 1841, le *New Haven Herald* précisait que les nouvelles de Boston lui parvenaient via New York[4]. Or, New Haven se trouve à mi-chemin entre Boston et New York. New York centralisait et réexpédiait les nouvelles comme autant de marchandises et renforçait ainsi sa position nationale.

Les mesures fiscales et l'établissement de lignes régulières transatlantiques furent essentielles pour la création de liens commerciaux avec l'Europe et la constitution de réseaux privilégiés ; mais New York n'aurait pu prospérer comme elle le fit, si les liaisons avec la côte et l'arrière-pays n'avaient pas été développées avec énergie. Dans ce domaine, l'adoption immédiate des bateaux à vapeur et le creusement du canal Érié furent déterminants.

Les premiers bateaux à vapeur dataient de 1807, mais on ne put les utiliser pour les traversées transatlantiques que trente ans plus tard, lorsqu'on remplaça le bois, qui occupait un volume si considérable qu'il empêchait le chargement de fret, par le charbon comme combustible. Mais une ville-île comme New York put les mettre à profit sans délai. Il n'y avait pas de ponts entre la ville et Long Island ou le continent — et il n'y en eut pas avant 1884 —, et pourtant il fallait passer les rivières continuellement. Or, l'exactitude, pour un trajet aussi court, était inappréciable. Si un vapeur mettait invariablement quinze minutes pour franchir l'Hudson, un voilier, dans de mauvaises conditions, pouvait prendre trois heures. Inutile d'ajouter que les armateurs n'hésitèrent pas à investir. En quelques années, ferries et remorqueurs fonctionnaient tous à la vapeur. La régularité, le confort et la sécurité des vapeurs une fois établis, les chantiers navals de l'East River, réputés pour la souplesse de leur production et la qualité de leur main-d'œuvre, se mirent à construire de véritables navires de passagers, utilisables sur de petites distances. Les New-Yorkais s'emparèrent ainsi du trafic New York-Boston, et ce mode de transport était si efficace et plaisant que jusque dans les années vingt on prenait le bateau pour faire ce trajet. La même chose se produisit vers le sud et l'on se rendait à Savannah ou à Charleston sur un vapeur new-yorkais.

La ville devint alors un nœud de communications, une

étape facile et obligatoire. Dans ce pays essentiellement commerçant, New York se fit le lieu de rencontre des négociants, de leurs clients et de leurs représentants. Ce rôle grandit pour des raisons commerciales et économiques mais aussi pour des motifs plus frivoles. A New York, la bonne chère, les rencontres faciles, le théâtre ou le cabaret ne provoquaient pas de grimaces puritaines. « La ville était toujours pleine d'un grand nombre de voyageurs dont les soirées étaient libres, notait un visiteur écossais ; les jeunes gens, venus pour affaires, logeaient dans des pensions et des hôtels, n'avaient aucune obligation familiale mais en revanche beaucoup d'argent à dépenser, et les riches marchands accompagnés de leurs familles [...] dotées de ressources intellectuelles limitées, constituaient une solide phalange d'amateurs de spectacles faciles[5]. » En effet, pour qu'une ville marché prospère, rien ne vaut le bonheur du client. New York lui ouvrait grand les bras et s'ingéniait à le distraire.

L'East River et New York en 1849. Voiliers et vapeurs de toutes tailles encombrent la rivière. Le deuxième des grands vapeurs, utilisés pour les promenades et le cabotage, appartenait à la flotte de Vanderbilt qui comptait plus de mille bateaux. La flèche de Trinity Church domine toujours la ville. (Gravure de Fanny Farmer pour Currier and Ives, musée de la ville de New York.)

Les vapeurs ne restèrent pas longtemps un simple instrument de transport. Ils furent très vite le lieu de parties de plaisir. Les grands bateaux pouvaient recevoir de véritables orchestres. On organisa des soirées dansantes. L'été, on allait pique-niquer sur les côtes du New Jersey ou se baigner sur les plages de Long Island. On s'étonnait parfois du nombre de dames seules, manifestement prêtes à lier connaissance avec leurs compagnons de croisière, mais il fallait bien admettre qu'elles contribuaient à la félicité du voyageur de commerce qui, pour rien au monde, n'aurait voulu manquer la saison de New York.

Enfin, le dernier élément de succès fut la construction du canal Érié qui ouvrit les grandes plaines centrales à de vastes échanges. Jusqu'au XIXe siècle, la circulation des marchandises se faisait très malaisément vers l'ouest du pays car l'obstacle des Appalaches, système montagneux qui s'étend de l'embouchure du Saint-Laurent, au Canada, à l'est du Tennessee, dans le sud des États-Unis, isolait effectivement les régions atlantiques. Les ports devaient donc se contenter d'un arrière-pays modeste. New York profitait de la vallée de l'Hudson, de Long Island et se heurtait à la concurrence de Boston dans le Connecticut, le long du Sound. Tant que l'intérieur du pays demeura en friche, les régions côtières s'en soucièrent peu, mais lorsque après l'indépendance les immigrants, devenus plus nombreux, découvrirent, en continuant leur marche vers l'ouest, d'immenses étendues fertiles et se mirent à fournir en grandes quantités les céréales nécessaires au ravitaillement des villes et susceptibles de grossir les exportations, les circonstances changèrent. Le transport aisé et bon marché de toute cette production devint une question d'actualité.

« Les pionniers de l'Ouest, écrivait George Washington en 1784, se trouvaient comme sur la pointe d'une toupie : l'effleurement d'une plume aurait pu les faire tourner dans un sens ou dans l'autre[6]. » Ces pionniers, malgré l'abondance miraculeuse de leurs récoltes, étaient malheureux. S'ils dirigeaient leurs regards vers le nord, ils butaient avec tristesse sur les blocs de glace qui obstruaient le Saint-Laurent, exutoire naturel des Grands Lacs six mois par an ; vers le sud, le cours du Mississippi n'offrait pas un spectacle toujours réjouissant. Extrêmement difficile à naviguer, agité de courants et de tourbillons si forts qu'il fallait haler les bateaux à voile qui tentaient de le remonter, souvent bloqué par des bancs de sable, des épaves ou des troncs, le fleuve n'était guère fiable. Ni les fermiers au nord, ni les marchands au sud ne pouvaient prévoir le moment de départ ou d'arrivée des denrées ; il arrivait que le marché de La Nouvelle-Orléans, après une période d'inactivité forcée, fût soudain submergé par une masse de produits qui déferlaient tous en même temps. On devait alors vendre à perte. Enfin, à l'est, on ne voyait que la chaîne des Appalaches, trouée de méchants chemins impropres au développement commercial.

Les New-Yorkais aussi étudiaient le paysage avec intérêt. Le plus passionné des observateurs, de Witt Clinton, un New-Yorkais de vieille souche, neveu du gouverneur de l'État, fort versé dans les sciences, mit sur pied un projet qui allait transformer les données du problème. L'Hudson remontait vers le nord. Il recevait, à la hauteur des Grands Lacs, un affluent qui venait de l'ouest et passait les montagnes par une vallée latérale. Plutôt que de tenter de régulariser le cours fort capricieux de la rivière, de Witt proposa de la doubler par un canal artificiel. Il prépara si soigneusement son dossier que la décision fut prise immédiatement. Sept ans plus tard, en 1825, les cinq cent quatre-vingts kilomètres du canal étaient achevés et les premiers bateaux faisaient la liaison entre New York et Buffalo.

De grandes cérémonies eurent lieu et les effets des travaux furent si bienfaisants que l'on a souvent eu tendance à expliquer l'avance de New York uniquement par la construction du canal Érié, en oubliant combien le trafic atlantique avait été utile à la ville. Certes, la faculté de communiquer avec l'ouest lui donna la possibilité, en un temps où les États-Unis avaient peu de chose à offrir en échange des produits manufacturés européens, de fournir les bateaux qui repartaient pour la France ou l'Angleterre en bois, en potasse ou en céréales. La valeur des exportations n'équilibrait pas celle des importations mais, du moins, les navires ne repartaient pas à vide. Situation très différente de celle de Boston qui n'avait pas pu se ménager des exportations et n'avait rien à proposer pour les voyages de retour. New York s'imposa ainsi comme centre d'échanges et de communications et ce succès explique la place de la ville dans le domaine de la finance.

Le plus gros de l'activité commerciale qui animait New York reposait nécessairement sur le crédit. Le marchand venu s'approvisionner en ville n'avait pas de liquidités. Il devait attendre que ses clients le réglassent avant de pouvoir payer son fournisseur qui, à son tour, devait faire patienter le commissaire-priseur ou son importateur. A chaque étape on avait besoin de crédit. La règle générale voulait qu'il fût accordé à six mois. Les affaires auraient été considérablement ralenties si tous ces délais avaient été respectés, mais l'intervention des banquiers permit d'en accélérer le rythme. La demande créa l'emploi, et Philadelphie, malgré son expérience en matière bancaire, ne put soutenir la concurrence avec New York car il lui manquait cette masse de commerçants à financer. Ainsi armateurs, importateurs, acheteurs, revendeurs et banquiers s'épaulaient-ils mutuellement et contribuaient-ils ensemble à la croissance de leur ville et à la ramification de leurs affaires. Bientôt, comme les journaux, les banques américaines eurent presque toutes des succursales ou des agents à Wall Street. En 1850, il y avait sept cents banques commerciales aux États-Unis ; six cents d'entre elles étaient représentées à New York.

Enfin, les New-Yorkais, moins ancrés dans leurs habitudes, moins confits dans le contentement de soi que la plupart de leurs concitoyens n'hésitaient pas à se déplacer pour susciter plus d'affaires encore. Les délégués des banquiers prospectaient le Sud et s'installaient dans des bourgades ensommeillées. Forts de leurs relations à Wall Street, ils avançaient aux planteurs le prix de leur récolte de l'année suivante pour leur permettre d'acheter les biens qu'ils leur procuraient. Certains d'entre eux s'attachèrent une clientèle plus fortunée qu'ils fournissaient en vins, vêtements de qualité et meubles de prix. Le même schéma se reproduisait dans les agglomérations neuves de l'Ouest. Toute cette activité renforçait des réseaux convergents. Il fallut moins de vingt ans aux New-Yorkais pour organiser le « Triangle de Coton ».

Une fois constituées les lignes régulières vers l'Europe, les armateurs de New York créèrent des liaisons sur le même modèle pour acheminer vers le Sud les marchandises anglaises et les produits alimentaires de l'intérieur qui avaient transité dans leur port. Les bateaux remontaient du Sud lestés de coton et de tabac qui complétaient le fret des navires en partance vers l'Europe. Les profits, considérables, provenaient des commissions, des assurances et des possibilités de spéculer sur les denrées. A la veille de la Guerre civile, en 1860, les Sudistes prétendaient à juste titre que New York s'appropriait quarante *cents* sur chaque dollar rapporté par le coton.

Un dernier facteur contribua à l'irrésistible montée de la ville qui, pour être plus subjectif et difficile à mesurer, n'en est pas négligeable pour autant. Il s'agit de l'attitude psychologique des New-Yorkais. Dans cette ville fondée pour le commerce et uniquement pour le commerce, l'accent avait toujours été mis sur le succès matériel. A Philadelphie ou à Boston, le sabbat était religieusement observé : on ne travaillait pas, on ne buvait pas, on ne s'amusait pas, et il eût été choquant de rompre le repos du jour du Seigneur pour conclure une bonne affaire. Les valeurs spirituelles devaient passer avant le profit ; la majorité des habitants partageait cette conviction et, donc, l'imposait aux autres. Mais New York, ville diverse, cosmopolite, désordonnée, ignorait cette uniformité de vues. En l'absence d'une moralité dominante, elle attirait les rebelles, les individualistes, les novateurs agressifs et enthousiastes. La variété des talents et l'énergie ambitieuse de ses habitants constituaient un des atouts les plus précieux de la ville. New York encourageait le risque et l'imagination. Boston récompensait la sagesse et la prudence. A Boston, on avait mis au point l'institution du *Trust Fund*, qui permettait à un père de ne léguer à son fils la libre disposition que de ses intérêts. Le capital était confié à la garde et à la gestion d'hommes de confiance. Excellente manière d'assurer la pérennité des grandes fortunes et la création d'une classe riche et conservatrice peu encline à risquer des spéculations hasardeuses. A New York, on se lançait gaiement dans de nouvelles aventures, celles des bateaux à vapeur, des canaux, des chemins de fer, des grands magasins. Certains y laissaient leur héritage ; d'autres vivaient d'espoir toute leur vie ; mais les quelques heureux qui gagnaient le faisaient avec tant de fracas et de panache qu'ils firent connaître le nom de la ville dans le monde entier.

Dans les ghettos d'Europe de l'Est, dans les villages de Calabre, dans les fermes irlandaises, lorsque la vie devenait par trop dure, on se prenait à bâtir des châteaux en Amérique et on les imaginait toujours ancrés dans l'île d'or.

V

UNE MÉTROPOLE À L'AMÉRICAINE

En 1830, New York se détache donc du peloton et devient la plus grande ville américaine en termes de population, de richesse et d'activité. New York, écrivait Walt Whitman, de par « son incessante animation » est capable « d'abattre sans arrêt de nouveaux atouts », tandis que Boston, « avec ses cercles de momies mondaines, ceintes de linceuls plus rigides que du bronze », ne semble plus pouvoir mettre à profit « ses capacités intellectuelles et commerciales pourtant immenses[1] ». Chicago ne commencera à prendre forme qu'après la construction du chemin de fer intercontinental, au milieu du siècle, et personne n'a encore entendu parler de Los Angeles.

A en juger par le nombre prodigieux d'immigrants qui y débarquèrent, New York devait être la ville la plus attirante du monde. Mais comment fit-elle pour accueillir ces multitudes de riches et de pauvres en l'absence de toute vraie structure urbaine ? New York, malgré son succès commercial, n'était en 1830 qu'une agglomération assez rudimentaire, sans monuments, sans ordonnance, sans pouvoir municipal susceptible d'imposer un véritable plan d'urbanisme, et, pour compliquer encore les choses, soumise aux restrictions d'une île étroite. C'est un défi tout à fait singulier que la ville dut relever au XIXᵉ siècle. Prenons un point de comparaison européen puisque aussi bien on n'en trouverait point aux États-Unis.

En Europe aussi, les capitales ont explosé au cours de la révolution industrielle. Paris et Londres virent leur population se multiplier par cinq, entre 1800 et 1880, pour atteindre respectivement deux et cinq millions d'habitants. Mais cet accroissement ne s'accompagna pas d'une révolution culturelle. Les paysans, qui venaient grossir la population des villes, devaient certes s'adapter à un nouveau mode de vie mais ils avaient la même apparence physique, la même religion, la même langue et la même tradition familiale que les citadins. Plus important encore, les nouveaux venus s'installaient dans des villes construites, finies et fonctionnelles. A Paris, par exemple, l'enceinte du xviiie siècle, le mur des Fermiers-Généraux, achevé en 1791, encerclait une ville dont les dimensions nous sont familières. Passy, Bercy, Montmartre et Montrouge qui en marquaient les limites sont toujours quelque peu excentriques. Le Paris administratif actuel — si l'on fait exception des bois de Vincennes et de Boulogne — s'inscrit très exactement à l'intérieur des fortifications de Thiers, érigées en 1845. Si l'on voulait hasarder une comparaison (bien entendu fort approximative, en raison de la différence de forme des deux villes), on pourrait avancer que la New York de 1830, par rapport à la ville de 1880, représente le Paris de Louis XIII par rapport à celui de Napoléon III.

En outre, les villes européennes avaient des institutions bien rodées et une administration municipale puissante alors que New York, ville toute récente, n'avait encore ni tradition sociale ni tradition politique bien établies. Or, le nombre d'étrangers qu'elle dut assimiler — étrangers qui s'opposaient aussi violemment entre eux qu'aux habitants plus anciens de la ville — aurait perturbé une société bien mieux établie. Le passage de petit port à métropole exigea donc des innovations et des improvisations dans tous les domaines, en particulier dans celui du logement et de la répartition des habitants dans la ville.

Classiquement, on fait commencer l'histoire de l'immigration aux États-Unis en 1830[2]. Avant cette date, les arrivées ne comptaient jamais plus de trois à quatre mille personnes par an et, durant les années qui suivirent l'indépendance, les mouvements à l'intérieur de la Fédération furent plus importants que les arrivées en provenance d'Europe. En 1830, quatorze mille personnes débarquèrent. Cinq ans plus tard, trente-deux mille arrivèrent, soit plus du double. La courbe continua de s'envoler et, en 1860, il fallut recevoir deux cent douze mille immigrants. Au début du siècle, sept cent cinquante mille personnes, certaines années, poseront le pied sur Manhattan. En fait, la ville reflétait les événements marquants du monde extérieur. Que la révolution industrielle ruinât les populations rurales de l'Allemagne, que la pourriture dévastât les champs de pommes de terre en Irlande, que le tsar aggravât la répression antisémite, tôt ou tard, selon les aléas du voyage, le visage de New York en était transformé. Et cela demeure vrai. Un durcissement du régime à Séoul, la guerre civile au Salvador, la crainte des Brigades rouges ou la méfiance envers le régime socialiste du président Mitterrand peuplent les rues de Manhattan de Coréens entreprenants, de réfugiés anxieux et d'hommes d'affaires si blasés et si élégants qu'on les a immédiatement baptisés *yacht people*.

Les statistiques sont révélatrices. New York a reçu les trois quarts de tous les immigrants venus aux États-Unis pendant le XIXe siècle. Amenés par les nombreux bateaux qui, à la suite des *Black Balls*, relièrent régulièrement la ville à l'Europe, enhardis par la présence d'éclaireurs, retenus par l'immense activité commerciale et manufacturière, ces nouveaux venus ne restaient pas tous à Manhattan, mais ils le faisaient en assez grand nombre pour que, au milieu du siècle, en 1855, cinquante et un pour cent des New-Yorkais fussent nés à l'étranger. La proportion baissa un peu par la suite parce que les enfants d'immigrants étaient recensés comme Américains. Mais il est admis que depuis plus de cent ans, le nombre de New-Yorkais, nés aux États-Unis de père et de mère également nés aux États-Unis, n'a jamais dépassé trente pour cent de la population. La proportion est exactement inverse dans le reste du pays, sauf dans les régions qui longent la frontière du Mexique.

Il est important d'avoir en tête le débit et la constance du flot pour comprendre les problèmes particuliers à New York. Les nouveaux venus ont toujours constitué une masse vulnérable, corvéable à merci, incapable dans la plupart des cas de retourner au pays, proie toute désignée de tous les exploiteurs. Certes, ces hommes qui trouvaient souvent à New York une misère plus difficile à supporter que celle qu'ils avaient fuie, finissaient par se hisser dans la société, ménager une existence meilleure à leurs enfants, parfois même faire fortune, mais comme d'autres malheureux venaient prendre leur place dans les taudis de la ville, le problème posé par leur présence demeurait entier. Un mouvement perpétuel brassait la ville.

Jusqu'en 1860, le manque d'imagination et d'audace des constructeurs, joint aux courtes vues des spéculateurs, firent douter de la possibilité de créer une forme de vie acceptable, même pour la classe moyenne. Puis les progrès techniques et

L'arrivée du Pennland en 1893. (Byron, musée de la ville de New York.)

L'entrée dans le port célébrée par un tour de valse. (Byron, musée de la ville de New York.)

une évolution psychologique encouragèrent une transformation des habitudes de logement des New-Yorkais et entraînèrent de véritables progrès, du moins pour les classes aisées.
Le développement des moyens de transport et l'action de
différentes sociétés philanthropiques décongestionnèrent les
taudis peu à peu mais le sort des défavorisés ne fut réellement amélioré qu'aux environs des années 1930, lorsqu'une
politique sociale de logement, qui devint la plus avancée du
pays, fut imposée par le maire La Guardia et le président
Roosevelt.

En 1830, la croissance des affaires suscita un changement
de mœurs. Dans cette ville où tout se trouvait dans un rayon
de quatre kilomètres, où l'on ne se déplaçait qu'à pied, où les
quartiers d'affaires ne se distinguaient pas des quartiers résidentiels, où la ségrégation par race ou classe sociale était
très réduite, ne serait-ce que parce que les marchands
logeaient leurs employés et leurs domestiques, se manifesta
soudain un besoin irrépressible d'espace. Pour les entrepôts,
pour les magasins, pour les bureaux. Occuper « bourgeoise-
ment » des lieux qui pouvaient servir au commerce devenait
une absurdité. Les citadins abandonnèrent donc toutes les
rues au sud de Canal Street, non pas du tout en raison du
bruit, des odeurs ou du grouillement de la circulation, mais
parce qu'on leur proposait énormément d'argent pour leurs
demeures et leurs terrains. « Je me suis mis à la porte mais
soixante mille dollars sont une grosse somme[3] », avouait
Philip Hone, un riche commissaire-priseur qui avait la faiblesse d'aimer sa maison, mais un sens des affaires trop aigu
pour laisser échapper une somme d'autant plus alléchante
qu'elle allait immédiatement servir à acheter quelque terrain
au nord de la ville, lequel ne manquerait pas de décupler en
peu de temps. Hone s'installa Great Jones Street, juste au
sud de Washington Square, et céda, comme tant de ses
concitoyens, aux charmes de la spéculation facilitée par le
quadrillage[4]. Propension généralisée, car la faculté d'acquérir un lot se trouvait dans les moyens d'une fraction importante de la population. Le jeu n'était pas réservé aux très
riches. Acheter un terrain, grâce à un emprunt ou à ses économies, constituait souvent le premier placement d'un immi-
gré. Attitudes qui ont survécu. A New York, aujourd'hui, plus
de la moitié des propriétaires d'immeubles sont des étrangers. Si, parmi les nouveaux venus des années 1980, les

Coréens et les Chinois sont ceux qui s'enrichissent le plus vite, c'est que les uns sont devenus des spécialistes des baux commerciaux, tandis que les autres sont majoritaires dans le marché d'appartements.

L'éventail des prix variait selon l'emplacement du lot, la topographie de la parcelle, la proximité d'un moyen de transport. L'irrésistible tentation de gagner facilement de l'argent entraîna une obsession de l'achat et de la vente, de la construction et de la démolition. L'attachement aux murs, passion si générale en Europe, semblait aberrant aux New-Yorkais. Vivre et mourir dans la même demeure était le signe d'un échec plutôt que d'une bienséante stabilité. On construisait vite — les travaux ne duraient jamais plus de neuf mois — sans grand souci d'esthétique ou de solidité sauf le long de Broadway ou de la Cinquième Avenue. Là, les grands magasins, avec leurs somptueuses façades de marbre, les minces structures de fonte qui s'élançaient jusqu'au sixième étage, le plus grand hôtel du monde, le Saint-Nicholas, avec ses six cents chambres, impressionnaient les visiteurs. Mais, dès que l'on quittait ces artères, on se trouvait devant des maisons « si légères qu'elles devaient comme deux ivrognes s'adosser l'une à l'autre pour ne pas s'effondrer[5] ». En général, un entrepreneur se chargeait de construire tout un bloc. Avec son équipe de charpentiers et de maçons, il édifiait des maisons toutes semblables. Jamais un architecte n'intervenait. La profession n'existait même pas aux États-Unis à cette époque. Il fallait partir pour l'Europe si l'on voulait apprendre le métier et le premier grand architecte américain, Richard Morris Hunt, suivit les cours des Beaux-Arts à Paris en 1846. Les entrepreneurs s'aidaient de manuels de construction qui proposaient la réalisation de deux ou trois plans très simples que l'absence de chauffage et d'eau courante rendait aisée[6]. Dans les cas exceptionnels, on faisait appel à un « artiste » pour raffiner l'apparence extérieure, fignoler une porte ou un linteau. Le charme de ces maisons modestes venait du jardin qui s'étendait à l'arrière du bâtiment puisqu'elles ne pouvaient, sans priver leurs habitants de toute lumière, occuper plus de la moitié du terrain constructible.

Au cours des ans, il y eut une évolution du style des façades d'autant plus rapide que les Américains étaient fort sensibles à la mode. On passa ainsi du style dépouillé de l'époque fédérale des années postrévolutionnaires aux belles façades à colonnes du style classique. Genre illustré par l'alignement de Washington Square North qu'affectionnait tant Henry James. Puis vinrent, de 1840 à 1850, les années de la renaissance gothique avec ses fantaisies moyenâgeuses. Elles cédèrent la place aux demeures de style italien, construites en brique et recouvertes de ce grès couleur chocolat qui a donné le nom de *brownstones* à ces maisons.

Petit à petit, le confort s'améliora. On installa des chaudières, des salles de bains et des cuisines plus fonctionnelles. Mais, dans l'ensemble, il faut bien avouer que ces maisons n'étaient guère commodes, avec leurs escaliers étroits ; leur exiguïté imposait une intimité forcée avec les domestiques, et elles étaient si difficiles à protéger que leurs habitants vivaient dans la crainte constante des effractions et des cambriolages. L'immense activité du 1er Mai, jour traditionnel de déménagement en ville, témoignait du désir général d'améliorer son sort. Tout le monde changeait d'adresse et chacun, riche ou pauvre, empaquetait qui son chaudron, qui son candélabre, chargeait ses enfants ou ses domestiques et contribuait à l'agitation générale. « On eût dit que la ville avait été frappée de la peste, ou plutôt qu'elle s'était rendue, sous condition d'exiler toute sa population avec armes et bagages[7] », remarquait Mrs. Trollope, la mère du grand romancier anglais, en voyage aux États-Unis en 1832.

Si les affaires avaient été mauvaises, on repartait vers le sud ou vers les quais ; si au contraire elles avaient été encourageantes, on se tournait vers le nord. Et plus on était riche, plus on accélérait le pas. John Astor, en compagnie des hommes les plus opulents et les plus respectables de la ville, avait fait construire, à la jonction de la rue La Fayette et de la 4e Rue un ensemble qui passait l'ordinaire : neuf maisons en marbre blanc, dissimulées par une jolie colonnade — il en subsiste quatre —, belles, spacieuses et fort coûteuses. Terminées en 1833, elles étaient abandonnées par leurs propriétaires dix ans plus tard en faveur de la Cinquième Avenue.

Ce mouvement général vers le nord s'accompagnait, bien entendu, du déplacement des magasins, des théâtres, des bibliothèques, des hôpitaux, des écoles et de l'université. Trinity School, l'école la plus ancienne de la ville, eut cinq adresses successives. Fondée par l'Église de la Trinité, à Wall Street, elle se trouve aujourd'hui 91e Rue près de Broadway. L'université de Columbia passa de Church Street à la 50e Rue avant de s'établir à Broadway et 116e Rue.

Comme la construction ne parvenait pas à satisfaire la demande, les prix flambaient, et bien peu de gens avaient les

On a laissé tomber en décrépitude ce bel ensemble de Colonnade Row, occupé une *dizaine* d'années seulement par ses propriétaires d'origine mais en revanche, cette maison bien modeste de la fin du XVIIIe siècle a été transportée, en 1960, de York Avenue et *de la* 1e Rue à Charles Street, une rue tranquille de Greenwich Village, pour lui éviter la *pioche* du démolisseur. (Photos : Société historique de New York et PPP/IPS.)

moyens d'acheter ou de louer la maison de leurs rêves. Ces conditions favorisèrent le phénomène typiquement new-yor-kais de la pension de famille. La plupart des propriétaires louaient soit tout un étage, soit des chambres. En 1841, on estimait que plus de la moitié de la population de New York, soit trois cent vingt-cinq mille personnes, essentiellement de la haute et moyenne bourgeoisie, logeait ainsi[8]. Walt Whit-man n'eut jamais d'autre adresse, lors de ses séjours à Manhattan, que « Mrs. Chipman, 12 Centre Street » ou « Mrs. Bonnard, Spring Street » ou encore « Mrs. Edgarton à Vesey », et il laissa une description détaillée des petits déjeu-ners dans ces établissements :

« M. K. est un gentleman de bonne composition de la Nou-velle-Angleterre, et à côté de lui, M. D. est de la même région. W. est le gérant d'un magasin de nouveautés Greenwich Street et H. un célibataire vieillissant qui a un magasin de vêtements dans le bas de la ville. A., un monsieur juif, a un commerce Chatham Street et S. est employé dans une des maisons d'éditions connues de la ville ; les deux jeunes gens sont des vendeurs à Broadway. M. B., au bout de la table, est un joaillier et un gentleman ; Y. est de Saratoga Springs ; W. est vendeur dans une boutique voisine ; le Dr. H. est dentiste et médecin. Il vit ici avec son épouse[9]... »

Il n'y avait donc pas que des célibataires, d'ailleurs parti-culièrement nombreux à New York, dans ces pensions. Bien des jeunes ménages s'installaient ainsi et, à en croire les autorités morales et religieuses, perdaient le goût du foyer et le sens de la famille. « Je peux difficilement imaginer moyen plus efficace d'assurer l'insignifiance de la femme que de la marier à dix-sept ans et de la placer dans une pension de famille[10] », grondait Mrs. Trollope. Mais les pensionnaires n'avaient pas le choix, tant les quartiers convenables de la ville étaient restreints. « Il y avait une ligne à l'est comme à l'ouest qu'on ne pouvait franchir si l'on voulait conserver sa propre estime[11] », faisait remarquer le romancier William Dean Howells, qui avait quitté Boston pour se fixer à New York.

Les auteurs du plan d'urbanisme de 1811 avaient imaginé que les habitants tireraient parti des rivières. Il n'en fut rien. Les quais ne furent jamais des lieux d'agrément à New York, sauf au nord de l'île où les grands marchands avaient de belles propriétés qui descendaient vers l'eau, mais elles furent toutes loties au cours du siècle. Seule Gracie Mansion, la résidence de fonction du maire de New York, située au milieu d'un parc, à la hauteur de la 86e Rue sur l'East River, permet d'évoquer la campagne de Manhattan au début du XIXe siècle.

Tout au sud, les quais étaient réservés aux activités du port. Un peu plus haut, dans cette ville où hommes et marchandises arrivaient et partaient par voie d'eau, jusqu'à la construction du Brooklyn Bridge en 1884, de grandes gares fluviales, où s'amarraient les ferries, occupaient les berges. Là aussi se fixèrent les chantiers navals et toutes les petites industries et manufactures si caractéristiques de la ville : brasseries, tanneries, scieries, fabriques. De plus, les bords de l'East River étaient trop encombrés d'animaux pour être accueillants aux hommes. On y avait édifié d'énormes étables où de pauvres vaches phtisiques, nourries de *swill*, le déchet des distilleries voisines, donnaient un lait bleuâtre auquel on ajoutait « de la magnésie, de la craie, des œufs avancés, de la farine, de la mélasse et du sucre brûlé [12] » avant de le vendre aux ouvriers de la ville. Le tout dégageait une odeur pestilentielle. Il n'y avait pas que les vaches. Tous les chevaux de la ville — plus de quarante mille aux environs de 1840 — étaient logés dans des écuries le long des rues transversales entre les quais, la Première et la Deuxième Avenue. Enfin, les abattoirs étant implantés sur la rivière (comme tant d'autres services, ils avaient été déplacés plusieurs fois avant d'être fixés à la hauteur de la 42e Rue, où ils restèrent jusqu'à ce que la construction des Nations unies bouleversât tout le quartier), une interminable procession d'animaux, débarqués des ferries de l'Hudson, traversait toute la ville et faisait résonner le voisinage de leurs mugissements. Peu étonnant, dans ces conditions, que les bourgeois se soient tous repliés vers le centre de l'île et que la ville n'ait pas avancé tout de front, mais en pointe, car au début du siècle on ne bâtit que pour les riches.

Rien n'était prévu pour les pauvres et le déferlement des immigrants n'y changea rien. Il n'y eut aucune construction ouvrière en nombre significatif avant 1860. Comment firent-ils donc pour se loger, ces premiers arrivants ? Ils attaquèrent l'île aux deux bouts. Les uns, espérant trouver un travail sur les docks ou dans les établissements le long des quais, se glissèrent dans tous les interstices possibles de la ville commerciale. Les immeubles abandonnés après un incendie ou une inondation leur servaient de refuge, souvent permanent. On leur louait des greniers, des pièces en sous-sol et le plus fréquemment des caves. En 1850, plus de trente mille caves [13] étaient occupées par des familles d'immigrants. Les photos sont là, insoutenables, soulignant la misère, l'incroyable entassement, le manque d'hygiène meurtrier, les conditions de vie impitoyables qui se maintinrent jusque bien avant dans le siècle. Ceux qui parvenaient à se loger dans des maisons s'en trouvaient à peine mieux car les propriétaires, spéculant sur la vulnérabilité de ces malheureux, louaient les demeures abandonnées par les New-Yorkais dans leur marche vers le nord, mais non sans les avoir transformées pour y entasser le plus de monde possible.

On commençait par utiliser la parcelle de terrain au maximum. Une maison qui n'en occupait que la moitié était prolongée sur quatre-vingt-dix pour cent du sol. Plus de jardin, bien sûr, ni d'air, ni de lumière. Des cabinets communs, installés sur les dix pour cent restants, achevaient d'empuantir l'atmosphère. Puis on subdivisait les étages en cellules minuscules, pour obtenir ce qu'on appelait des « appartements-wagons », car les pièces s'agençaient comme les voitures d'un train. Il arrivait, malheureusement, que le train eût dix-huit wagons, dont deux seulement — la locomotive et le fourgon — fussent exposés à la lumière de la rue ou de la courette. Opération fort rentable, comme en témoignent les immenses bénéfices de Jacob Astor, le plus gros propriétaire de taudis de la ville. Des centaines de maisons furent ainsi reconverties dans l'île sans le moindre souci de ménager un peu d'air ou d'espace aux occupants. Ces infortunés ne pouvaient compter ni sur la municipalité ni sur de grands industriels paternalistes qui auraient pu tenir à conserver leurs employés dans un état humain. Il ne se créa donc pas à New York de quartiers ouvriers permanents, l'équivalent des faubourgs des villes européennes. Les pauvres suivaient à distance, à peine respectueuse, la trajectoire des riches, et occupaient les quartiers abandonnés par la bourgeoisie.

L'alternative consistait à éviter la ville construite et à s'installer au nord, en dehors de ses limites. Là non plus, il ne s'agissait pas d'établissement permanent mais d'une squattérisation généralisée. Les hommes, chiffonniers, colporteurs, garçons d'écurie, cochers ou ramasseurs de cendres — les cendres étaient recueillies très soigneusement dans des tonneaux placés au coin des rues, parce qu'on en tirait la potasse indispensable à la lessive —, édifiaient des cabanes sur les vastes terrains vagues avoisinant la ville. Ces terrains avaient des propriétaires, puisque aussi bien toute l'île avait été lotie et vendue, spéculateurs à long terme qui attendaient

Gracie Mansion, 88e Rue et East River. Une des rares maisons de campagne de Manhattan à avoir survécu. Elle fut construite, dit-on, en 1799, par Charles L'Enfant, l'architecte français qui dessina le plan de Washington, pour un marchand écossais, Archibald Gracie. Il y reçut La Fayette et le futur Louis-Philippe. La ville acheta la demeure lors de l'urbanisation du quartier et créa un petit parc sur les deux lots adjacents. Le musée de la ville de New York l'occupa jusqu'en 1942, date à laquelle la résidence fut attribuée au maire de New York. (Musée de la ville de New York.)

patiemment que les rues de la ville atteignissent leurs biens. Pour le moment, ils ne répugnaient pas à louer leurs lots pour un prix qui couvrait le coût d'achat et celui des taxes annuelles. L'occupant n'avait aucun droit et devrait déguerpir lors de l'inévitable boom.

Les conditions de vie dans ces bidonvilles variaient beaucoup. Certaines huttes étaient sordides, quoique idylliques par rapport aux caves de la vieille ville, d'autres propres et presque confortables. Une source de revenus provenait des petits jardins où ces gens cultivaient la plus grande partie des légumes frais consommés en ville. Ils élevaient aussi ces fameux cochons qui erraient toujours dans les rues. Certains avaient des chèvres et même des vaches. Ces *shanties* — le mot dérivait du français *chantier*, terme utilisé au Canada pour désigner les cabanes rudimentaires que les bûcherons édifiaient dans les clairières — reculèrent et se reconstituèrent jusqu'à ce que la construction du métro accélérât considérablement l'urbanisation du haut de la ville.

Mais, jusqu'en 1895, les photographies montrent la curieuse juxtaposition d'immeubles bourgeois et de bicoques. En 1867, un recensement indiquait qu'à l'est de Manhattan, au-dessus de la 40e Rue, existaient trois mille deux cent quatre-vingt-six maisons individuelles et mille seize masures ; à l'ouest, on comptait cinq cent seize maisons et huit cent soixante-cinq *shanties*[14]. Jusqu'en 1870, des vaches paissaient sur les lots non construits de la 42e Rue, en face de la gare de Grand Central. Les classes moyennes étaient donc prises en sandwich entre les malheureux au sud et les miséreux au nord, mais un sandwich posé sur un tapis roulant où tous avançaient au même rythme. Tous souffraient, bien entendu à des degrés différents, du manque de place. De par cette congestion, New York risquait l'asphyxie et la perte de tous ses avantages.

La solution la plus simple à la crise du logement, endémique, consistait à construire plus haut et sur plusieurs parcelles. L'espace, gagné en hauteur, aurait permis de prévoir de grandes cours lumineuses et de véritables puits d'aération. Mais l'habitude de négocier la vente des parcelles une par une était trop ancrée pour faciliter les fusions. Curieusement, les New-Yorkais, si modernes et entreprenants, renâclaient devant la perspective de vivre de plain-pied sur un étage et de partager un palier à plusieurs familles, comme les ouvriers dans leurs *tenements*. Les *tenements* étaient ces petits bâtiments de cinq à six étages, aux façades alourdies

Madison Avenue en 1878. Cette vue prise de la 55e Rue vers le nord illustre le développement en saut de puce de la ville. Alors que subsistent des baraques entre la 55e et la 56e Rue, l'église des Réformés hollandais est achevée à la 57e. A gauche, de belles maisons occupent déjà le coin de la 57e et de la Cinquième Avenue. La maison de marbre blanc, à l'extrême gauche, appartenait à la fille d'un banquier qui avait acheté son lot dès 1825 mais ne construisit qu'en 1869. (Musée de la ville de New York.)

par des escaliers anti-incendie que l'on voit encore partout à New York, où plusieurs familles cohabitaient. Alors que les Parisiens habitaient des appartements depuis le XVIIᵉ siècle, qu'à Vienne les architectes avaient poussé à leur point de perfection les grands immeubles établis sur l'emplacement des anciens remparts, les Américains, comme d'ailleurs les Anglais, restaient fidèles à la petite maison individuelle. La notion européenne d'immeuble d'habitation leur paraissait à la fois humiliante et immorale.

Apercevoir une chambre à coucher au bout d'un couloir évoquait les pensées les plus licencieuses chez les Américains. Inspirée par un des premiers immeubles de ce genre, achevé en 1869, précisément par cet architecte américain, Hunt, qui avait fait ses études à Paris, la romancière Edith Wharton imaginait les réflexions attristées d'un visiteur : « Voici donc comment vivent les femmes entretenues [...] Toutes les pièces sur un étage, dans une promiscuité indécente [15]. » De plus, abandonner une de ces petites maisons « étroites, toutes semblables à leurs voisines et qui, tranquilles et sages, évoquaient des livres sur une étagère [16] », pour une demeure où l'on partagerait une entrée, un escalier et pis encore un palier, avec des étrangers, semblait un risque social grave. « Il n'y a pas d'autres obstacles aux immeubles collectifs [...] que les préjugés [...] Pour les Américains, c'est une question de standing. Tout ce qui ressemble à un immeuble ouvrier est tabou. Comme il n'y a pas de classes définies en Amérique, contrairement aux autres pays, nous avons fixé un certain style de vie et de dépenses comme marque distinctive du statut social [...] Nous exigeons en particulier que nos maisons présentent un aspect extérieur de respectabilité et de richesse [17] », expliquait une féministe réformatrice de l'époque. Les New-Yorkais aisés préférèrent longtemps soit s'exiler en banlieue, soit souffrir l'inconfort des pensions, plutôt que d'adopter le grand immeuble. Il fallut que celui-ci présentât des signes extérieurs de luxe fracassants pour que la riche bourgeoisie « craquât » enfin.

L'ascenseur remporta la bataille. Il était dégradant d'escalader un escalier commun, mais emprunter un ascenseur, quelle aventure honorable ! Tout d'un coup, les étages élevés devenaient aussi désirables, sinon plus, que les premiers et les entresols. Jusque-là une personne convenable considérait que grimper plus de quatre étages portait atteinte à sa dignité. Soudain, un huitième apparaissait comme une consécration. Les propriétaires entrevoyaient des bénéfices accrus. Ils se mirent à construire plus haut dès 1859, date de l'installation du premier ascenseur dans un immeuble résidentiel. L'ascenseur mis en place la même année dans le Haughwort Building, un bel immeuble en fonte dont le style rappelle la bibliothèque Sansovino à Venise, fonctionne encore. New York continuait à avoir de l'avance sur les autres villes américaines : Washington n'eut pas d'ascenseur avant 1881. Pour des raisons de sécurité, on en interdit l'usage aux femmes et aux enfants et l'on offrait aux audacieux passagers du vin, de la bière et du fromage pour les réconforter [18].

La guerre civile, qui dura de 1860 à 1865, n'eut pas les effets désastreux sur la vie économique de la ville que redoutaient les commerçants, désespérés à l'idée de perdre leur clientèle sudiste, et les banquiers qui craignaient que leurs débiteurs ne répudiassent leurs dettes. New York obtint les contrats de fabrication d'uniformes et de couvertures pour l'armée nordiste et les ateliers continuèrent donc à travailler à plein temps. Dès la fin des hostilités, la ville retrouva sa vivacité habituelle. On se reprit à construire toujours plus haut et toujours aussi serré.

On n'encourageait pas les architectes à gâcher un peu d'espace au profit de la lumière. Derrière des façades opulentes, lourdement ouvragées dans le style Second Empire new-yorkais, bien des chambres ne donnaient que sur d'étroits puits de lumière. Ce désagrément était cependant compensé par une étonnante abondance de services communs, qui fut le deuxième élément de succès de ce type d'habitation. Le plus célèbre des immeubles de cette époque, inauguré en 1884, existe encore. Il s'agit du Chelsea Hotel, dont l'architecture mi-victorienne, mi-gothique, fait toujours rêver les passants. Ce fut le premier immeuble à atteindre douze étages.

Construit et organisé par Philippe Hubert, un architecte français, pénétré de théories fouriéristes qu'il sut adapter à sa clientèle, le Chelsea était un immeuble coopératif, un *home club* de cent appartements. Les actionnaires du club occupaient soixante-dix d'entre eux. Les trente restants étaient loués et contribuaient, ainsi que les boutiques du rez-de-chaussée, à la solidité financière de l'entreprise. Les débuts furent éclatants grâce à la grande souplesse des arrangements possibles. On pouvait louer à l'année ; on pouvait faire la dînette dans sa chambre ou commander un souper de gala dans l'immense salle à manger commune. Le

Chelsea fut si bien lancé que sa vogue résista à la dissolution de la société. L'immeuble fut transformé en hôtel mi-résidentiel, mi-classique. Au cours de sa longue carrière, il vit défiler tout ce qui comptait dans les arts et lettres, de Sarah Bernhardt à Jackson Pollock, de Mark Twain à François Nourissier, de Vladimir Nabokov à Pierre Alechinsky.

Rassurés par ce premier succès, promoteurs et architectes se firent plus audacieux, et le résultat fut la floraison d'immeubles somptueux dont la plupart existent toujours et sont parmi les plus réussis de la ville. Cette fois le problème de la lumière fut résolu. Ou bien l'on construisait l'immeuble autour d'une vaste cour intérieure, ou bien l'on faisait de grands retraits dans la façade, taillant dans la masse du bâtiment de l'extérieur pour laisser pénétrer le soleil. Un nouveau genre de vie prit ainsi forme : ni l'existence familière des *brownstones*, ni celle, somme toute, fort personnelle et autonome, que menaient les bourgeois parisiens qui ne partageaient jamais qu'un concierge et un escalier avec leurs voisins. Une nouvelle version du rêve américain fut mise au point dans ces grands immeubles, rêve fait de luxe, de facilité, de sécurité, le tout rendu possible par un effort communautaire.

Il est difficile d'imaginer aujourd'hui, devant la monotonie des immeubles d'habitation de la ville, l'originalité des premiers spécimens. D'abord ils avaient tous un nom. Qu'est-ce que Victor Hugo, Abélard, Sémiramis, Marc Aurèle, Rembrandt, le Parthénon et un gendarme ont en commun ? Leur nom au fronton d'un immeuble de Manhattan. Ensuite, leurs habitants leur donnaient un style particulier. Ainsi ont-ils souvent eu des destinées différentes. Les uns, résistant à la passion des Américains pour le nouveau et à tous les aléas économiques du XXe siècle, ont poursuivi une carrière splendide ; les autres ont subi des dégradations humiliantes. Le plus prestigieux, le plus inhabituel, le plus admiré est le Dakota.

Le Dakota est un grand immeuble traité dans ce que les Américains appellent le « style château ». Il est vrai que sur les premières photographies où il se dresse, isolé et superbe, devant le parc, au coin de la 72e Rue et de Central Park West, il évoque une vision romantique à souhait, avec son toit compliqué de mansardes et de tourelles, ses pignons et ses clochetons, ses fenêtres et ses cheminées de toutes les formes. Son promoteur, Edward Clark, un des héritiers de l'affaire des machines à coudre Singer, ayant eu l'audace de construire si haut dans la ville, si loin du centre des affaires, ses amis lui firent remarquer qu'on aurait pu aussi bien songer à s'installer dans les plaines du Dakota. Clark, sans se laisser ébranler, décida de baptiser son immeuble « le Dakota » et il fit rajouter sur la façade des détails qui évoquaient le Far West : des flèches, des épis de maïs, et au-dessus de l'entrée principale une belle tête d'Indien. Là se bornaient les relents de la vie sauvage. Tout dans le Dakota respirait l'opulence et la facilité[19].

Comme en 1884, date de l'achèvement des travaux, l'électricité n'atteignait pas encore le quartier, le Dakota eut son propre groupe électrogène, comme d'ailleurs son central téléphonique, ses réservoirs d'eau, ses courts de tennis, son terrain de croquet, ses écuries et plus tard son parking. Le luxe du Dakota provenait peut-être de ce que le propriétaire mourut avant l'ouverture de l'immeuble et que ses héritiers étaient plus nonchalants en matière de gestion que le fondateur de leur fortune. Toujours est-il qu'en 1884, cet immeuble de soixante-cinq appartements employait cent cinquante personnes ! Outre l'armée habituelle de gardiens, de portiers et, dans ce cas particulier, de liftières, l'on profitait d'une gouvernante et de sa troupe de femmes de chambre, de lingères, de blanchisseuses et de repasseuses. Tous les matins, on passait enlever la lessive pour la porter au huitième étage, réservé aux buanderies. Un tailleur officiait au sous-sol. Le rez-de-chaussée abritait une superbe salle à manger qui, avec son sol de marbre et ses panneaux de boiserie en chêne, n'eût pas été déplacée dans un vrai château de la vieille Europe. Le maître d'hôtel faisait porter le menu aux locataires dans la journée pour qu'ils aient le temps de demander des changements pour le dîner. Le premier étage était constitué de chambres et de petites suites que l'on louait pour ses invités, et tout le neuvième réservé aux chambres du personnel.

La plupart des appartements furent retenus avant la fin de la construction. L'architecte put donc disposer les lieux selon les désirs des futurs occupants. C'est pourquoi tous les appartements du Dakota sont différents les uns des autres ; cette diversité contribua à lutter contre l'impersonnalité d'un grand ensemble. Pour renforcer l'impression d'intimité, on ne construisit pas d'escalier central. Il y eut quatre entrées aux quatre coins de la cour centrale. Escaliers et ascenseurs desservaient donc de petits groupes d'appartements : jamais plus de trois par palier. La petitesse des halls donnait un sentiment d'intimité. On pouvait presque se croire chez soi et non dans un immeuble de plus de deux cents habitants. Cette nostalgie de la maison particulière était si forte et si persistante chez les New-Yorkais que les plus aisés cherchaient toujours à acheter le ou, mieux encore, les derniers étages d'un immeuble — une dame se fit aménager un triplex de quarante-quatre pièces, remportant ainsi le record absolu du plus grand appartement de la ville — et exigeaient un ascenseur particulier pour les mener chez eux.

Malgré des atouts qui me semblent absolument irrésistibles, le Dakota ne conquit pas la société la plus conservatrice, la plus indiscutablement élégante de la ville. Beaucoup de femmes rechignaient à s'éloigner des boutiques élégantes, à s'exiler loin de leurs belles amies de la Cinquième Avenue, à une époque où il n'était guère facile de se déplacer dans la ville. Le Dakota, et par la suite tout le West Side, attirèrent une clientèle quelque peu intellectuelle et bohème. L'éditeur de musique Gustav Schirmer, et le fabricant de pianos William Steinway furent parmi les premiers locataires. A eux deux, ils attirèrent tout ce qui comptait dans le monde de la musique et du théâtre. Schirmer organisa un grand dîner pour Tchaïkovski et l'emmena sur le toit pour lui faire admirer la vue. A cette époque, l'on apercevait les deux rives du haut du neuvième étage. Tchaïkovski, qui comprenait mal l'anglais, crut que l'immeuble entier appartenait à son éditeur. « Pas étonnant que nous soyons si pauvres, nous malheureux compositeurs. L'éditeur américain, M. Schirmer, est riche au-delà de tout ce que l'on peut rêver. Il vit dans un palais plus grand que celui du tsar ! » Les artistes demeurèrent toujours fidèles au Dakota. Boris Karloff, Leonard Bernstein, Lauren Bacall, John Lennon, le Beattle assassiné en 1980, témoignent d'une longue tradition.

A ses débuts, le Dakota constituait une sorte d'île dans le quartier. Le parc n'était pas encore terminé. Les locataires voyaient de leurs fenêtres les cabanes et les chèvres de leurs voisins les chiffonniers, mais le voisinage se transforma rapidement. D'autres grands immeubles, conçus à la manière du Dakota, mais plus grands, et pas toujours aussi raffinés, s'élevèrent le long du parc et de Broadway. Parmi des dizaines d'immeubles détachons l'Ansonia, une explosion décorative dans le style Beaux-Arts, avec une profusion de tourettes, de mansardes et de balcons, orchestrée par un architecte français, Paul Duboy. Le propriétaire, William

Cinquième Avenue au nord de la 65e Rue en 1898. Le Park accéléra la formation du quartier des millionnaires le long de l'avenue. « Chacun son dégoût », s'exclama un visiteur abasourdi par cet étonnant raccourci de styles. Au premier plan, le château que Mme Astor partageait avec le ménage de son fils. Le gratin new-yorkais comptait très exactement 400 personnes, chiffre déterminé par le nombre de personnes qui pouvaient tenir dans son salon. La maison fut rasée en 1929 et fit place à une grande synagogue, le temple Emmanu-El. (Musée de la ville de New York.)

Stokes, refusait absolument de payer une assurance contre le feu. Il exigea donc des murs en maçonnerie pleine, des cloisons massives entre les appartements, et son courtier dut bien admettre que le risque d'incendie, insignifiant, ne justifiait pas un contrat. Autre avantage, l'insonorisation si parfaite que Caruso, Toscanini, Chaliapine, Yehudi Menuhin et Lily Pons, entre autres, y vécurent ensemble sans jamais s'entendre. Immeuble musical donc, avec un soupçon d'immoralité. L'organisateur des célèbres Ziegfield Follies y occupait un appartement avec son épouse légitime et il avait installé sa maîtresse dans une suite identique...

Un des raffinements les plus appréciés du lieu était un chauffage central et un système d'air conditionné qui maintenaient une température constante dans les appartements, été comme hiver. Stokes fit aménager deux piscines, un bain de vapeur et une salle de gymnastique au sous-sol. Sur le toit, une ferme fut établie avec des poules — les locataires pouvaient acheter les œufs à moitié prix —, des canards et des chèvres dont le lait fournissait un fromage réservé au seul propriétaire.

Entre les deux guerres, l'Ansonia connut une période moins glorieuse. Saul Bellow, dans son roman *Seize the day*, a décrit l'atmosphère lourde d'angoisse de ce grand immeuble, devenu un hôtel résidentiel, où des personnages médiocres tuent le temps, affalés dans la grande salle à manger, en observant Broadway devenu sale et bruyant. Vinrent les années cinquante et soixante : l'Ansonia ouvrit un de ses étages à un bordel homosexuel, les « Bains Continentaux », où Bette Midler fit ses débuts, puis à une boîte de nuit nudiste, « La retraite de Platon », où les clients devaient laisser leurs vêtements au vestiaire. Récemment, le bon goût a repris ses droits. La direction a changé et l'Ansonia a retrouvé un calme apprécié et une clientèle sensible à la proximité des salles de concert et d'opéra de Lincoln Center.

Son voisin, le Belnord, situé entre la 86 et la 87e Rue, eut une destinée plus malheureuse. Ce fut pourtant un des plus modernes et des plus attirants des grands immeubles du début du siècle. Les premiers occupants ne se lassaient pas de la merveille d'avoir un système central d'aspiration. On branchait un tuyau à l'une des nombreuses prises de l'appartement et la poussière était miraculeusement entraînée vers les profondeurs du sous-sol. Ils avaient également la joie de disposer de coffres-forts individuels et, luxe inouï en 1909, de réfrigérateurs qui fabriquaient des glaçons, le tout dans un décor Louis XIV. On payait cher ces satisfactions. A une époque où un appartement de quatre pièces, dans un immeuble délabré d'un quartier d'immigrants, coûtait quinze dollars par mois, où ces mêmes quatre pièces dans un quartier plus respectable revenaient à cinquante dollars mensuels, un petit appartement au Belnord allait chercher dans les cent soixante-quinze dollars [20]. Aujourd'hui, le coût de l'entretien et le montant des loyers, maintenus artificiellement bas par la législation concernant les immeubles anciens, a conduit l'immeuble à la paralysie. La propriétaire ne répare pas le toit, ne repeint pas les murs, et les locataires font la grève du loyer.

Ces grandes habitations ouvrirent la voie et, à partir de 1900, on construisit à un rythme soutenu le long de toutes les artères épargnées par les métros aériens, d'abord sur le côté ouest du Park, puis, après que le chemin de fer qui parcourait Park Avenue eut été recouvert, du côté est. Ces buildings n'atteignaient pas les sommets de luxe du Dakota mais l'efficacité de leurs services rendait la vie douce à leurs habitants. Les rues transversales restèrent le domaine des maisons individuelles et les avenues à métro celui des *tenements* ouvriers.

Une des particularités de New York fut d'être la ville des États-Unis la plus hospitalière aux artistes et ce fut là qu'on se pencha, pour la première fois, sur les problèmes propres aux peintres et aux sculpteurs. Un mécène, James B. Johnson, commanda dès 1857 à Richard Hunt un immeuble, situé à l'angle de la Cinquième Avenue et de la 10e Rue, constitué d'ateliers, d'une série de petits appartements, d'une cuisine commune et d'un grand espace propre à exposer les œuvres des locataires. Le succès de la formule entraîna d'autres constructions sur le même modèle. Pour séparer l'espace de travail des chambres à coucher, l'on adopta fréquemment le procédé du duplex. Ces « studios » furent souvent loués par de jeunes ménages dotés de plus de fantaisie et de moyens que de génie créateur et ils devinrent de plus en plus luxueux. La cuisine commune se mua en restaurant ; l'on ajouta des kitchenettes aux appartements. Regroupés autour de la 57e Rue, près de Carnegie Hall, la salle de concert inaugurée par Tchaïkovski en 1891, ils furent bien entendu baptisés de noms de peintres. Certains, dont le Gainsborough, existent toujours. Le dernier en date, le premier et le seul immeuble d'artistes financé en partie avec l'aide de l'État, fut construit en 1969, à Greenwich Village. Le maire de New York, Edward Koch, conscient de l'intérêt pour la ville de la présence de jeunes talents, a lancé en décembre 1984 le projet de convertir grâce au soutien privé des bâtiments inutilisés par la municipalité — une caserne de pompiers et une école désaffectées — en cent quatre-vingts ateliers pour sculpteurs, peintres, acteurs ou musiciens.

S'il y avait beaucoup d'artistes à New York, il y avait plus encore de célibataires. Les architectes ne les négligèrent pas. On considérait à l'époque qu'un monsieur seul avait besoin d'un petit salon, d'une chambre à coucher, d'une minuscule pièce pour son domestique et, éventuellement, d'une modeste cuisine. L'essentiel était de le libérer de tout souci ménager. Le premier de ces immeubles, le Wilbraham, à l'angle de la Cinquième Avenue et de la 30e Rue, est toujours debout mais le huitième étage, jadis consacré à un restaurant, a été transformé en appartements. Parfois, on aménageait un ou deux étages d'un immeuble bourgeois pour des célibataires, mais ces messieurs, sensibles aux charmes de la

discrétion, préféraient peupler les très nombreuses
demeures qui leur étaient réservées en ville. Plus tard, on
édifia des bâtiments sur le même modèle pour dames seules,
les « bachelorettes[21] ».

Une autre spécialité new-yorkaise était l'hôtel résidentiel,
particulièrement bien adapté aux besoins des familles incer-
taines de la durée de leur séjour en ville, donc peu enclines à
acheter ou à s'engager par un bail à long terme. Ces suites,
dotées d'une cuisine, cumulaient les avantages d'un hôtel et
ceux d'une résidence personnelle. La publicité mettait
l'accent sur l'extrême commodité de cet arrangement : « Pas
besoin même de faire son lit, précisait une annonce pour le
Graham, le premier immeuble de ce genre construit Upper
East Side, des femmes de chambre nettes et pimpantes s'en
chargent. »

Ces hôtels s'élevèrent surtout West Side entre la 50e et la
72e Rue et furent d'autant plus populaires parmi les promoteurs que leur dénomination d'hôtels permettait de tourner
la réglementation qui limitait la hauteur des immeubles
d'appartements mais non celle des hôtels. Cette formule a
résisté au cours des ans. Non seulement les grands hôtels de
luxe, comme le Waldorf-Astoria ou le Carlyle, ont des ailes
réservées à leurs clients permanents, mais bien des résidences continuent à offrir ces services. Si les restaurants ont
souvent été abandonnés, en revanche tout ce qui touche au
sport — piscines, salles de gymnastique ou saunas — et aux
télécommunications a été poussé à un point de perfection
extrême.

Dernière particularité de la ville, la structure juridique des
immeubles qui ne sont pas locatifs. Depuis le début du siècle, une formule fréquente est celle de la « coopérative ».
L'occupant n'est pas propriétaire de son appartement mais
d'un nombre d'actions proportionnel à l'importance de
celui-ci. Le conseil de l'association a le pouvoir d'autoriser
ou non les achats ou les ventes, contrairement à ce qui se
passe dans un « condominium », structure apparue à New
York dans les années 1960, où les propriétaires ont toute latitude pour louer ou vendre leur appartement. Les principes
d'un appartement en « coopérative » étonnent toujours les
non-initiés, qui ont peine à concevoir qu'on puisse les empêcher de louer, en cas d'absence prolongée, ou qu'on les
oblige à passer une sorte d'examen avant de les autoriser à
débourser les sommes nécessaires pour s'installer. Examen
parfois difficile, car si le candidat ne peut pas prouver sa sol-

vabilité, sa respectabilité, si sa présence menace de changer le caractère de l'immeuble ou de susciter une agitation inhabituelle, il est rejeté. Parmi les recalés les plus célèbres de ces dernières années, citons Richard Nixon, le prince Saud al Faisal, ambassadeur d'Arabie Saoudite, Madonna et Gloria Vanderbilt, la grande héritière. Celle-ci se rebiffa et intenta un procès au conseil en arguant que le refus de l'admettre n'était pas fondé sur l'insuffisance de sa fortune mais sur la tendresse de ses liens avec un chanteur noir, Bobby Short.

Malgré ces accrocs, les Américains ont toujours prisé la sécurité financière et sociale que leur donnait cet arrangement. La société new-yorkaise était trop fluide et trop mouvante pour ne pas créer des sentiments d'insécurité sociale. La mobilité créait un snobisme étroit et exigeant, ou plutôt une difficulté de contacts entre différents groupes sociaux. Le duc de Guermantes n'était pas gêné par la présence d'un haut fonctionnaire ou d'un tailleur dans son hôtel. Il savait qu'un code commun de politesse régissait leurs rapports. N'importe quel immeuble bourgeois parisien abritait une gamme sociale variée : des gens très différents, mais qui savaient tous se saluer dans l'escalier, occupaient l'entresol, l'étage noble, les appartements plus modestes et les mansardes. A New York, au contraire, locataires et propriétaires exigeaient et obtenaient une grande uniformité de fortune, de race et de religion. Les grands immeubles constituaient des entités autonomes et, jusqu'aux réformes antiraciales des années 1960, il existait des immeubles « juifs » et des immeubles « protestants », des immeubles « noirs » et des immeubles « blancs », des immeubles à vingt, quarante, soixante ou cent mille dollars par an. Donner son adresse, c'était présenter à la fois ses papiers d'identité et son compte en banque. Dans un roman de Henry James, *Washington Square*, un père de famille utilise le plan de New York pour peser la situation mondaine du prétendant de sa fille. Le malheureux habite Seconde Avenue. « La Seconde Avenue, dites-vous. » Il prit note de la Seconde Avenue [22]. Cela suffisait. Il n'avait pas besoin d'autres renseignements. Le jeune homme n'épouserait pas sa fille. Peu surprenant que les gens déménageassent souvent. En Europe, c'est le titre ou l'ancienneté de la famille qui enchantaient le snob. L'adresse ne comptait pas. A New York, au contraire, une « bonne adresse » vous ouvrait bien des portes. Toute amélioration dans leur situation poussait donc les gens à renforcer leurs progrès en changeant de domicile.

Outre le sentiment de sécurité psychologique, les immeubles donnaient à juste titre, avec leurs régiments de liftiers, de portiers et de garçons de service — aujourd'hui renforcés de circuits de télévision intérieure —, l'impression si vive d'être des forteresses qu'ils précédaient l'urbanisation de certains quartiers. Les habitants du Dakota n'hésitèrent pas à s'installer dans un véritable *no man's land* et les photos de la ville en 1880 montrent fréquemment des immeubles isolés en plein milieu d'un bloc désert. Ces constructions permettaient aussi de « gagner » sur la médiocrité des quartiers, lorsqu'un spéculateur utilisait un espace vide pour y élever une résidence cossue, même dans un voisinage mal famé. Ainsi, en 1882, un article dans *Harper's Magazine* rapportait que des dizaines d'appartements construits à proximité d'immeubles ouvriers ou d'écuries étaient achetés par des gens « raffinés et exigeants », qui n'auraient jamais osé s'installer parmi ces pauvres dans des maisons individuelles, mais qui, rassurés par leur nombre, se faisaient fort de transformer la rue. Ce qui d'ailleurs se produisait.

Le Carlyle par exemple, un des hôtels les plus élégants de la ville, situé Madison Avenue et 77e Rue, détonnait parmi les petites boutiques et les maisons modestes qui l'entouraient. Sa présence incita les propriétaires de la grande salle de vente Parke Benett à construire juste en face de nouveaux locaux. Bien vite, galeries, antiquaires et magasins à la mode suivirent et le quartier devint un des plus recherchés de la ville. Le mouvement se poursuit. Une tour luxueuse s'avancera comme un tentacule sur l'East River, à la hauteur de la 94e Rue, parmi les garages et les scieries, et entraînera assez de commerces pour infléchir bientôt le caractère des blocs avoisinants. Il suffira parfois d'un cinéma ou d'un restaurant ouvert tard pour dissiper la frayeur engendrée par une rue déserte. Presque du jour au lendemain, des devantures gaies et éclairées apparaîtront. Une animation de bon aloi s'enracinera et le processus de la *gentrification* — néologisme qui veut dire, au sens propre, anoblissement — se mettra en route.

Je donne là un exemple contemporain mais ce phénomène a été constant à New York et il explique les collusions perpétuelles entre le somptueux et le sordide. Les frontières entre le monde des privilégiés et celui des déshérités ont toujours été mouvantes et aveuglantes de clarté, et les contrastes plus choquants encore au xixe siècle dans la mesure où les logements d'ouvriers étaient si malsains. Tant que l'absence de ponts et la cherté des transports en commun enchaînèrent les ouvriers à l'île, il n'y eut aucune amélioration dans leur vie quotidienne sinon l'éclatante exception de Central Park.

Dans ce siècle si avide, si pressé de faire fortune, le Park fut la seule réalisation urbaine qui mit tout le monde d'accord : réformateurs, libéraux paternalistes, spéculateurs, riches et pauvres. Effrayé par l'horreur des conditions de vie de la majorité des habitants de la ville et par la rapidité avec laquelle on rasait collines et bois, un journaliste et poète, William Cullen Bryant, lança une longue campagne de presse. Elle dura dix ans et rassembla tous les journaux de la ville en mettant l'accent non seulement sur la nécessité de pourvoir aux besoins élémentaires du peuple, mais aussi de combler le retard de New York sur Londres ou Paris dans ce domaine. Or, la municipalité avait le sens du grandiose et, en 1853, elle se décida à acheter un grand terrain de quatre kilomètres de long sur un kilomètre de large, situé entre la 59e Rue au sud et la 110e au nord et chevauchant la Sixième et la Septième Avenue. Terrain très accidenté, mal drainé et en grande partie occupé par les squatters, mais merveilleusement placé en plein milieu de Manhattan. On ne pouvait rêver plus beaux poumons pour la ville. Les réformateurs applaudirent, persuadés que seule la possibilité de jouir d'un endroit aussi beau et soigné pouvait faire de la masse des pauvres des citoyens responsables, ils espéraient que le Park contribuerait à combler l'abîme qui se creusait chaque jour davantage entre les différentes couches de la société. Les élégants se félicitèrent aussi de cette initiative.

Au moment où la ville prit cette décision, leurs demeures, leurs magasins, leurs clubs et leurs églises atteignaient largement la 42e Rue. Ils sentaient bien que leurs anciennes promenades au bas de la ville, autour de Battery Park ou de l'Hôtel de Ville, n'étaient plus commodes : les trottoirs de Broadway, chaque jour plus encombrés, n'offraient plus guère de possibilités de délassement ; l'instauration d'une ligne de tramway le long de la Troisième Avenue les avait privés de la piste où ils avaient coutume d'entraîner leurs chevaux. Ils se prirent à rêver de ce vaste espace libre où ils pourraient faire de la luge et du patin l'hiver, de la bicyclette l'été, du cheval en toutes saisons. De plus, la perspective de profiter d'un grand parc à l'européenne les flattait.

Les plus satisfaits furent cependant les heureux propriétaires des lots sis précisément en bordure du Park. Ils avaient gagné l'assurance que le quartier serait protégé.

Le Park vers 1890 avec, à l'arrière-plan, le Dakota au centre et l'hôtel Majestic à gauche.

Quelque cinquante ans plus tard, le Park semble emmuré de trois côtés par les immeubles. Au nord, les promoteurs ne se sont pas hasardés vers Harlem. On distingue, en haut, le Washington Bridge qui enjambe l'Hudson (PPP/IPS). (Musée de la ville de New York.)

Quelle meilleure garantie que celle de ces allées et de ces pelouses ? En outre, ils voyaient là un excellent moyen de se débarrasser sans difficulté et d'un seul coup des squatters, de leurs vaches et de leurs cochons, qui empuantissaient l'atmosphère de leurs haillons et de leurs détritus. Une fois acquise la certitude qu'aucune ligne de tramway ou de métro aérien ne viendrait bouleverser les avenues limitrophes, la construction des palais de milliardaires sur la Cinquième Avenue, à partir de la 57e Rue — où, dès 1870, Vanderbilt avait édifié d'immenses châteaux Renaissance pour lui-même et pour ses filles —, prit son élan. On jeta les fondements de la cathédrale Saint-Patrick, 50e Rue. Le cœur doré de la ville s'affermissait et suivait la ligne verte. Le Metropolitan Museum fut achevé en 1880, très haut dans la ville, à la 82e Rue, alors que les travaux du Park prenaient fin.

Enfin, les cyniques se joignirent au concert de félicitations en faisant remarquer que le terrain réservé au Park était trop rocheux, marécageux et inégal pour être propice à la construction, et que le coût de sa mise en valeur aurait dépassé celui des terrains. En revanche, la hausse inévitable des lots voisins amènerait une telle augmentation des impôts fonciers que ceux-ci couvriraient largement les frais d'aménagement du Park.

Central Park fut donc créé au prix d'une longue patience. Il fallut près de trente ans pour le terminer — et de multiples talents, sous la direction de Frederic Law Olmsted et de Calvert Vaux qui remportèrent le concours ouvert aux divers projets, et ce fut enfin le miracle, un éblouissant succès de paysagiste, à la fois romantique, sauvage et ordonné, accueillant au-delà de toutes les espérances. Lorsque Henry James revint dans sa ville après une absence de plus de vingt ans, il avoua s'y rendre aussi souvent que possible... Nulle part au monde, soulignait-il, on ne trouvait une tâche aussi « héroïque » et aussi bien remplie que celle qui avait été confiée au Park. On aurait dit une aubergiste, toujours gaie, toujours affairée, surchargée, obligée de faire place à tous les voyageurs et qui n'avait jamais failli à l'hospitalité. Il admirait aussi que la « foule polyglotte » qu'il y rencontrait n'irritât pas ses nerfs. Tous les promeneurs semblaient se mettre à l'unisson de ce cadre si beau, si varié et si manifestement créé pour le bien de tous. C'est là, prétendait-il, que l'on voyait New York sous son meilleur jour et l'unique endroit où la « question sociale » ne vous angoissait pas[23].

VI

LES ÉTRANGERS CHEZ EUX

Henry James s'étonnait, lors de ses promenades dans les quartiers d'immigrés, de ce que tous ces étrangers donnassent tellement l'impression d'être installés. « Aussi étrangers qu'ils puissent être, ils étaient *chez eux*, plus à l'aise au bout de quelques semaines, de quelques mois, ou de leur première ou deuxième année, qu'ils ne l'avaient jamais été de leur vie[1]. »

Il est vrai qu'ils s'accommodaient vite des circonstances et que malgré la rude transplantation, en dépit de la dureté de leur existence et d'une juxtaposition qui aurait pu sembler insoutenable de luxe et de misère, leur prise de possession de la ville se faisait sentir. Pour le visiteur, New York était plus vibrante que hargneuse. Le grand romancier réaliste, William Howells, décrivant la longue quête d'un ménage venu de Boston à la recherche d'un appartement convenable, dépeint sa réaction à la traversée d'une rue qui aurait pu se trouver à Naples ou à Palerme. Elle leur paraît d'une pauvreté abjecte et pourtant, fait constater le mari à son épouse apitoyée : « Je dois dire que cela n'a pas l'air de les gêner. Je n'ai jamais vu à New York de foule plus enjouée [...] J'imagine qu'ils nous croient riches et qu'ils nous détestent, si toutefois ils détestent les riches ; ils n'ont l'air de ne détester personne[2]. » L'atmosphère d'alacrité s'expliquait d'abord par l'abondance du travail. On trouvait à s'embaucher. Ensuite, les nouveaux venus découvraient la liberté. Ils pouvaient conserver leurs coutumes et leur langue, envoyer leurs enfants dans les écoles de leur choix, aller à la synagogue ou à l'église. Personne ne s'en souciait. On les laissait en paix. Et, enfin, ils pouvaient s'intégrer à la machine politique de la ville. Ils n'étaient plus soumis à un pouvoir aveugle, lointain et malfaisant. Véritable révélation pour les juifs de Russie ou de Pologne, pour les Irlandais, les Italiens. « Pour les paysans, constatait Carlo Levi, déporté au sud de Naples, l'État est plus loin que le ciel, plus redoutable car il n'est jamais de leur côté [...] C'est pourquoi, et c'est bien naturel, ils ne se rendent pas compte de ce que c'est que la lutte politique[3]. » A New York, on leur donnait un bulletin de vote et on les encourageait à s'en servir.

Autre avantage, la souplesse de la structure économique de la ville permettait de travailler dans un cadre souvent familier et laissait entrevoir de multiples possibilités d'enrichissement. New York n'est pas, et n'a jamais été, une ville de grosses industries. C'est avant tout un marché. Vendre au-dessus du prix d'achat, acquérir au plus bas, telle avait été, depuis les jours du troc avec les Indiens, l'occupation principale de ses habitants. Cette vocation n'avait cessé de se développer puisqu'au début du XXe siècle, le volume du commerce en gros de New York dépassait celui de Chicago, Boston, Philadelphie et San Francisco réunies. Dans le domaine du commerce de détail, l'activité de New York représentait deux fois celle de Chicago, qui venait au second rang[4]. Cela voulait dire que grands magasins, boutiques, échoppes bordaient des rues encombrées par les voitures de quatre-saisons. On se frayait à grand-peine un passage sur les trottoirs où tant d'obstacles se dressaient devant le piéton qu'il se croyait précipité dans une sauvage partie de colin-maillard. Le blanc-bec qui entrait dans la carrière, son balluchon sur l'épaule, pouvait toujours rêver, en débitant son boniment pour de pauvres ménagères, au destin du riche banquier, Mr. Lehman, qui lui aussi avait débuté comme colporteur.

Il n'y avait pas que le commerce. New York était en voie de devenir le premier centre manufacturier des États-Unis, mais les établissements se caractérisaient par leur petite taille et demeurèrent ainsi bien au-delà de la période considérée. Jusqu'au milieu du XXe siècle, plus du tiers des entreprises de Manhattan employaient moins de vingt personnes[5]. Impossible en effet, à cause de l'exiguïté de la ville, des problèmes de transport inhérents à une île et de la congestion si caractéristique de ses rues, d'y installer des usines ou des industries nécessitant des matières premières lourdes. En revanche, de multiples manufactures trouvaient avantage à fonctionner près de leurs points de vente, comme les brasseries, les boulangeries en gros, les conserveries et les fabriques de crème glacée qui ponctuaient les quais. Toutes les activités qui devaient répondre instantanément à une demande imprévue prospéraient en ville. Les imprimeries, les ateliers de confection, les fabricants d'accessoires, les joailliers profitaient aussi de leur capacité à fonctionner dans les immeubles un peu délabrés qui constituaient la majeure partie du centre laborieux de la ville. Des milliers d'ouvriers travaillaient dans de grands espaces s'étendant sur tout un étage d'un immeuble industriel et qui, de nos jours, sous le nom de *lofts*, font le bonheur de peintres, de sculpteurs, de photographes et de jeunes bourgeois aventureux. Et en raison du nombre, de la spécialisation et de la variété de ces manufactures, les immigrants parvenaient plus souvent qu'ailleurs à mettre à profit leurs aptitudes et leur expérience. Si on débarquait à Chicago, à Detroit ou à Pittsburgh, la capitale de l'acier, on allait droit à l'usine, tandis qu'à New York on appréciait les ouvriers spécialisés, les artisans.

C'est une des raisons qui expliquent les différences de rythme dans la réussite d'immigrants arrivés au même moment. Les paysans, comme les Irlandais et les Italiens du Sud, qui n'avaient jamais pris que l'initiative de monter sur le bateau et jamais travaillé qu'à la force de leurs bras, se trouvaient très désavantagés par rapport à ceux qui joignaient, à une formation professionnelle, l'esprit d'entreprise, le sens du commerce et une certaine familiarité avec l'air de la ville.

La comparaison entre Irlandais et Allemands est très révélatrice à cet égard[6]. Les Allemands, obligés de fuir le chômage dans leur pays, étaient souvent des artisans ruinés par les importations industrielles anglaises. Ils partaient en famille, parfois par villages entiers. En atteignant New York, ils se tournaient vers une société d'entraide, la *German Society*, organisée par des compatriotes installés en ville depuis le XVIIe siècle. On les aidait à se regrouper, à trouver un logement et du travail. Tailleurs, cordonniers ou tapissiers organisaient à la hâte de petits ateliers où s'activait la famille entière, enfants compris. Ils besognaient généralement pour un fabricant en gros, le plus souvent d'origine allemande. Cette cellule souple et efficace trouvait tout naturellement sa place dans le contexte économique de la ville. Dans une agglomération où la population augmentait si rapidement, il suffisait d'un peu d'initiative pour créer du travail et des emplois à partir d'une base étroite. Un tapis-

sier s'essayait à la menuiserie, puis passait à l'ébénisterie.
Les Allemands implantèrent la fabrication d'instruments de
musique et la superbe réussite de Steinway témoigne du succès de ce secteur. Ils se firent aussi les spécialistes d'instruments de chirurgie ; ils établirent une foule de petites fabriques de montres et de jouets. Ils s'emparèrent du domaine
plus prosaïque de l'alimentation et s'établirent comme bouchers, charcutiers, pâtissiers, marchands de vins ou de bière.
De là à investir dans un petit restaurant où femmes et
enfants s'occuperaient, le pas était vite franchi. Les plus
riches achetaient des terrains au nord de la ville pour y
ouvrir des « jardins de bière », sortes de cafés en plein air où
les compatriotes, assez nombreux pour constituer une vraie
clientèle, venaient se délasser.

Tous ces entrepreneurs ne s'enrichissaient pas nécessairement, mais ceux qui y parvenaient entraînaient proches et
parents. Le groupe entier en profitait et s'emparait ainsi
d'ensembles professionnels bien définis. En fait, les Allemands connurent un succès exceptionnel dans le Nouveau-
Monde. Aidés par le fait que leur religion, la couleur de leur
peau et le bleu de leurs yeux s'accordaient aux goûts des
« vieux » Américains, ils se fondirent rapidement dans
l'ensemble de la population et on n'entendit plus parler
d'eux avant que la guerre de 1914 ne déclenchât une germa-
nophobie aiguë.

Les Irlandais, arrivés en même temps que les Allemands,
entre 1830 et 1880, n'obtinrent pas des résultats aussi spectaculaires. Ils furent tout d'abord handicapés par le fait que les
Irlandais déjà enracinés aux États-Unis, qui constituaient
une communauté prospère et équilibrée, dominée par l'élément protestant, furent horrifiés par l'irruption de dizaines
de milliers de paysans catholiques, frustes, totalement ina-
daptés à la vie urbaine, bruyants, buvant sec, ignorants de
toute discipline familiale car Irlandais, garçons et filles, émi-
graient en célibataires. Ils furent donc privés d'une classe
moyenne au moment où ils en auraient eu le plus besoin[7].

Certes, ils trouvèrent du travail, mais pas comme les Allemands, et plus tard les juifs, dans une de ces entreprises où
patrons, contremaîtres et ouvriers étaient tous de la même
extraction. Les Irlandais et après eux les paysans italiens —
en 1890, quatre vingt-dix pour cent des hommes embauchés
pour les travaux publics de la ville venaient du sud de l'Italie
— pavèrent les rues, construisirent les immeubles, creusè-
rent les tunnels et les souterrains. Ils déchargeaient les

Mulberry Street. Une rue à dominante italienne. Les soirs d'été, le prodigieux encombrement gagnait les balcons où l'on s'installait afin de fuir la chaleur insoutenable des appartements. (PPP/IPS.)

bateaux et animaient les docks. Ces occupations permettaient de vivre, et même d'économiser, mais non de faire fortune, dans la mesure où l'employeur était une entité anonyme. L'employé pouvait faire engager son beau-frère ou son fils, mais tous piétinaient à un échelon inférieur. Si leurs progrès furent lents, ils se réalisèrent néanmoins et les Irlandais s'insinuèrent, grâce à leur activité syndicale, dans les secteurs du bâtiment et des docks et finirent par les dominer. La gérance des bars et des *saloons*, dont ils se firent une spécialité, leur facilita une entrée, peu orthodoxe mais d'une efficacité suprême, dans la vie politique de la municipalité.

Cependant le groupe qui se lança avec le plus d'énergie dans le tourbillon commercial de la ville fut celui des juifs qui envahirent la ville à partir de 1880. Ils avaient l'avantage, sur leurs concurrents italiens, d'être des citadins. La rudesse, le bruit, la promiscuité les déconcertaient peu. En outre, l'habitude de vivre dans un environnement hostile, entourés d'une population à la langue et aux traditions différentes, leur rendait la transplantation moins troublante qu'elle ne l'était aux paysans. Un Calabrais pouvait fort bien débarquer à New York sans jamais avoir entendu parler autre chose que le dialecte de son village. Ensuite, l'atout d'être soit artisans, soit marchands (ce terme recouvrant aussi bien le brocanteur, le boutiquier que le changeur de fonds), n'était pas négligeable. Même les plus modestes d'entre eux avaient une formation de tailleurs qui leur serait d'une grande utilité pour participer à l'activité professionnelle de la ville. Enfin, tous les hommes juifs savaient lire et écrire, et cela, même s'ils ignoraient l'anglais, leur donnait un avantage incalculable. Le tailleur de Varsovie, le fripier de Minsk s'accoutumaient vite à leur nouveau milieu tandis que les « paysans ne participaient pas à la vie américaine ; ils continuaient à manger du pain sec comme à Garigliano, et ils mettaient de côté quelques dollars : tout proches du paradis, ils ne songeaient pas à y entrer [8] ». En revanche, les juifs frappaient à la porte de toutes leurs forces [9].

Les rues juives bruissaient des cris de tous ceux qui cherchaient à vendre vêtements, ustensiles, meubles, nourritures, cigarettes, bonbons. Les juifs, en raison de leurs particularités religieuses, exigeaient toutes sortes de commerces spéciaux. Boucheries, épiceries, gargotes devaient être casher. Il leur fallait se procurer des livres et des objets religieux, des bougies commémoratives, du savon particulier. Ils sécrétaient donc eux-mêmes toute une activité dont les profits étaient redistribués dans la communauté et enrichissaient les leurs et non les *goyim*. Ils comprirent aussi bien plus vite que les Italiens les rouages de l'immobilier à New York. L'absence de grands capitaux ne les décourageait pas. S'ils n'avaient pas assez de fonds pour acheter un terrain ou un immeuble, ils commençaient par être locataires. Quelques centaines de dollars suffisaient pour obtenir un bail de trois ou six ans pour une maison. On s'installait dans l'appartement le moins cher. L'homme trouvait des locataires sans difficulté, en s'adressant au besoin à une des innombrables sociétés de secours qui accueillaient les nouveaux venus, et faisait office de concierge, gardien, réparateur en tout genre. Il louait à la semaine et récoltait lui-même les loyers. A force d'économiser, il se trouvait à la tête de quelques milliers de dollars. Il pouvait maintenant acheter un immeuble et recommencer l'opération. S'il ne mourait pas à la tâche il pouvait léguer une dizaine d'immeubles à ses enfants.

Ces travailleurs indépendants, qui allaient donc du plus petit colporteur au propriétaire, représentaient environ la moitié de la population juive. Les autres gonflèrent les effectifs de l'industrie du vêtement, le métier de tailleur étant traditionnel dans les ghettos européens. En Russie, un tiers des juifs avaient été employés dans l' « aiguille ». Or, New York était le royaume de la confection, un royaume récent et en pleine expansion. Jusque vers 1830 on confectionnait tous les vêtements à la maison. Les personnes les plus fortunées pouvaient aller chez un tailleur ou une couturière, mais l'idée de fabriquer un vêtement pour le mettre en vente paraissait absurde, sauf précisément dans les ports où il arrivait fréquemment que les marins eussent à remplacer une pièce de leur habillement. Cette petite clientèle d'hommes seuls créa un besoin qui fut d'abord rempli par les marchands d'occasions, puis par des fabricants spécialisés. L'un des magasins de confection pour hommes les plus prestigieux de New York, Brooks Brothers, a été fondé en 1830 à l'usage des marins. Des marins, il y en avait sur toute la côte, et pas seulement à New York, mais nulle part on ne déchargeait autant de tissu, et lorsque l'immigration se fit plus importante et se concentra à New York, le réservoir d'hommes seuls grandit, puisque l'immigration dans ses premiers temps se nourrissait essentiellement de célibataires arrivés en éclaireurs. Ces hommes, il fallait les habiller. D'abord des entrepreneurs achetaient le tissu et distribuaient le travail aux femmes des fermiers des environs, qui cousaient à domicile. La coupe était toujours faite sous les yeux de l'entrepreneur, pour limiter les pertes et le vol. Un regroupement des ouvrières apparut nécessaire lorsque le volume augmenta sensiblement. Il y eut notamment un bond en avant pendant la guerre civile lorsque les New-Yorkais obtinrent les contrats pour la fabrication des uniformes. La paix revenue, le prêt-à-porter se développa à l'instigation des boutiquiers de la ville qui décelèrent, les premiers en Amérique, l'existence d'un marché pour les jupes à crinoline et les capes toutes faites. Ils eurent vite fait de se transformer en fabricants. Le plus souvent il s'agissait de juifs allemands, arrivés autour de 1850, un groupe peu nombreux mais énergique et solidement implanté en ville. Ils organisèrent des ateliers dans leurs arrière-boutiques et firent travailler leurs ouvriers dans leurs misérables logements. Lorsque les juifs affluèrent par centaines de milliers, de 1880 à 1914, offrant une masse de main-d'œuvre à la fois bon marché et expérimentée, New York prit une avance déterminante dans la profession. (Elle la gardera jusque dans les années cinquante puisque, à cette date encore, les trois quarts des manteaux et des robes fabriqués aux États-Unis viendront de New York.) Mais le secteur se transforma.

Avant 1880, le fabricant distribuait le travail à ses ouvrières. La relation était de un à un et l'ouvrage fait à la pièce. Après 1880, les hommes supplantèrent les femmes, car les hommes juifs furent les premiers, et longtemps les seuls, à accepter de travailler à la machine ; l'ouvrage fut subdivisé et un intermédiaire apparut entre le fabricant et les ouvriers. Cet homme, le *contractor*, était responsable de la main-d'œuvre et de l'embauche. Il faisait donc le lien entre les nouveaux arrivants et le fabricant. C'est lui qui se rendait à l'arrivée des bateaux pour engager les meilleurs ouvriers au meilleur prix. Il vivait dans le quartier, connaissait tout son monde et jouissait ainsi d'une réserve d'ouvriers pour les semaines de pointe. Naturellement, il engageait de préférence ses compatriotes. Ainsi, il fallut moins de dix ans pour que la communauté juive contrôlât toute l'industrie du vêtement depuis le fabricant jusqu'au responsable syndical. Comme dans les petits commerces, comme dans l'immobilier, le mécanisme de l'enrichissement était simple et aisé à saisir. Comprendre le fonctionnement de ces minuscules entreprises — il y en eut vingt-cinq mille aux meilleurs jours de ce qu'on appelle le *Garment Center*[10] — était à la portée de

Un atelier à domicile en 1889. Un tailleur juif et sa famille photographiés par Jacob Riis, un des réformateurs les plus énergiques de l'époque. (Jacob Riis, musée de la ville de New York.)

la plupart des ouvriers et aiguillonnait leur ambition. Une des réussites les plus classiques et les plus éclatantes fut celle d'un juif hongrois, Borgenicht, le roi de la robe d'enfant[11].

Arrivé avec en 1888, il planta un grand tonneau noir, rempli de harengs, au coin d'une rue, et se mit à vendre à la criée. Il gagna huit dollars la première semaine — le salaire moyen d'un ouvrier non qualifié — et treize la seconde. Encouragé, il se décida à élargir ses opérations. Il loua une voiturette et la chargea de lacets, de corsets, de casseroles, de cahiers, d'oranges et de chaussettes. Comme on le voit, il ne se spécialisait pas. Il achetait tout ce qu'il espérait revendre avec profit. Mais la concurrence était rude. Dans sa propre rue, des dizaines de colporteurs utilisaient la même technique. Une illumination le frappa en remarquant une petite fille vêtue d'un tablier à carreaux, banal en Pologne, jamais vu à New York. Il tenta le tout pour le tout. Il acheta près de cent cinquante mètres de tissu et avec l'aide de sa femme, il fabriqua quarante tabliers en une journée, qu'il écoula en trois heures. Les deux années suivantes se passèrent à coudre frénétiquement la nuit et à vendre le jour, bientôt aidé d'un apprenti, en faisant du porte-à-porte. En 1890, il pouvait louer un magasin. L'arrière-boutique servait de chambre la nuit au ménage et d'atelier la journée pour les quelques femmes qu'il employait. En 1892, Borgenicht, spécialisé dans la confection enfantine, employait vingt ouvrières et vendait sa production à Bloomingdale's. (Bloomingdale's, « Bloomies » pour les initiés, est le grand magasin le plus chic, le plus dernier cri de Manhattan. A l'époque de M. Borgenicht, Bloomingdale's, fondé en 1872, avait la singularité d'avoir été établi haut dans la ville, non loin de son emplacement actuel de la 60e Rue. Sa marchandise raisonnable et de bonne qualité visait une clientèle peu portée vers les excès.) Borgenicht continua son ascension : vingt ans après son arrivée, il était à la tête de cent cinquante employés et en 1913 son équipe en comptait quinze cents. Certes ce succès était impressionnant, mais ni inconcevable ni incompréhensible pour ses anciens voisins. La possibilité d'un exploit, la probabilité d'une réussite, la certitude de voir progresser ses enfants justifiaient la rigueur des circonstances et ancraient ces étrangers à la ville. En Europe, on travaillait toute sa vie et enfants et petits-enfants ne pouvaient guère aspirer à une autre existence. A New York, les immigrés menaient une vie abominablement dure, le succès pouvait se faire attendre selon que l'on s'était plus ou moins adapté à la situation, mais la phénoménale expansion de la ville, le nombre de postes, d'emplois, de nouvelles formes d'enrichissement, créaient une société fluide et justifiaient l'espoir.

Le deuxième facteur qui expliquait l'attachement des étrangers à la ville et l'aisance de leur intégration était la découverte de la tolérance. New York était clémente aux juifs qui fuyaient les pogroms, la discrimination, les humiliations de toutes sortes, hospitalière aux Irlandais catholiques dont la religion avait été proscrite par les *Penal Laws* au xviiie siècle et que l'on désignait sous le nom d' « ennemis communs » au Parlement de Dublin[12] comme à toutes les victimes de la violence et du sectarisme dans d'autres parties des États-Unis. Les Chinois, par exemple, dont la vie avait été infernale sur la côte ouest. Le mot *coolie*, que l'on utilise aussi bien en français qu'en anglais, viendrait de *ku-li*, qui veut dire « travail pénible ». Et plus que le dur labeur, l'impossibilité d'améliorer leur sort les décourageait. En Californie, jusqu'en 1874, les Chinois, privés de secours juridique, n'avaient pas le droit de témoigner devant les tribunaux. On leur interdisait soit de louer soit d'acheter tout lot de terre. En 1910, une loi s'opposa aux unions entre Asiatique et Blanc, règlement d'autant plus rude que les Chinois constituaient une communauté presque exclusivement masculine — cent mille hommes pour environ quatre mille femmes. Massacrer un Chinois sur le trottoir de San Francisco, mettre le feu aux camps des coolies, leur barrer la route à l'entrée de l'école étaient choses courantes. A New York, cela ne se faisait pas. Les Chinois traversèrent le continent lentement, au rythme de la construction du chemin de fer transcontinental à laquelle ils étaient employés. Ils atteignirent la côte est en 1869 et se fixèrent nombreux à New York. Ils se retranchèrent dans quelques rues, au bas de la ville, rapidement transformées en « Chinatown », et s'organisèrent à leur gré[13].

New York était également la ville américaine où les Noirs risquaient le moins l'agression. Leur droit de vote obtenu depuis la Révolution, ils pouvaient l'exercer sans craindre des représailles. Depuis le xviiie siècle leurs enfants avaient accès à des écoles gratuites. Le premier journal noir de la nation avait été fondé à New York encore en 1827 et la ségrégation n'y avait jamais été absolue. Si, dans bien des États, les mariages mixtes étaient interdits, la législation new-yorkaise, elle, n'y mettait aucune entrave. Certes, il y eut une grande agitation lorsque les Noirs commencèrent à s'installer dans le quartier blanc, neuf et plaisant, de Harlem, mais il n'y eut ni coups, ni blessures, ni effusion de sang contrairement à ce qui se passa à Chicago, à Boston, à Cleveland quand les communautés noires se mirent à mordre dans le voisinage blanc. Là, on mettait le feu, on jetait des bombes, on faisait régner la terreur. A Manhattan, on écrivait des articles, on distribuait des pétitions, on tenait des meetings mais on ne frappait pas. Les écoles étaient ouvertes aux enfants juifs et aux enfants noirs. En Europe, au XIXe siècle, sauf en France et aux Pays-Bas, un petit juif était automatiquement écarté de l'enseignement public, et dans le sud des États-Unis, jusqu'à il y a trente ans, aucun enfant noir n'aurait pu s'asseoir aux côtés d'un Blanc. A New York, la question ne se posait pas. Depuis 1874, la ségrégation scolaire avait été annulée et l'on nomma même un directeur d'école noir dans un quartier blanc. Cette ville, si houleuse et si impitoyable par bien des aspects, savait se montrer généreuse.

Cas exceptionnel aux États-Unis, il n'y eut jamais à New York ni pogroms ni lynchages. Les sorties de la messe, des services de la synagogue ou des nombreuses églises où se rassemblaient les Noirs se déroulaient toujours dans le calme. Au contraire, on encourageait les différents groupes à organiser leurs clubs, leurs lieux de culte, leurs écoles. La liberté, c'est le choix. Pour la première fois de leur existence, ces gens avaient des décisions à prendre, la première consistait souvent à décider de l'école de leurs enfants.

Au début du XIXe siècle, la ville de New York n'avait toujours pas, contrairement aux bourgades de la campagne environnante ou aux États voisins, un système d'écoles publiques gratuites. La diversité religieuse avait empêché l'établissement d'écoles communales. L'administration, découragée par la taille et la fluidité de la population de la ville crut suffisant de financer une dizaine d'écoles paroissiales et une école réservée aux Noirs, l'African Free School. Il revint à un groupe de citoyens riches, influents et conscients de leurs responsabilités d'organiser le premier réseau d'écoles gratuites, non affiliées à une secte précise et financées par l'État. Parmi les fondateurs, l'on trouvait un des administrateurs de la première bibliothèque de prêt de New York, le président du conseil de l'hôpital de la ville, le directeur du principal dispensaire, un régent de l'Université et le président de la Banque de New York.

Les Irlandais refusèrent absolument d'y envoyer leurs

enfants. Ils s'indignaient que les seules écoles publiques de la ville, même si elles étaient en principe laïques, eussent une attitude nettement anticatholique. Ils voulaient inscrire leurs enfants dans des écoles paroissiales. Ils n'obtinrent pas que ces établissements fussent financés par l'État, ce qui aurait constitué une entorse à la Constitution, mais ils arrachèrent, après une longue lutte, la décision de démanteler ce premier réseau d'écoles publiques et imposèrent la création d'écoles de quartier, totalement indépendantes les unes des autres et dont les administrateurs élus reflétaient les opinions des parents. Victoire fondée sur « l'appel direct et immédiat au peuple. Aucun comité, quels que fussent le caractère et la situation sociale de ses membres, ne s'interposerait plus entre eux et leurs enfants. S'ils avaient un intérêt qu'ils devaient, dans ce pays de *self-government*, garder jalousement et contrôler le plus étroitement possible, c'était bien celui de choisir ceux qui avaient la responsabilité sacrée d'éduquer leurs enfants [14] ». Ce système qui dura jusqu'en 1936 permit de donner satisfaction aux Allemands qui voulaient que certains cours fussent donnés dans leur langue, et aux juifs qui obtinrent de ne pas envoyer leurs enfants en classe leurs jours de fête.

New York avait quelque chose de favorable à la double nationalité, à la double culture. On pouvait demeurer complètement isolé dans son propre milieu — et bien des immigrants adultes, surtout lorsqu'ils travaillaient dans de petites entités nationales, ne s'américanisaient pas vite —, choisir sa lecture parmi le millier de journaux publiés en langue étrangère à New York en 1850, aller au théâtre voir un spectacle national, dans un restaurant où tout, du patron au menu en passant par le garçon, vous rappelait le vieux pays. (Il n'est que de se promener à Chinatown aujourd'hui pour saisir la réalité de ces vies en vase clos, ou encore de se rendre à Brighton Beach, le quartier récemment colonisé par les juifs soviétiques. Le visiteur y sera déconcerté par les panneaux en cyrillique, la vue des hommes, attablés dans les cafés à lire un quotidien russe, devant leurs choux farcis arrosés de vodka, les gronderies des femmes en fichu, un cabas au bras, houspillant les enfants qui se retournent sur les « étrangers » ayant l'incongruité de s'exprimer en anglais.)

Mais on n'a jamais barré la route à l'assimilation et l'on pouvait profiter des cours du soir, prendre l'habitude d'aller à la bibliothèque municipale, où les responsables insistaient pour disposer d'ouvrages en langues étrangères, justement pour encourager les nouveaux venus à fréquenter leur établissement. Et le musée, malgré l'opposition de certains de ses membres qui auraient voulu réserver leurs salles à un public oisif de bon ton, céda à une pétition, qui recueillit plus de quatre-vingt mille signatures, demandant l'ouverture le dimanche [15].

En matière d'assimilation, les instituteurs avaient le rôle le plus important : non seulement on organisa des classes spéciales d'anglais intensif pour permettre à l'enfant de suivre le plus vite possible un cours à son niveau d'âge, mais encore on infléchit le programme, en glissant sur les dates et les grands événements de l'histoire américaine, quitte à expliquer plus précisément le fonctionnement des institutions et de la société en général. Plus important dans l'immédiat, les maîtres enseignaient les manières, l'hygiène à l'amé-

La leçon de cuisine dans une école publique en 1902. (Jacob Riis, musée de la ville de New York.)

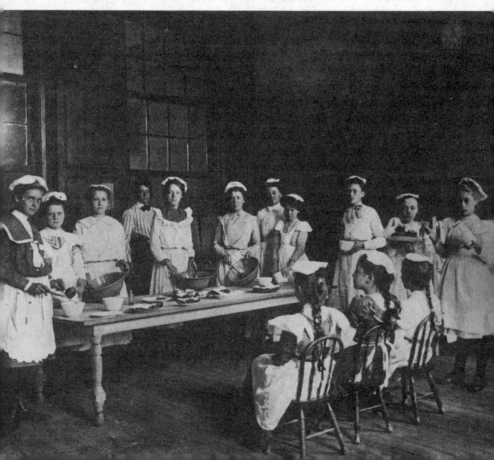

ricaine[16]. Et parallèlement, les réformateurs exhortaient les écoles à ne pas créer un gouffre entre parents étrangers et enfants nés en Amérique, en reconnaissant la valeur des cultures étrangères. Là encore, on soulignait l'importance d'un choix. On ne cherchait pas à imposer à ces petits immigrants un système rigide à la Napoléon. Les immigrés découvraient donc la liberté et du même coup le respect d'autrui.

Certes, New York n'a jamais été une ville paisible. Comment le serait-elle avec des millions d'étrangers représentant des races et des croyances si diverses, mais c'est une ville tolérante, et tolérante par nécessité, « faute de quoi, elle exploserait dans un nuage radioactif de haine, de rancœur et de fanatisme[17] ». New York fut sauvée de la violence raciale par l'hétérogénéité de sa population. Aucune unité de vues ne soudait la communauté. Or, la cruauté se déclenche plus aisément lorsqu'un groupe provoque l'ire de tous les autres. Ensuite, New York n'était pas une ville industrielle, toujours plus propice au racisme et à la xénophobie dans la mesure où les différents groupes ethniques sont en concurrence économique directe les uns avec les autres et que, traditionnellement, on emploie les derniers venus comme briseurs de grève. Au contraire, à Manhattan, l'embauche se faisait sur un plan individuel, et comme chaque nationalité avait son secteur, le problème se posait avec moins d'acuité. Enfin, l'exiguïté du territoire en obligeant tous ces gens à vivre les uns sur les autres contribua paradoxalement à adoucir les rapports humains. Il n'y avait pas de place sur l'île pour la constitution de quartiers nationaux impénétrables. La répartition se faisait davantage selon la date de l'arrivée que selon la nationalité.

Situation très différente de celle de Chicago, par exemple, où l'on trouvait « la Pologne au nord-ouest [...] à l'ouest, l'Italie et Israël [...] et au sud l'Irlande [...] Ces États avaient des relations aussi plaisantes que celles qu'ils avaient connues en Europe. Les immigrants arrivaient lestés de leurs vieux préjugés et en adoptaient immédiatement de nouveaux. Un Irlandais qui, au début, n'exécrait que les Anglais et les Irlandais protestants se mettait vite à détester les Italiens, les Polonais et les Noirs. Un Polonais qui n'avait en abomination que les Russes et les juifs arrivait à ne pas pouvoir souffrir les Irlandais, les Italiens et les Noirs[18] ». Un juif ou un Noir pénétrant dans un quartier « étranger » risquait littéralement d'y laisser sa peau. Une émeute, qui fit une cinquantaine de morts, fut provoquée par un nageur noir qui sortit par inadvertance du lac Michigan sur une plage blanche. A New York, il n'y eut — à l'exception du soulèvement irlandais antinoir de 1860, provoqué par le tumulte de la guerre de Sécession — aucun massacre incité par la haine raciale, aucune violence sanglante, en grande partie parce que les demeures des différents immigrants étaient trop imbriquées. Autant que possible, juifs, Italiens, Irlandais ne partageaient pas les mêmes immeubles et s'efforçaient de se regrouper dans un même pâté de maisons, mais la configuration de l'île imposait l'enchevêtrement. On recensait à Jones Street, une rue typique de Greenwich Village, au début du siècle, vingt-sept nationalités différentes [19].

Paradoxalement, il semble que les immigrés aient appris plus facilement à vivre avec leurs voisins, si exotiques qu'ils aient pu leur paraître, qu'à admettre l'américanisation accélérée de leurs enfants. La liberté qu'ils découvraient impliquait également une évolution des rapports familiaux. Le père de famille, arrivé en éclaireur, était souvent humilié par les manières rétrogrades de sa femme venue le rejoindre. Plus d'un « Américain » recula d'horreur devant les dents vertes de sa paysanne d'épouse. Dans les campagnes reculées, on se nettoyait les dents en les frottant de sel ; à New York, la brosse à dents était de rigueur. Mais le pauvre homme était aussi profondément désemparé devant la remise en question de son autorité par ses enfants, rapides à adopter de nouvelles mœurs et une attitude dégagée [20]. En Europe, les enfants, en principe, obéissaient sans discuter et, dans la majorité des familles, suivaient la trace de leurs parents, alors qu'en Amérique les enfants menaient très vite une vie différente. Il ne s'agissait pas de prendre la succession de son père mais au contraire de le dépasser.

Ainsi, l'argent gagné par les enfants alimentait-il un conflit perpétuel. Les parents s'attendaient à ce que l'enfant ou l'adolescent remît son salaire à sa mère, qui lui donnerait ce qu'elle jugerait, elle, convenir à ses dépenses personnelles. Ils attendaient en vain. A New York, les enfants se rebiffèrent immédiatement. D'abord les tentations de Manhattan étaient proprement irrésistibles. On pouvait choisir des centaines de sucreries à un penny. « On se gavait toute la journée de boules de gomme, de noix, de cerises trempées dans du chocolat, de bonbons [...] tout ce que nous touchions poissait de chocolat [21]. » Le marchand de glaces passait trois fois par jour dans la rue et la clientèle ne lui manquait pas. La consommation de glaces fut multipliée par sept entre 1880 et

1914 et celle des bonbons passa de 2 livres 2 par tête à 5 livres 6[22].

La gourmandise n'expliquait pas tout. Le désir de faire clan poussait aussi les petits vers le *candy store*, le club du gosse à New York. Du moment qu'il avait un penny à y dépenser, le patron le laissait traîner avec ses copains aussi longtemps qu'il le voulait. Pour les plus âgés, il y avait les théâtres bon marché, et bientôt les premiers cinémas où, pour cinq *cents*, l'on voyait trembler quelques images. En 1911, soixante-sept pour cent des enfants des écoles primaires allaient au cinéma au moins une fois par semaine, et seize pour cent d'entre eux avouaient s'y rendre une fois par jour[23]. Les enfants considéraient aussi indispensable l'achat d'une casquette ou d'un chapeau qui les classerait parmi les « assimilés ». Les parents s'habituèrent difficilement à cette indépendance que réclamaient les enfants mais ceux-ci n'en avaient cure. Ils gardaient de leur paie, quitte à mentir et à tricher, ce qui leur semblait convenable *à eux*.

Paradoxalement, ces petits explorateurs avaient à la fois un attachement forcené à leur bloc et une connaissance plus large de la ville ; elle leur venait de l'exercice des métiers qui leur étaient réservés. Le bloc constituait leur unité de base, qui déterminait leurs amitiés et leurs loyautés. Déménager, même de quelques centaines de mètres, c'était abandonner amis, bande familière, ennemis connus, c'était changer d'univers. L'importance du bloc venait de ce que les enfants vivaient littéralement dans la rue. Il n'y avait pas de place pour eux dans les appartements surpeuplés où leurs parents travaillaient toute la journée. Henry James, lors d'une sortie dans le quartier d'immigrants du Lower East Side, fut sidéré par le grouillement des enfants qui semblait s'épaissir à l'infini[24], mais il ne perçut peut-être pas les usages précis qui régentaient la vie à l'intérieur du bloc, pris dans sa totalité, avec la chaussée, le caniveau, le trottoir, les *stoops* et les arrière-cours. Les filles régnaient sur les marches d'où elles surveillaient les petits sur les trottoirs. Les garçons occupaient le milieu de la chaussée avec leurs battes, leurs boîtes de conserve vides qui leur servaient de ballons de foot, leurs allumettes et leurs billes. Les plus grands se postaient dans les coins, généralement dos au mur, pour se protéger des regards indiscrets. Les rapports avec les blocs extérieurs étaient minutieusement réglementés. Un des frères Marx, Harpo, dans un livre de souvenirs, exposa les mœurs en cours. « L'East Side était divisé en blocs juifs [...] blocs irlan-

Premier pas vers l'américanisation : la maîtrise du base-ball. (Lewis Hine, PPP/IPS.)

dais et blocs allemands [...] avec une poussière d'États italiens pour faire bonne mesure [...] Les avenues, la Première, la Deuxième, la Troisième et Lexington appartenaient davantage à la ville qu'au quartier. C'étaient des zones neutres [...] Si on était pris à se faufiler dans un bloc étranger, les Irlandos ou les frisés vous demandaient immédiatement : " De quelle rue t'es ? " Je confessais que j'étais un quatre-vingt-treizard. " Ouais, quel bloc ? — Entre Troisième et Lex. " Cela leur suffisait comme identification : j'étais juif... Il fallait toujours avoir dans sa poche de quoi payer sa rançon faute de quoi on se faisait tabasser : une vieille balle de tennis, une bobine de fil vide, n'importe quoi. Cela ne coûtait pas grand-chose de racheter sa liberté. C'est le geste qui comptait[25]. » Les trêves étaient fréquentes car tous les gosses du voisinage, quelle que fût leur nationalité, se liguaient contre les flics. « Malgré ma détestation du gang des talas ou des frisés, je n'aurais jamais hésité à les prévenir de l'approche d'un flic et ils auraient fait la même chose pour moi et tous les autres quatre-vingt-treizards. » Il existait donc une solidarité d'âge et de classe chez les enfants new-yorkais qui transcendait les barrières ethniques et qui s'épanouissait d'autant plus fortement que, contrairement à leurs parents qui besognaient pour la plupart à l'intérieur de petites cellules nationales, les enfants étaient embauchés sans égard à leur nationalité.

Que faisaient-ils ces petits citadins? Ils travaillaient à temps partiel, après l'école, le week-end ou pendant les vacances, et n'avaient pas de peine à se placer. Dans les années qui précédèrent le téléphone et la voiture de livraison, le garçon de courses était une nécessité vitale, aussi bien pour le commerçant que pour le banquier ou l'homme d'affaires. Les grands magasins qui n'utilisaient pas encore de caisses de rayons avaient besoin de centaines de gamins pour courir du client à la caisse centrale avec le paiement ou la monnaie. Les moins dégourdis se faisaient cireurs de chaussures; les plus énergiques vendaient les journaux. Les *newsies*, comme on les appelait, avaient pris une importance démesurée dans la profession. A la fin du XIXᵉ siècle, on écoulait trois fois plus de journaux le soir que le matin. Ces journaux, il fallait les vendre très vite entre l'heure de la sortie des bureaux et le moment où les employés s'installaient dans leur tram ou leur métro. Il n'y avait jamais assez de vendeurs et les journaux savaient fort bien que leurs petits employés constituaient le maillon essentiel de leur affaire. Les garçons le savaient aussi et, lorsque les magnats de la presse, Hearst et Pulitzer, cherchèrent à diminuer leurs gains, ils organisèrent sans l'aide d'adultes une grève qui leur donna la victoire. L'intéressant est que les meneurs venaient d'horizons très divers : juifs, Italiens et Noirs se partagèrent les responsabilités et il n'y eut pas de briseurs de grève, occurrence si fréquente dans le monde des grands.

Outre cette capacité de faire éclater, en cas de besoin, les barrières ethniques, les petits travailleurs donnaient plus que leurs parents le sentiment d'avoir conquis la ville. On les voyait partout. On les entendait partout. Les *newsies* étaient les plus bruyants. Le système voulait que le garçon achetât les numéros à un grossiste et ne pût lui rendre les invendus. Il lui fallait donc calculer au plus juste la vente éventuelle. Le gros titre, le temps qu'il faisait — les clients répugnaient à s'arrêter sous la pluie pour sortir les pièces de leur poche — le poste que l'on escomptait occuper dans la rue, autant d'impondérables. Restait ensuite à se démener comme un diable pour se débarrasser de sa marchandise. Peu surprenant que le comportement du *newsie* se fît agressif. Lui et ses camarades poussaient si fort la vente de leurs journaux, devenaient si insistants que la rue semblait leur appartenir. Ils avaient l'habitude de hurler les titres pour encourager les ventes. Si l'événement du jour ne leur paraissait pas assez dramatique, ils le grossissaient ou inventaient une catastrophe. Un incendie pouvait toujours servir à se débarrasser des derniers dix exemplaires. A un client désappointé, on répondait que l'édition était si récente qu'elle avait devancé les pompiers, et l'on s'enfuyait en riant. Il y avait plus grave. Sachant combien les gens s'intéressaient à l'Europe, les *newsies* transformaient de simples épisodes à Paris, Londres ou Saint-Pétersbourg en désastres sans précédent et provoquaient des émotions inutiles.

Les passants se plaignaient de ce grouillement de gosses effrontés, de ces petits étrangers qui les harcelaient. Bette Bao Lord, l'auteur de *la Lune de printemps*, arrivée de Chine en 1946, à l'âge de huit ans, expliquera l'aplomb incroyable des petits immigrés en se référant à sa propre expérience. « Un enfant est rarement sûr de lui, mais le fait d'apprendre l'anglais nous donnait un formidable sentiment d'assurance, multiplié par la possibilité de continuer à nous exprimer dans notre langue maternelle qui devenait une langue secrète, utile pour se moquer de l'Américain et lui dire en toute impunité tout ce qui nous passait par la tête[26]. » Les *newsies* ne se gênaient certes pas et se moquaient des récriminations des gens bien, même après qu'un groupe de médecins eut écrit au *New York Times* pour se plaindre des maladies nerveuses suscitées par ces enfants exaspérants. L'administration les défendait et le maire de New York, contrairement à ses collègues dans d'autres villes, refusa de réglementer leurs opérations et de les chasser des trottoirs. « Ils ne me dérangent pas le moins du monde[27] », répondit-il aux lamentations des bourgeois. C'est qu'à New York, aucun maire n'aurait pris le risque d'indisposer les électeurs populaires qui constituaient sa majorité. Les immigrants et leurs enfants s'étaient rendus maîtres de la ville en s'appropriant le contrôle de la machine politique. Henry James ne soupçonnait pas combien les étrangers étaient chez eux.

Un nuitard. Cet enfant distribue les télégrammes après les heures ouvrables. (Jacob Riis, musée de la ville de New York.)

VII

LA MACHINE POLITIQUE

Jusqu'en 1920, l'entrée aux États-Unis était quasiment libre. Un questionnaire pour s'assurer que le postulant n'était ni polygame ni anarchiste, et une visite médicale pour refouler les malades contagieux et les fous, constituaient les seuls obstacles que rencontrait l'immigrant avant de se trouver sur le pavé de la ville. Le processus de naturalisation variait d'État à État. A New York, il se déroulait sans délai. Comme depuis 1820 tous les hommes blancs avaient le droit de vote, sans aucune restriction censitaire (les Noirs durent se prévaloir de deux cent cinquante dollars pour se présenter aux urnes avant 1874, date où l'égalité fut instaurée), sans même l'obligation de savoir lire ou écrire, l'immigration fournissait une grande fraction de l'électorat de la ville.

A l'indignation des citoyens respectables et anciennement établis, des manipulateurs utilisaient à leur gré les voix de cette troupe ignorante, naïve, aussi facile à acheter qu'à berner. Une faveur minime et le candidat s'assurait une voix. George Templeton Strong, un avocat, héritier d'une de ces dignes familles de marchands qui composaient la véritable aristocratie new-yorkaise de la première moitié du XIXᵉ siècle, rédigea en 1838 une description furieuse de ces séances de naturalisation en masse : « C'était à vous soulever le cœur, à vous faire abjurer le républicanisme pour toujours que de voir la manière dont on naturalisait ce matin à la mairie. Des Italiens et des Irlandais misérables, d'une saleté affreuse, des physionomies de bête, des créatures venues, aurait-on dit, des lazarets de Naples pour l'occasion ; bref l'écume et la lie de la nature humaine se pressaient dans les bureaux, au point que j'avais presque peur de m'empoison-

ner rien qu'à y pénétrer[1]. » Plutôt que de risquer la conta-
gion, les hommes comme Strong préférèrent s'écarter. Se
rendant compte que ni l'expérience ni la fortune ne pourraient lutter contre le nombre, ils cédèrent la place au peuple. Le maniement des affaires et le développement des arts
suffirent à les occuper. A de rares exceptions près — les plus
célèbres étant les Roosevelt, le plus récent John Lindsay —,
ils oublièrent la vie municipale, si salissante aux doigts, et
New York « devint la première grande ville de l'histoire à
être dirigée par les hommes du peuple [...] selon un schéma
constant et établi. Jusqu'à nos jours, les hommes qui sont à
la tête de New York ont toujours le mégot à la lèvre[2] ».

Le parti démocrate, c'est-à-dire le parti populaire,
l'emporta sur le parti républicain au lendemain de la guerre
civile en 1860 et conserva le pouvoir. Aujourd'hui encore, la
ville de New York est démocrate. Les démocrates ne
gagnaient pas en raison de l'excellence de leur programme
ou de l'efficacité de leur administration ; ils gagnaient parce
qu'ils avaient mis au point une machine à faire voter, une
machine à encadrer une foule vulnérable, désemparée et
docile, et dont, tous les ans, les rangs se renforçaient de nouveaux venus aussi aisés à convaincre et à mener aux urnes.

Leur succès politique venait de l'organisation d'un club
politique, Tammany Hall, qui devint synonyme du parti
démocrate et ne relâcha son emprise sur la politique municipale qu'aux environs de 1950. Le club avait été fondé en 1789,
par un groupe de catholiques irlandais, juste après la révolution américaine, pour lutter contre les tendances aristocratiques de certains éléments de la ville. De mieux en mieux
ramifié, de plus en plus efficace, le club finit par dominer le
parti démocrate au point que les deux organisations, pourtant distinctes, finirent par se confondre dans l'esprit du
public. Le club dominait les comités du parti et, s'il n'était
pas nécessaire d'être inscrit au parti pour s'enrôler dans les
rangs du club, l'inverse, surtout aux échelons élevés, n'était
pas vrai.

A la tête d'une organisation pyramidale régnait un patron,
le *boss*, élu par les leaders de district. Sa situation, pratiquement inamovible, lui donnait une autorité indiscutée. Sous
les leaders de district, les *boss* locaux, s'affairaient les
meneurs d'unités plus petites — le rapport serait entre une
circonscription et un arrondissement parisien —, puis
venaient les chefs de bloc et parfois même des responsables
d'immeuble. Ainsi, la ville, du moins dans ses parties les

plus populeuses, se trouvait-elle entièrement quadrillée.
Dans cette omniprésence résidait une des clefs du succès car
elle permettait un contact individuel et quotidien entre
l'électeur et l'homme du parti. L'immigrant se trouvait
englobé dans un système à sa mesure et la grande ville anonyme se subdivisait en petites unités intelligibles. L'autorité
avait un visage connu : celui de l'Irlandais qui tenait ses
assises dans le *saloon* du quartier. Car si les électeurs
venaient du monde entier, le militant, lui, depuis 1860, était
invariablement irlandais.

Dans la course au pouvoir qui suivit le repli des « vieux »
Américains, les Irlandais se détachèrent immédiatement.
D'ailleurs, il y eut peu de rivalité car leurs concurrents
immédiats, les Allemands, qu'ils fussent protestants ou juifs,
leur laissèrent le champ libre. Les juifs considéraient qu'il
était à la fois peu séant et dangereux de s'occuper des
affaires publiques des chrétiens, et les protestants faisaient
fortune trop rapidement pour avoir le temps de s'occuper de
l'administration de la ville. Les Irlandais découvrirent donc
la politique avec ivresse. Ils joignaient à l'avantage de maîtri-
ser l'anglais — et certains d'entre eux n'étaient pas démunis
d'éloquence —, celui du nombre. En 1855 déjà, trente-quatre
pour cent des électeurs étaient nés en Irlande [3]. A la veille
des grandes arrivées des juifs et des Italiens, les Irlandais de
la première et deuxième génération constituaient toujours
plus du tiers de l'électorat. Outre la langue et le nombre, les
Irlandais avaient aussi la patience nécessaire pour infiltrer
une organisation et œuvrer tranquillement dans ses rangs
inférieurs avant de jeter leurs regards plus haut. L'étroitesse
de leur univers de paysan s'accordait parfaitement à l'exiguïté d'un quartier et à la solution de problèmes matériels.
Le familier et le quotidien constituaient leur domaine et
c'est dans ce cadre qu'ils remportaient leurs plus grands succès.

Leurs caractéristiques de persévérance, de soumission et
de loyauté absolue se révélèrent indispensables au maintien
d'une organisation aussi hiérarchisée. Tammany ne pouvait
fonctionner que dans la confiance. Jamais le club n'aurait pu
résister à des complots, à des renversements d'alliances ou à
des coups d'État. Or, les Irlandais, à l'intérieur du club, faisaient preuve de la même docilité à l'égard de leurs patrons
qu'ils en auraient témoigné à l'égard de leur père s'ils étaient
restés à la ferme.

Les Irlandais ont apporté bien des traits de leur monde paysan aux mœurs politiques des États-Unis. Convaincus de la primauté de la faveur sur la notion abstraite du bien général, ils ne s'encombraient d'aucun respect de la moralité traditionnelle. Aujourd'hui encore, le moralisme puritain s'exprime dans l'énoncé de la politique étrangère du pays alors que les problèmes de politique municipale sont posés de façon réaliste et réglés par des compromis pratiques[4]. Au XIXe siècle, et bien avant dans le XXe, les Irlandais affichaient un incroyable mépris des convenances. Truquer des élections, comme ils l'avaient toujours vu faire dans leur pays natal où les grands propriétaires achetaient littéralement leur siège au Parlement, ne les gênait en rien. Ils avaient été si persécutés dans leur île que la nécessité de « doubler » le gouvernement central, dont ils se méfiaient constamment, avait envahi leur esprit. L'amalgame de la coutume irlandaise et de la tradition juridique américaine n'a pas toujours été aisé comme en témoigne une anecdote célèbre. Un membre du Congrès, d'origine irlandaise, Timothy Campbell, demanda un service au président Grover Cleveland, qui le lui refusa en invoquant la Constitution. « Ah! Monsieur le Président, répondit l'Irlandais, qu'est-ce que la Constitution entre amis ? » Inutile de préciser l'importance que les Irlandais accordaient au jeu en coulisse. Leur rôle consistait à faire voter et à manipuler le candidat.

Ces professionnels de la politique avaient une connaissance pessimiste et profonde de la nature humaine. Inutile de se fatiguer à tenir de longs discours à leurs clients, de leur promettre bonheur et progrès ; l'efficacité voulait que l'on rendît un service précis et rapide, pour convaincre les petites gens que le parti leur était à la fois indispensable et favorable. L'organisation reposait sur le chef de district. Le chef de district, président du club local, était souvent né dans le quartier. Il avait appris le métier aux côtés de son père, participant, dès son jeune âge, à toutes les sorties, aux pique-niques, aux sauteries qui donnaient couleur et unité au voisinage. Le club était l'organisation sociale la plus active pour les quelques milliers de personnes qui composaient le voisinage. Un « boss » efficace pouvait se vanter de connaître tous ceux qui avaient affaire à lui. La journée, il courait les bureaux pour tenir ses engagements. En principe, il avait un poste municipal, comme tous ceux qui l'assistaient au club, où nul ne semblait être tenu à l'assiduité, et le soir, il recevait. Il arrivait en période de dépression qu'on fît la queue sur le trottoir pendant plus de deux heures pour le voir[5].

Il est difficile de mesurer le volume des services rendus par les clubs puisque aucun registre, aucune trace écrite n'en subsiste. Mais l'on sait que le club fonctionnait comme une immense agence de placement, aussi efficace pour le public que pour le privé. On demandait donc au boss avant tout du travail. S'il le jugeait nécessaire, le patron avançait de l'argent pour le loyer ou la nourriture. On pouvait aussi lui exposer son affaire, quel que fût le problème. Le boss comprenait la vie et la comprenait à demi-mot. Si besoin était, il adressait son visiteur au comité juridique, institution de la plus grande utilité. Chaque club avait un groupe d'avocats qui défendaient gratuitement tous ceux qui avaient besoin de leur aide. Une faveur particulièrement appréciée consistait à représenter un accusé au tribunal. La plupart des immigrants s'exprimaient mal, ne saisissaient pas les différentes réglementations et étaient incapables de se défendre. Faire sauter une contravention, obtenir le permis indispensable pour pousser sa voiture de quatre-saisons, demander une dérogation, inscrire un enfant à l'école ou le faire partir en colonie de vacances, tous ces casse-tête se trouvaient pris en charge par le club au soulagement intense du pauvre bougre. Parfois le problème se faisait plus délicat : obtenir, par exemple, qu'un policier fermât les yeux, régulièrement, tous les dimanches, lorsqu'un juif qui ne pouvait pas travailler le samedi sans transgresser sa loi, ouvrait sa boutique le lendemain, au mépris des réglementations de la ville. Le boss n'était pas raciste. Le jour de l'élection, la voix du juif ou de l'Italien compterait autant que celle de l'Irlandais. En conséquence, il parvenait à maintenir en équilibre les différentes ethnies de son quartier, à apaiser les querelles qui éclataient entre groupes si différents. Il ne pouvait pas se permettre de se faire des adversaires des habitants de blocs entiers et, à l'échelle locale, les hommes politiques les plus populaires étaient ceux qui savaient franchir avec naturel les lignes de démarcation raciales. En aplanissant ainsi les conflits potentiels, en ne refusant leur aide à personne, le boss et ses hommes faisaient beaucoup pour apprendre aux différentes minorités non seulement à se supporter mais encore à se connaître. Le secret du succès résidait dans la petitesse de l'unité. On savait que le responsable de la sécurité ou de l'ordre dans la rue n'était pas le flic, mais le boss, et le fait qu'il agissait avec des méthodes de père de famille contribuait à renforcer son autorité. On acceptait de le voir prendre par le col un ouvrier qui s'enivrait trop bruyamment et le jeter hors du saloon; on s'attendait à ce qu'il refusât un verre à un gosse trop jeune[6]. Et si on préférait s'adresser au club plutôt qu'aux différents services municipaux ou aux établissements de bienfaisance classiques, c'est que non seulement on s'assurait ainsi du meilleur accommodement possible avec la loi — quand on ne la tournait pas carrément — mais aussi que le club fonctionnait de façon détendue, familière et personnelle. Les responsables ne marquaient aucune condescendance. Ils n'essayaient pas comme les dames de bonne volonté d'inculquer des règles d'hygiène ou de moralité; ils n'étaient pas soumis, comme les bureaux de secours officiels, aux lenteurs de l'administration. Les clubs avaient leurs caisses et envoyaient avec célérité un secours à la veuve, de la nourriture à un malade, un seau de charbon à un chômeur. L'argent était distribué avec une libéralité accrue la veille d'une élection, baptisée *Dough Day* — le jour du blé — par les initiés, pour stimuler le zèle électoral, car, en contrepartie de tous ces services, on se devait de voter, et de voter démocrate.

Il n'était pas question d'oublier d'aller aux urnes. De grands gaillards, ceux-là mêmes qui avaient rassemblé les nouveaux venus à leur arrivée en ville et les avaient accompagnés à l'Hôtel de Ville pour les faire naturaliser, puis les avaient inscrits, sans toujours se donner la peine de les prévenir, sur les listes du parti, venaient chercher les électeurs et s'assuraient qu'ils votaient bien. Mission d'autant plus facile que, jusqu'en 1890, le scrutin n'était pas secret. Certains électeurs, aux relations haut placées dans le club, jouissaient d'un traitement de faveur. La famille des frères Marx se trouvait dans cette heureuse situation grâce au cousin du gendre du grand-père : « Vers midi, un fiacre, envoyé par Tammany Hall, s'arrêtait devant notre immeuble, rappellera Harpo. Papa et Grand-Papa [...] s'installaient et partaient pour les urnes avec panache [...] A leur retour, ils restaient aussi longtemps que possible dans la voiture, à savourer chaque instant de leur gloire et en tirant sur les cigares qu'on leur avait offerts. Enfin ils descendaient et Papa avait le geste splendide de donner un pourboire au cocher. Environ une demi-heure plus tard, le fiacre réapparaissait et Papa et Grand-Papa retournaient voter. Si l'élection promettait d'être rude, si les réformateurs menaçaient, ils allaient voter une troisième fois. Personne ne se préoccupait du fait que

Grand-Papa n'avait pas été naturalisé et qu'il ne savait ni lire ni écrire l'anglais. Il savait voter. C'était la chose la plus importante [...] " Ah ! s'exclamait-il en allemand, à la fin de la journée, en humant une longue bouffée de son cigare, ah ! que nous avons de la chance d'être en Amérique, que c'est beau la démocratie ! "[7] »

Dans ce paradis démocratique, rien n'empêchait les anges d'interdire à un opposant notoire de s'approcher des urnes. Jusqu'en 1937, toutes les élections furent l'occasion de coups de poing et de bagarres[8]. Les soirs de scrutin, les ambulances passaient ramasser les blessés dans la rue.

La victoire, acquise par l'effort soutenu de centaines de permanenciers qui sillonnaient leur circonscription trois cent soixante-cinq jours par an, assurait avant tout *du travail*. La perspective d'un job aiguillonnait tout le personnel des clubs. « La carotte la plus succulente, celle qui stimulait tous ces hommes, c'était le job, pour eux, pour leurs femmes, pour leurs fils. La seule source d'emplois à l'échelle de leurs besoins était la ville elle-même. Aussi Tammany devait-il contrôler les emplois municipaux, les postes de policiers, de pompiers, d'éboueurs, d'huissiers, d'inspecteurs, de secrétaires... [Tous ces salariés] devaient leur bulletin de paie non pas à leur mérite mais à leur boss[9]. » Il se créait donc un cercle fermé : les leaders des clubs dispensaient des faveurs pour obtenir les voix qui les consolideraient dans des postes qui, précisément, leur donneraient la possibilité de dispenser ces faveurs...

On a peine à imaginer, lorsque l'on a été élevé dans une tradition de fonctionnaires où des postes, conservés jusqu'à l'âge de la retraite, sont obtenus par concours, la mécanique d'une société où toutes les places administratives sont à la discrétion du parti vainqueur. Même les instituteurs, au XIXe siècle, étaient nommés et révoqués par les élus. Mais New York, justement, pas plus que les autres grandes villes américaines, ne saurait être comparée aux municipalités européennes avec leurs fortes et anciennes fondations administratives. Confrontés à des problèmes inédits, les professionnels de la politique embrigadèrent des dizaines de milliers d'aides, les alléchant par une variété extrême d'emplois, et firent fonctionner la ville. Et, malgré le gâchis incroyable d'un système fondé sur le favoritisme et la corruption, l'on peut se demander si une méthode plus rigide, plus rationnelle, plus exigeante sur la qualité, n'aurait pas nécessairement exclu de la vie urbaine la majorité des immigrants. Ou le mouvement se serait tari, ou des violences auraient éclaté. Un système à la française ne peut absorber qu'un très petit nombre d'étrangers. L'extraordinaire difficulté à s'introduire dans une hiérarchie basée sur des examens et des concours les repousse même s'ils sont parfaitement éduqués. Mais la machine politique new-yorkaise offrait une possibilité d'avancement, proposait argent, pouvoir et responsabilités à qui les voulait saisir.

Par définition, il manquait à l'immigrant les avantages procurés par une fortune héritée, par la puissance de relations familiales ou les fruits d'une éducation soignée. En politique, et spécialement aux niveaux les plus bas, on ne lui demandait que loyauté et énergie, moyennant quoi le boss lui ferait sa carrière. Un garçon pauvre qui passait ses dimanches et ses soirées au saloon du boss ou dans les salles de réunion du club pouvait obtenir ce qu'on appelait des contrats[10]. Un contrat, c'était l'équivalent d'une commission, d'un message à transmettre : aller prévenir la tenancière d'une maison close qu'une visite de la police se profilait, ou se rendre au commissariat pour obtenir qu'on laissât décharger tranquillement les caisses d'un marchand qui contribuait généreusement aux campagnes du parti (l'obstruction de la voie publique est un des problèmes insolubles de la ville. Aujourd'hui encore, la présence de vendeurs de hot dogs, de brochettes, de fruits et de glaces est l'objet d'une chaude lutte entre partisans du déjeuner sur le pouce et piétons luttant pour le passage). Le jeune homme avait donc l'occasion de faire ses preuves et de gagner la confiance du boss ; celui-ci pouvait alors le charger de l'organisation d'une des soirées du club ou, plus important encore, de l'excursion annuelle sur la Harlem River. Harlem, jusqu'à la fin du siècle, était l'endroit idéal pour pique-niquer. On faisait de la voile sur la rivière, on s'y baignait avant d'aller danser et boire dans les guinguettes qui bordaient les berges. Tous les étés, une grande fête populaire s'y déroulait. Les responsables des blocs ouvriers devaient prévoir l'acheminement de provisions suffisantes pour des centaines de familles, empiler les canettes de bière, les épis de maïs et les sucreries dans de grandes carrioles et organiser le transport de tous les « administrés ». Si on se montrait efficace, affable et beau parleur, on gagnait la faveur du boss qui vous obtenait éventuellement une place sur une liste électorale. A partir de là, il suffisait d'observer les règles du jeu et l'on avait fortune faite.

Le lien entre l'argent et la politique était si évident qu'on ne songeait même pas à le masquer. La politique était un business comme un autre. Le boss Richard Croker rétorqua à un procureur qui l'interrogeait sur ses agissements : « Bien sûr que je travaille pour ma poche. Tout le temps, comme vous. Comme tout le monde[11]. » La reconnaissance spontanée ou forcée des obligés alimentait les caisses du club. Le souteneur que l'on avait mis en garde, le boutiquier à qui l'on avait facilité l'obtention d'un bail, l'entrepreneur à qui on avait procuré un contrat, un propriétaire dont l'impôt avait été « corrigé », l'inspecteur scolaire ou l'institutrice nommés ou maintenus à leur poste se devaient de céder une partie raisonnable de leurs gains. Tant que les choses restèrent au niveau du quartier, tant que la protection s'exerça sur des nouveaux venus qui avaient réellement le sentiment qu'ils auraient été perdus sans le secours du club, tant que l'ambition et l'avidité des boss se maintinrent dans des limites acceptables, les réformistes manquèrent d'arguments pour assainir la situation.

Mais ce qui était grave, et devint finalement insupportable, fut l'ampleur des spoliations et la solidité du lien entre les hommes politiques et la pègre. La corruption prit des proportions menaçantes lorsque les boss commencèrent à s'intéresser au développement de la ville. Savoir sur quel emplacement on allait construire une école, déterminer sans risque d'erreur les terrains destinés à l'expropriation pour faire place aux voies d'accès à un pont, « deviner » le passage d'une ligne de métro, amenaient des bénéfices plaisants. Ils devenaient pharamineux lorsque les entreprises, désignées par l'administration, gonflaient leurs factures — parfois jusqu'à 65 % — pour les partager avec ceux qui leur avaient obtenu le contrat. De temps en temps, un scandale éclatait. Boss Tweed, le grand chef de la machine en 1870, le fils d'un fabricant de chaises, se distribua, à lui et à ses acolytes, près de deux cents millions de dollars, mais il finit ses jours en prison. Son successeur, « Honest » John Kelly, fut plus modeste. Né Hester Street, près des docks de l'East River, dans une pauvre famille d'immigrés irlandais, il termina sa carrière avec cinq cent mille dollars, chiffre « jugé très raisonnable pour quelqu'un qui avait contrôlé New York pendant tant d'années[12] ». Puis vint Richard Croker, arrivé pieds nus d'Irlande. Il laissa cinq millions à sa mort, une propriété en Floride, une autre en Angleterre, un château en Irlande, une superbe écurie de courses. Il gagna le Derby à Newmarket mais Edouard VII refusa de l'inviter à dîner.

Comment expliquer la pérennité de la machine ? La fidélité des électeurs à une organisation si manifestement pourrie ? Tammany se souciait peu des écoles, des hôpitaux, des terrains de jeux, des parcs, des transports, et favorisait le vice, l'ivrognerie et la prostitution. Par ses manœuvres douteuses, le club contribuait à la piètre qualité de la construction et au prix excessif du logement. Plus de quarante écoles menaçaient de s'effondrer dès leur érection dans les années vingt, parce que les entrepreneurs, tous choisis par Tammany, avaient bâclé leur travail. Des employés du Service de Santé, nommés par la machine, avaient été complices de producteurs de lait qui vendaient un produit avarié. L'on découvrit que la majorité des maîtres baigneurs, chargés de secourir les nageurs sur les plages municipales, ne savaient pas nager. Il y avait pis : la soumission de la police aux boss et aux politiciens favorisait le gangstérisme et les rackets qui, nous le verrons, pesaient sur tous les commerçants de la ville.

La force de Tammany venait d'abord de ce que la clientèle des boss, au sens large, représentait un pouvoir électoral d'autant moins négligeable que l'abstentionnisme était très répandu. On a estimé qu'en 1914 plus de cinquante mille employés municipaux devaient leur chèque hebdomadaire directement à la machine. Cinquante mille chefs de famille commandaient un nombre considérable de bulletins de vote ! Ensuite, le fait que la masse des immigrants se renouvelait constamment impliquait la présence permanente d'immigrés de la première génération : les années qui précédèrent la Première Guerre comptèrent parfois plus d'un million d'arrivées. Pour ces déracinés, une dinde offerte à Noël, un seau de charbon comptaient bien davantage qu'un scandale abstrait dont ils ignoraient d'ailleurs l'existence puisqu'ils ne lisaient pas les journaux locaux. Certes, les immigrés de la seconde génération, surtout s'ils avaient réussi, auraient été parfaitement capables de comprendre les conséquences de la corruption, mais ceux-là avaient tendance à quitter Manhattan pour la banlieue ou d'autres États, dès qu'ils le pouvaient, afin d'élever leurs enfants dans une atmosphère plus calme. S'ils restaient en ville, ils hésitaient à se désigner à la vindicte de leurs anciens protecteurs.

Enfin, les adversaires des démocrates n'étaient pas à leur hauteur. Les réformateurs avaient une notion quelque peu étroite de ce qui constituait un bon gouvernement : « Un mauvais gouvernement, c'était la corruption, le gaspillage, l'inefficacité, des impôts élevés, une ville qui allait se détériorant. Un bon gouvernement, c'était une administration honnête, efficace et économe avec un taux d'imposition bas. Un gouvernement qui procurait un nombre minimum de services essentiels ; un gouvernement qui développerait une ville belle et ordonnée[13]. » Ce programme ne suffisait pas à électriser les foules, d'autant que les réformateurs, souvent froids et distants, se montraient incapables de communiquer chaleur et sympathie. Leur condescendance les empêchait de s'attacher les électeurs. Il leur manquait la patience, l'obstination, la capacité de travailler en équipe, qualités indispensables pour quadriller une circonscription, le goût de se partager la tâche. Or, on ne pouvait gagner un électorat comme celui de New York sans passer beaucoup de temps à l'apprivoiser et à le convaincre. Au fond, ces idéalistes, animés des meilleures intentions — on les surnommait les *Goo-Goo* pour *Good Government* —, étaient des amateurs, incapables de se mesurer à des professionnels aussi endurcis que leurs antagonistes.

Et puis, la vaste majorité des New-Yorkais ne s'intéressait pas à la politique. Les uns étaient découragés et dégoûtés par les mœurs en usage, les autres trop occupés à s'enrichir pour s'inquiéter des affaires publiques. La plus grande partie de la population était trop récente pour se sentir responsable du bien-être général. En outre, dans une société où le succès individuel se mesurait au gain financier, les questions de moralité gouvernementale laissaient le public indifférent. L'éthique n'était pas une spécialité new-yorkaise. Les gens les plus en vue, les bâtisseurs de palais, les acheteurs de fresques et de cloîtres, les épouseurs d'aristocrates originaires de Londres ou de Paris, jouissaient de fortunes trop neuves pour que leurs origines brutales ou douteuses se perdissent dans la nuit des temps. Il ne leur convenait guère de jouer aux moralisateurs. Mrs. Astor, qui régentait si impérieusement la bonne société de la ville, ne devait-elle pas son or et son influence aux méthodes sauvages de son grand-père ? Avant la Première Guerre, une Mrs. David Gardiner, dame du meilleur monde, interdisait à ses enfants de jouer avec les garçons Rockefeller, « ces petits-fils de gangster[14] ». Les Vanderbilt, les Harriman, les Whitney et tous ceux que l'on désignait du nom si évocateur de *robber barons* n'avaient pas accumulé leurs biens par la seule vertu de leurs économies.

Pouvaient-ils se dresser vertueusement devant les boss ?
D'ailleurs, peu leur importait que New York fût une ville dés-
articulée où aucun groupe ne pouvait exercer à la fois le pouvoir économique, politique, mondain et moral. On choisissait
son terrain, quitte à évoluer après une ou deux générations.
La question demeurait cependant de savoir si la gabegie et le
désordre pourraient durer éternellement sans ruiner la ville.

VIII

QUATRE KILOMÈTRES A L'HEURE, A PIED, A CHEVAL OU EN VOITURE

L'imprévoyance de la municipalité, l'étroitesse de sa vision, le gâchis entraîné par ses méthodes amènent immédiatement une question : comment la ville a-t-elle pu s'organiser, fonctionner et se développer à l'intérieur de ces structures? Une explication est que le gouvernement intervenait peu, et que bien des services qui, à nos yeux, relèvent par définition de l'autorité municipale — les transports en commun, la police, les pompiers, la voirie —, étaient laissés à l'entreprise privée.

Les contemporains croyaient aux bienfaits de la concurrence et poussaient cette conviction si loin que les pompiers, par exemple, ne constituèrent pas un corps uni avant 1865. Jusque-là, les compagnies de pompiers, formées de volontaires, avaient une très forte cohésion sociale et politique. Certaines se montraient aussi pointilleuses que le club le plus fermé sur le sujet des admissions. Ivres de rivalité, les compagnies se disputaient si fort l'honneur d'être les premières sur les lieux d'un sinistre qu'elles provoquaient des accidents sur la voie publique, et il leur arrivait de se battre entre elles pour obtenir l'accès à la pompe d'eau, alors que le bâtiment flambait. La police n'était ni mieux soudée ni mieux organisée. Il fallut attendre 1860 pour que les policiers consentissent à porter un uniforme, et il y eut des années où deux polices se faisaient concurrence[1]. L'une représentait l'autorité de New York, l'autre celle du conseil de la ville. En cas de désaccord, elles en venaient aux mains. La municipalité ne régla le problème de l'alimentation en eau potable de la ville qu'en 1842. Peu surprenant, dans ces conditions, que l'organisation des transports en commun ait été laissée elle aussi à l'entreprise privée.

La détermination des itinéraires, dans une ville en voie de formation comme New York, était d'une importance vitale. Il ne s'agissait pas de raccorder des quartiers périphériques au centre de la ville, à l'instar des vieilles cités européennes, mais de faire essaimer le centre et de créer de nouvelles zones d'habitation pour une agglomération dont la population se multiplia par huit entre 1820 et 1860[2]. Le choix de la technologie — trams ou trolleys, métros aériens ou souterrains —, la fixation du prix, des horaires, de l'étendue de la responsabilité du gestionnaire, exigeaient de trancher à travers une masse d'intérêts souvent divergents. Comment y parvenir en l'absence d'un pouvoir fort et respecté? Ce fut une des difficultés les plus mal résolues du XIXe siècle.

Jusqu'en 1827, si l'on n'était pas assez riche pour posséder ou louer un cheval ou une voiture, on se déplaçait à pied, qu'on fût chargé, pressé ou fatigué. Les Parisiens étaient mieux desservis depuis qu'au XVIIe siècle Pascal avait mis au point un service de voitures grâce auquel, pour cinq sols, on pouvait traverser la ville. Certes, le fait que ni les domestiques ni les ouvriers ne pouvaient l'emprunter ne contribua guère à son développement! Mais en 1819 un véritable système de transports fut organisé. Les voitures utilisées portaient le nom d'omnibus depuis qu'un demi-solde, Baudry, propriétaire d'un transport public entre Nantes et Richebourg, frappé par la devanture d'un marchand appelé Omnes, où étaient inscrits les mots *Omnes omnibus*, (Tout pour tous), avait décidé de baptiser sa voiture « omnibus[3] ». Après tout, n'était-ce pas un transport pour tous? Le nom fut immédiatement adopté, en France, en Grande-Bretagne et aux États-Unis, et tout d'abord à New York.

Un entrepreneur, Abraham Brower[4], y décida de pallier le manque de transports publics en commandant un véhicule pour douze personnes à un maître carrossier, John Stephenson[5], dont la fabrique se trouvait 27e Rue et ce qui allait devenir Park Avenue. Au printemps de 1831, il commença ses opérations le long de Broadway jusqu'à Bleecker Street. En cas de très mauvais temps, ou si une dame restait seule dans la voiture, le conducteur continuait pour déposer son client à sa porte. Deux ans plus tard, Brower élargit son affaire en mettant en service une deuxième voiture, dite la « Sociable » parce que tous les passagers se trouvaient dans le même compartiment, assis face à face, le long des banquettes.

Enfin, une voiture plus grande encore fit son apparition, avec un petit garçon qui se tenait sur les marches à l'arrière du véhicule pour faire office de receveur.

En 1835, plus d'une centaine de ces omnibus, joliment décorés, ornés du nom de leurs parrains — George Washington ou Benjamin Franklin avaient été honorés ainsi —, circulaient dans les rues de la ville. Brower avait fait des adeptes. Comme la liberté d'instituer une ligne était totale, tous les entrepreneurs se disputaient les principales artères de la ville, Broadway au centre et la Bowery à l'est. L'embouteillage continu menaça vite le succès du système, d'autant que les conducteurs se livraient à des courses furieuses et provoquaient sans cesse des accidents. L'encombrement de la rue, de désagréable qu'il avait été, devint proprement insupportable. Dans la partie inférieure de Broadway, à l'intersection de Chambers Street, on calcula que plus de trois mille omnibus passaient pendant les treize heures qui constituaient le jour ouvrable, soit un toutes les quinze secondes. Pour protéger les clients, et se conserver une pratique, les commerçants de Broadway firent élever une passerelle qui permettait aux piétons de traverser sans risque. En 1855, il y avait vingt-sept itinéraires différents et cinq cent quatre-vingt-treize voitures.

Le prix relativement élevé des voitures interdisait aux ouvriers de tirer avantage de ce mode de transport qui n'eut donc aucune influence sur la répartition de l'habitat : les gens durent continuer à vivre le plus près possible de leur lieu de travail. La congestion du quartier des affaires, du port et des abords des manufactures ne fut allégée en rien. L'agrément initial de ces véhicules disparut très vite. Le voyage se transformait souvent en une longue querelle : « Le conducteur se disputait avec les passagers et les passagers se disputaient avec le conducteur. On se disputait pour monter et on se disputait pour descendre [...] et des disputes supplémentaires éclataient lorsque les passagers se marchaient sur les pieds ou se cognaient les uns contre les autres [6]. » Dans ce premier temps, il n'y eut aucune intervention de la municipalité. Le désordre et la vigueur de l'entreprise privée se donnaient libre cours au risque de se paralyser. A Paris, au contraire, les autorités avaient accordé un monopole à la Compagnie générale des omnibus, qui avait organisé des itinéraires rationnels, des horaires efficaces et exigeait des conducteurs, revêtus d'uniformes, un minimum de courtoisie à l'égard de leurs clients et de leurs collègues. Le succès de la compagnie parisienne était si impressionnant que des représentants furent envoyés à Londres pour organiser les transports sur le même modèle[7].

Une innovation technique allait améliorer la situation à Manhattan. Le pullulement des voitures venait de ce que les chevaux peinaient à tirer des charges lourdes sur les mauvais pavés de la ville. Il fallait donc cinq ou six petits véhicules là où un grand aurait suffi. Ne pouvait-on pas poser des rails sur la chaussée afin que les voitures glissent plus aisément, selon une technique utilisée dans les mines de charbon pour faciliter le déplacement des wagons de minerai ? L'expérience semblait tentante[8].

Dans ce domaine, ce furent les Américains, et plus spécifiquement les New-Yorkais qui prirent les devants. Les premiers chemins de fer avaient suscité l'hilarité générale aux États-Unis comme en Europe et rares furent les esprits qui accordèrent un avenir glorieux à cette invention. L'un d'eux, John Mason, y crut cependant si fort qu'il entreprit de donner à la ville le terminus qui lui serait nécessaire lorsqu'un chemin de fer fonctionnerait le long de l'Hudson. Il fonda une société, la « New York and Harlem Railroad Company », et obtint une concession de l'État de New York pour construire une voie ferrée entre Harlem et la 23e Rue sur tout itinéraire approuvé par le Conseil de la ville. Il fut décidé de l'établir sur le tracé de la Quatrième Avenue, soit l'actuelle Park Avenue. Elle y est encore, mais on ne la remarque qu'au-delà de la 96e Rue. Sur le reste du parcours elle est aujourd'hui couverte. Mais aussi importante que deviendrait cette voie, en précipitant notamment l'implantation d'un modeste quartier d'ouvriers au terminus nord, qui serait connu sous le nom de East Harlem, elle ne traversait à l'époque que des quartiers déserts. Les premiers immeubles de Park Avenue, au nord de la 42e Rue, ne furent érigés qu'au XXe siècle. John Mason demanda donc et obtint de continuer sa voie le long de la Quatrième Avenue et d'obliquer vers le bas de la ville en suivant la Bowery. Son projet ne consistait pas à faire pénétrer les locomotives dans la partie « vivante » de la ville mais à changer d'attelage, en remplaçant la locomotive par des chevaux, en atteignant la 14e Rue. Au fil des ans et du développement de la ville, le transfert recula à la 23e Rue puis à la 42e, où fut établie la première grande gare de la ville en 1870.

Mason commença les travaux sur un peu plus d'un kilomètre entre la 14e Rue et Prince Street, et commanda ses voitures toujours au même carrossier. Elles devaient être suffisantes pour trente personnes. Afin de faciliter les montées et les descentes, Stephenson les divisa en trois compartiments. Les intérieurs capitonnés étaient gais et pimpants. Restait à faire une démonstration de l'efficacité du système. On chargea les deux voitures de personnages officiels et ils s'envolèrent à vive allure à la grande joie des spectateurs. Pour mettre en évidence la sécurité de l'attelage, un des directeurs, posé au coin de Bond Street, donnerait un signal de stop et les deux voitures s'arrêteraient en douceur. Comme convenu, il leva le bras. La première voiture, menée par un maître cocher, s'immobilisa sans heurt ni bruit ; le second conducteur oublia de mettre le frein, se contenta de tirer sur les rênes et la collision se produisit. Les spectateurs éclatèrent de rire, les voyageurs furent choqués et les directeurs fort confus ; mais personne ne fut blessé et quelques années plus tard, en 1840, plus de six kilomètres de rails étaient posés en ville bien que, dans un premier temps, les rails faisant saillie, tels de petits murets de fer, gênassent considérablement la circulation des autres véhicules. Le développement s'accéléra après qu'un ingénieur français, Alphonse Loubat, eut trouvé le moyen de les poser au niveau du sol.

Les tramways, que l'on appelait les « chemins de fer américains », n'eurent pas un succès comparable en Europe. A Paris, à Londres, à Vienne, on refusa de laisser poser des rails dans le centre historique. On abandonna les boulevards extérieurs aux nouvelles entreprises de transports, non sans leur imposer des restrictions sévères. Les concessions, toujours limitées dans le temps, dépassaient rarement cinquante ans. A l'expiration des contrats, les municipalités devenaient propriétaires des voies et avaient la possibilité, mais non l'obligation, de racheter à un prix « équitable » les voitures et les chevaux. Toutes sortes de stipulations permettaient en outre un rachat anticipé. Enfin toutes les obligations en matière d'itinéraires, de fréquence, de prix et d'entretien de la voie publique étaient précisées.

A New York, la municipalité n'avait ni assez de vertu ni assez d'autorité pour protéger ainsi ses administrés. La corruption allait bon train et les pots-de-vin aidaient à départager les nombreux entrepreneurs en compétition. Les concessions accordées pour quatre-vingt-dix-neuf ou neuf cent quatre-vingt-dix-neuf ans signifiaient une sorte d'abandon perpétuel de responsabilité. Les huit principales sociétés de tramways qui existaient à New York en 1860 ne se souciaient ni d'entretenir la voie, ni de coordonner leurs lignes, ni d'améliorer le confort des voyageurs « empilés comme des sardines dans une boîte avec leur transpiration pour huile. Comme les banquettes le long de la voiture étaient toujours occupées, les passagers se tenaient debout accrochés aux courroies d'appui comme des jambons fumés dans une charcuterie [...] Les pickpockets tiraient avantage du désordre pour céder à leur vocation. Mouchoirs, portefeuilles, montres et broches disparaissaient mystérieusement[9] ».

Faiblesse devant les sociétés, faiblesse devant les propriétaires. On ne pouvait poser de rails sans l'accord de la moitié des propriétaires riverains, qui renâclaient souvent devant la perspective du bruit et de l'encombrement. Il était donc difficile de créer un réseau rationnel. Il fallut une lutte héroïque et coûteuse — tous les conseillers impliqués dans la transaction prirent une retraite dorée après la signature... — pour obtenir une voie le long de la partie supérieure de Broadway. Aucun transport public ne fut imposé le long de la Cinquième Avenue, à la hauteur du parc, avant l'apparition des autobus en 1930.

Enfin, le nombre de chevaux — il y en avait plus de quatre-vingt mille dans les années 1880 — posait des problèmes sanitaires que la municipalité enregistrait avec son inertie habituelle. L'été, les vieilles carnes tombaient et restaient à pourrir sous les yeux intéressés des gamins du quartier. Que faire des tonnes de crottin ? Paradoxalement, il ne s'agissait pas de s'en débarrasser mais de le conserver pour le vendre avantageusement. La société de tramways de la Troisième Avenue tira en un an près de quinze mille dollars de ce commerce. Somme très considérable à une époque où un cheval coûtait cent vingt-cinq dollars et une voiture de tram sept cent cinquante dollars[10]. Mais où stocker les tas malodorants ? Plutôt que de les entasser dans les caves des écuries, on préférait les laisser tomber dehors mais cela nécessitait des paiements fréquents aux inspecteurs de santé ou aux agents de police et une grande insensibilité aux récriminations du voisinage.

Si l'efficacité des trams avait été indiscutable, la population aurait peut-être accepté tous ces inconvénients, mais leur rapidité avait diminué régulièrement en raison des embouteillages : en 1880, un tram dans les quartiers commerciaux de la ville ne dépassait pas un homme marchant d'un bon pas. La mécanisation devenait une nécessité.

Il existait plusieurs solutions pour améliorer les trans-

Le Brooklyn Bridge en cours de construction, 1870-1883. Le premier pont suspendu de la ville fut conçu par un ingénieur allemand, John Roebling. Il se fit écraser le pied sur le chantier et mourut de la gangrène. Son fils, Washington, prit la relève mais contracta le mal des caissons en descendant avec les ouvriers surveiller l'ancrage des fondations immergées. Depuis sa chambre qu'il ne put plus quitter, il continua de diriger les travaux, armé de jumelles, muni d'un télescope et soutenu par sa femme qui fit le lien avec les ingénieurs. Les Indiens, insensibles au vertige, constituèrent l'essentiel des équipes d'ouvriers, comme pour la plupart des ponts de la ville. (Musée de la ville de New York.)

ports, soit que l'on choisît de perfectionner les systèmes de
surface, en électrisant les rails, soit que l'on optât plus hardiment pour les trains aériens ou les métros souterrains. Vers
1860, cette dernière solution, malgré l'exemple de Londres,
ne fut pas réellement considérée. A Londres, le métro était
une combinaison de souterrains très profonds et de voies à
ciel ouvert et les voyageurs semblaient supporter parfaitement de se déplacer dans des tunnels enfumés par les locomotives à vapeur alors en usage. Mais tout ce qui comptait
dans la presse new-yorkaise s'éleva si violemment contre
cette possibilité qu'elle fut abandonnée, peut-être d'autant
plus aisément que se frayer un chemin à ciel ouvert — puisque tout le réseau ne pouvait être souterrain — à travers la
propriété foncière de la ville était une proposition hors de
prix.

L'opinion publique, en ville, était rarement unanime, mais
en l'occurrence il y avait un front déterminé à trouver un
moyen de faciliter le transport des habitants. Lorsque les
intérêts des propriétaires fonciers et les vues des réformateurs se rejoignent, sont généralement réunies les conditions
qui permettent l'action. Les propriétaires se groupèrent en
associations, « pour protéger leurs intérêts et s'unir afin de
réclamer l'achèvement rapide des perfectionnements ». A
leurs exigences répondaient celles des habitants : « Des centaines de milliers de gens — riches et pauvres, hommes et
femmes, sages ou simples — gagnent leur vie dans ce petit
quartier qui s'étend au sud de Grand Street. Nous ne pou-
vons habiter dans cet endroit car magasins, banques,
bureaux, ateliers et manufactures exigent beaucoup de
place ; il n'est pas commode de traverser les bras d'eau de
part et d'autre de l'île ; nous voulons vivre en haut de la ville
[...] et nous voulons des moyens commodes, bon marché et
confortables pour aller et revenir de nos demeures à notre
travail[11]. » Enfin chacun faisait le lien entre les moyens de
communications, l'état de santé de la population et le respect de la loi. Il était si évident que la congestion des bas
quartiers favorisait les épidémies et « contribuait dangereu-
sement au nombre des ivrognes, des voleurs et autres personnages perdus et dangereux[12] », que bien souvent on ne
pouvait savoir si un texte sur le sujet était signé par un réfor-
mateur ou par un entrepreneur de transports !

Le dernier tiers du XIXe siècle fut simultanément celui des
trams électriques et des métros aériens. Deux entreprises
tout à fait différentes. Pour la première l'on partait d'un

Le métro aérien à la 110e Rue en 1894. La ville à la campagne ? Pas pour longtemps !
La population suivait rapidement et le métro entraîna la constitution de quartiers
ouvriers. (Musée de la ville de New York.)

Une ville à deux niveaux. Certaines rues — ici, Chatham Square, à l'intersection de
Broadway et de la Bowery en 1880 — furent totalement obscurcies au cours du siècle
lorsqu'on rajouta des rails pour faire place à un express. (Musée de la ville de New York.)

réseau existant que l'on pouvait développer et qui ne changeait pas radicalement l'aspect des rues. La seconde exigeait des travaux immenses et aurait un effet dévastateur sur la ville. Est-ce que, une fois encore, la libre entreprise allait être seule maîtresse du jeu?

Pour les métros aériens, la complexité et le prix des travaux, la nécessité de prévoir un réseau important, la difficulté de se décider sur un itinéraire et d'obtenir à temps tous les permis nécessaires, exigeaient une certaine participation de la municipalité. Ce qui eût été parfaitement naturel en Europe où, bien au contraire, il eût été impensable de prendre des initiatives aussi lourdes de conséquences sans l'accord des autorités, n'allait pas de soi à New York, tellement la méfiance envers l'administration était enracinée.

Un groupe d'ingénieurs proposa de nommer une commission de « citoyens prudents », qui s'associeraient aux représentants de la municipalité, pour aider les entreprises privées à réaliser les travaux. En temps ordinaire, la municipalité aurait répugné à abandonner ainsi ses prérogatives ou, plus précisément, la possibilité de tirer de gros avantages des travaux proposés. Mais le scandale de Boss Tweed venait d'éclater; une commission d'enquête avait dévoilé le véritable pillage auquel la ville avait été livrée; les réformateurs avaient gagné les élections et cette solution fut adoptée. La commission fut composée d'un banquier, Joseph Seligman, d'un promoteur immobilier et de trois autres spécialistes de sidérurgie et de chemins de fer. Elle choisit de faire construire des métros aériens à locomotive à vapeur, accorda des concessions à deux sociétés, la *New York* et la *Metropolitan Elevated*, autorisa la constitution d'une troisième société, la *Manhattan*, apte à reprendre l'offre si l'une des deux autres faisait défaut; elle se décida pour les Sixième et Neuvième Avenues à l'ouest et les Deuxième et Troisième à l'est, imposa des horaires et des normes de sécurité. Les ingénieurs purent se mettre à l'ouvrage.

Donc, en cas de nécessité absolue, le bon sens et le pragmatisme triomphaient, les bons citoyens, émanation d'une bourgeoisie riche et respectable, reprenaient leurs droits et tenaient le rôle d'une commission à la française constituée de grands commis de l'État. Les « bons citoyens » agirent suffisamment pour débloquer la situation, mais ne se mêlèrent en rien au financement ou à l'organisation de l'opération. Cette discrétion convenait aux hommes d'affaires, qui se lancèrent avec énergie dans l'entreprise. Les capitaux furent procurés par la vente d'obligations, l'appui des grandes banques d'affaires, et la perspective de profits promis par les sociétés de construction attira les actionnaires. En 1881, les différentes sociétés fusionnèrent et la Manhattan, sous l'égide de Jay Gould, demeura seule maîtresse des métros aériens, les *elevated*, dits *El* dans l'argot de la ville. Le bonheur des financiers n'eut d'égal que celui des usagers.

Les *El* furent adoptés avec enthousiasme par les New-Yorkais[13]. On attirait les ouvriers par des tarifs diminués de moitié aux heures de pointe. On rassurait les femmes seules en soulignant qu'aucun ivrogne ne pourrait jamais grimper les escaliers qui menaient aux stations. On retenait les bourgeois par des voitures de première classe d'un luxe étonnant : plafonds et murs en boiserie de chêne ou d'acajou, banquettes en cuir, chandeliers dorés, et même des tapis. Les voitures étaient chauffées par des tuyaux à vapeur logés sous les sièges. En fait, le *El* devint si rapidement indispensable à l'élite pour descendre vers les bureaux de Wall Street qu'il parut superflu de la tenter par ces agréments et les premières classes furent abandonnées. Bientôt, tous les passagers s'empilèrent sans façon dans les mêmes voitures et la presse était telle aux heures de pointe qu'il fallut engager des gardes pour maintenir un semblant d'ordre sur les quais.

La popularité du *El* fut énorme, non seulement en raison de son efficacité, mais parce qu'il permettait une vue étonnante de la ville, et des aperçus fugaces et indiscrets sur la vie des habitants des maisons avoisinantes. « C'est mieux que le théâtre, fait dire William Howells à son héros Basil March, [...] que de voir tous ces gens par leurs fenêtres [...] Quelle force de suggestion ! quel drame ! quel intérêt infini[14] ! » La nuit, le spectacle se faisait plus superbe encore dans le scintillement de l'électricité. Même les visiteurs anglais étaient conquis. Le contraste entre le *El* et le métro symbolisait la différence entre la jeune Amérique et la vieille Angleterre : « Le *El* fugitif, rapide, qui semblait se précipiter à toute allure sur rien sinon de l'air, démocratique à l'extrême [s'opposait] au métro londonien, moins excitant mais rassurant, et adapté au privilège de choisir sa classe selon ses goûts ou ses moyens[15]. »

Mais, outre les terribles inconvénients pour les riverains, soumis dix-neuf heures par jour à un bruit impitoyable, privés de lumière et impuissants à lutter contre la dégradation de leurs rues, le *El* avait le désavantage de ne réellement desservir la ville qu'en longueur. Pour les trajets en diagonale

ou en largeur, le problème demeurait entier. Traverser la
14e Rue, par exemple, exigeait d'emprunter les lignes de
trams et de changer quatre fois de voiture. On perdait ainsi
un temps infini et, en outre, il fallait repayer sa place à chaque changement. Pour moderniser l'ensemble, il fallait se
débarrasser des chevaux et électrifier le réseau. Non seulement on gagnerait en vitesse mais aussi en sécurité. Une voiture électrique était beaucoup plus maniable et plus aisée à
arrêter qu'un attelage. Un groupe d'entrepreneurs se trouva
prêt à tenter l'aventure. Mais l'importance de l'investissement exigeait des méthodes vigoureuses, tant vis-à-vis de la
municipalité que de la concurrence.

Cinq hommes, en créant la Metropolitan, allaient s'attaquer au problème. Trois d'entre eux avaient fait leurs premières armes à Philadelphie, où ils avaient acquis l'expérience indispensable. Les deux New-Yorkais, Thomas Ryan
et surtout William Whitney, avaient tous les contacts politiques nécessaires pour réussir ce genre d'entreprise. La
Réforme de nouveau vaincue, la municipalité se trouvait aux
mains avides de Tammany Hall. Whitney, membre d'une
famille respectable d'avocats, entretenait les rapports les
plus doux avec Richard Croker, le boss de la machine, mais
« il ne se serait pas sali les doigts en s'adressant personnelle-
ment aux conseillers ; il traitait avec un ou deux hommes à la
tête de la hiérarchie. Il ne marquait pas sa reconnaissance
pour les faveurs accordées en distribuant des pots-de-vin
ordinaires, non, il réglait d'énormes honoraires d'avocats,
donnait des tuyaux financiers et faisait participer certaines
personnes choisies à ses propres opérations. Lui et Ryan cultivaient toujours Richard Croker, et ils reconnaissaient
volontiers que Croker et ses associés possédaient des actions
de la société des tramways[16] ».

L'idée maîtresse de ce groupe, idée révolutionnaire à l'époque, consistait à créer non pas un ensemble de lignes indépendantes mais un réseau, avec un système de correspondances gratuites. Whitney et ses associés estimaient que
cette innovation engendrerait un gros accroissement du trafic et multiplierait donc le rendement de l'énorme investissement exigé par l'électrification. Le rachat de toutes les lignes
existantes devenait une nécessité.

C'est là que l'amitié de Whitney et Ryan avec les politiciens leur servit. Lorsqu'un propriétaire refusait de vendre
une ligne profitable, comme par exemple Jacob Sharp, l'heureux possesseur du trajet le plus fréquenté de la ville, celui

de Broadway, Whitney savait suggérer à l'administration une enquête qui ne manquait jamais, étant donné les mœurs en usage, de révéler les irrégularités les plus flagrantes, et se rendait ainsi maître de la ligne convoitée. En 1900, la Metropolitan absorba son dernier concurrent et bénéficia d'un monopole de fait sur les transports en surface. Seules lui échappaient quelques lignes peu utilisées, dans le bas de la ville comme celle de Bleecker Street que les chevaux continuèrent de sillonner jusqu'en 1917, et le parcours, plus important, de la Cinquième Avenue, où les riverains avaient fermement refusé l'installation des rails.

Les usagers gagnèrent au change et profitèrent amplement de toutes les facilités offertes par les correspondances. Cependant, comme toujours en matière de transports, le progrès entraîna l'encombrement et l'inconfort. On se plaignait de ce que les voitures se succédaient à un rythme trop rapide pour être prudent, de ce que la propreté des voitures laissait à désirer, des horaires trop rigides, et l'on se plaignait en vain. La société faisait tant de bénéfices qu'elle ne voyait aucune raison de procéder à des changements, et la municipalité n'avait aucune autorité sur elle. « L'élimination des concurrents rendait le contrôle de plus en plus difficile à imposer, tout en le rendant de plus en plus nécessaire [17]. » La seule concession que fit la Metropolitan, non pas à la municipalité mais à l'opinion publique, fut de renoncer aux fils électriques aériens et à l'installation, pourtant si tentante, car si économique, de trolleys. Une virulente campagne contre tous les fils — électriques, téléphoniques et télégraphiques — eut gain de cause et on les enterra tous. Seule victoire sur le plan esthétique jamais remportée par les New-Yorkais ! La Metropolitan fut contrainte d'adopter un procédé qui avait fait ses preuves à Budapest, qui consistait à enterrer l'électricité dans un rail « vif », enfoui entre deux rails ordinaires.

A la fin du XIXe siècle, la situation désordonnée et chaotique des transports, symbolisée par des milliers de chevaux arpentant la chaussée pour le compte de concurrents peu soucieux de rationaliser leurs trajets, avait cédé la place à une organisation plus efficace. Les passagers étaient enfin transportés avec rapidité d'un bout de la ville à l'autre. La nécessité d'habiter à proximité de son bureau ou de son atelier s'estompa. Les constructions se développèrent logiquement le long des voies de transport : quartiers ouvriers sous le métro aérien, quartiers bourgeois s'enracinant autour du parc ou le long des voies dégagées. La population de Manhat-

tan comptait neuf cent quarante mille personnes en 1870.
Elle doubla en trente ans. Une fois de plus, les transports
succombaient sous le nombre et il fallut chercher une solution nouvelle.

L'inauguration du métro électrique à Londres et à Paris,
en 1900, roulant enfin dans des tunnels dégagés de toute
fumée, déclencha à New York un mouvement assez puissant
pour repousser tous les intérêts particuliers qui gravitaient
autour des modes de transport en activité. Un maire réfor-
miste, Andrew Hewitt, élu à la suite d'un scandale qui écla-
boussa toute la police et, partant, l'administration de la ville,
nomma comme quinze ans auparavant une commission pour
aider au démarrage de l'affaire. Une fois de plus les représentants de la bourgeoisie la plus solide et respectée de la
ville — William Steinway, le directeur de la fabrique de pianos, des banquiers, des spécialistes des transports maritimes
et des chemins de fer, un marchand de coton, l'homme le
plus écouté de Wall Street — s'attelèrent à la tâche. Ils déter-
minèrent le choix des itinéraires et la méthode de construction. A Londres, on avait construit un *underground*, souterrains creusés profondément sous la ville ; à New York, la
commission se décida en faveur d'un *subway*, passage établi
le plus près possible de la surface. Les modalités de financement furent définies : une vente aux enchères pour obtenir le
droit de construire et de gérer. Mais, contrairement à ce qui
s'était passé pour les métros aériens, aucun financier ne proposa ses services, bien que la commission eût pris soin de
veiller à ce que les lignes fussent immédiatement rentables.

En effet, il eût été plus simple de creuser les lignes de
métro uniquement dans les parties encore peu habitées de la
ville ; mais il parut impossible de demander aux banquiers
d'assumer ce risque sans leur « offrir », en contrepartie, les
parcours largement utilisés, donc plus rentables, des quartiers de la ville active.

Jacob Schiff, l'un des grands banquiers de la place, expliqua la répugnance de ses confrères à s'engager en faisant
remarquer qu'on ne pouvait demander à des capitalistes privés de s'embarquer dans pareille aventure sans admettre
qu'ils feraient leur possible pour en tirer le plus grand profit.
Dans ces conditions, précisa-t-il, le capital privé coûterait dix
pour cent, alors que des fonds publics ne seraient qu'à trois
pour cent. Il fallait de toute évidence se diriger vers un financement municipal. Schiff se faisait le porte-parole non seulement de la communauté financière et marchande, mais aussi

du front des travailleurs. Soixante-dix syndicats, des associations chrétiennes, juives, noires, des sociétés d'entraide d'immigrants, tous les grands journaux, la majeure partie des clubs : tous se pressaient pour signer des pétitions et faire pression afin d'obtenir une solution rapide. Les manifestations d'opinion unanimes étaient si rares que l'administration en fut impressionnée. On organisa même un référendum pour que la population puisse s'exprimer sur ce sujet. Trois personnes sur quatre se prononcèrent pour la prise en charge du financement par la municipalité. Restait une difficulté. Comment obtenir que toute l'opération ne soit pas livrée aux manœuvres douteuses de Tammany Hall ?

On s'était résigné à ce que les murs des écoles fussent lézardés, les rues mal pavées, mais l'avenir du métro dépendait de l'excellence de sa construction. Impossible de prendre des risques. Il fut finalement décidé d'organiser une adjudication. L'enchérisseur s'engageait à financer, construire, équiper et administrer les lignes. Après l'approbation des travaux, le constructeur serait remboursé par la vente d'obligations municipales et il conserverait la gestion, devenue rentable, du réseau, moyennant un loyer versé à la ville. Le contrat était établi pour une durée de cinquante ans, renouvelable pour vingt-cinq. Deux hommes unirent leurs forces pour mener à bien l'opération : un entrepreneur de travaux publics, John McDonald, et le banquier Auguste Belmont. Grâce à son expérience des affaires, à ses relations dans le monde politique et à une indomptable énergie, ce dernier trouva les fonds rapidement et, dès 1904, soit quatre ans après le début des travaux, l'inauguration des vingt et un milles initiaux du réseau eut lieu.

Ce premier métro reliait City Hall, dans le bas de la ville, à la 145e Rue en remontant le West Side. En 1908, la liaison avec Brooklyn était établie. En 1913, deux autres sociétés obtinrent des concessions et créèrent leur propre réseau. Le métro de New York eut donc cette particularité d'être constitué de trois ensembles indépendants entre lesquels il n'y avait pas de correspondances. L'unification entre eux n'eut lieu qu'en 1937. Il est difficile d'imaginer, aujourd'hui où le métro est devenu le symbole de la dégradation, de la saleté et de la délinquance, le triomphe que représentait sa construction.

Il y avait d'abord eu la bataille gagnée contre l'inertie et les intérêts particuliers qui avaient rendu si difficile le progrès des transports publics. Le métro « était le premier mode de transport fourni à New York, conçu entièrement dans l'intérêt du public et non souillé des marques d'intrigues personnelles ou de corruption », titrait le *New World*.

Ensuite, le *El* avait entretenu un bruit furieux, rendu quasiment inhabitables de longs segments de la ville en profitant de la faiblesse de la municipalité. Imagine-t-on une autre ville cédant un droit de passage à un métro au-dessus d'un parc, comme c'était le cas à Battery Park, ou permettant d'obstruer une rue aussi étroite que Pearl Street ? Le métro, au contraire, préservait le calme, la propreté et la lumière, et la promesse de son prochain passage suscitait la construction de quartiers plaisants. Le Harlem, aujourd'hui oublié, de beaux immeubles et de larges avenues bien entretenues qui s'élançaient à l'ouest de la ville, a été créé dès que les propriétaires de terrains eurent acquis, grâce à la construction du métro, l'assurance d'avoir une clientèle aisée. Enfin, le métro semblait l'unique instrument capable de relier facilement l'île à sa région, condition indispensable à la poursuite de la progression de la ville.

La gare de la 14e Rue. Marchands de journaux et de sucreries s'installèrent sous les escaliers dont les hautes marches devaient décourager les ivrognes. L'hiver, un gros poêle chauffait les deux salles d'attente dont une était réservée aux dames. (Musée de la ville de New York.)

IX

ANCRAGES

C'est en 1898 que la nécessité de rationaliser l'organisation du port, de développer plus facilement le réseau de communications, et le sentiment que l'unification administrative de la région serait profitable, amenèrent l'intégration de la ville : la fusion de New York, jusque-là tout entière située sur l'île de Manhattan, avec le Bronx, Queens, Staten Island et Brooklyn. New York, car le nom fut appliqué au nouvel ensemble, passait de 22,6 milles carrés à près de 320 milles carrés et sa population doublait du jour au lendemain. New York devenait la deuxième ville du monde, après Londres. Une ville sans la moindre unité. Le Bronx, Queens, Staten Island n'étaient que la réunion de bourgs et de villages, au caractère encore très rural et à la population clairsemée. En revanche, Brooklyn constituait déjà une véritable ville, forte de plus d'un million d'habitants et qui avait englobé de nombreux bourgs avoisinants. Un parc plus beau et plus étendu que Central Park, dessiné par le même paysagiste, Frederick Law Olmsted, des jardins botaniques admirables, un musée qui exposait une des plus belles collections d'art égyptien au monde, une bibliothèque fort riche et un accent prononcé nourrissaient sa gloire et sa personnalité. Brooklyn resta donc Brooklyn, et Manhattan, qui demeure l'unique objet de cette étude, se fit plus urbain, plus fébrile, plus imaginatif et plus original que jamais.

Pour le monde entier, comme pour les habitants de la région, New York — *the City* — c'était Manhattan. L'intégration n'amena pas de changements spectaculaires en ce qui concernait la population de l'île. Elle atteignit son chiffre record en 1910 — plus de deux millions trois cent mille habitants — puis elle diminua régulièrement jusqu'en 1982, date à laquelle elle regagnera trente mille habitants[1]. Les autres *boroughs*, sortes de faubourgs, lui serviront de dortoirs et enfleront prodigieusement. Queens, par exemple, qui ne comptait qu'une centaine de milliers d'habitants en 1900 en aura plus de deux millions en 1980[2]. Mais cette évolution ne freina pas la croissance de Manhattan et l'expansion géographique, la conquête urbaine de l'île, se poursuivirent à un rythme soutenu.

Le tournant du siècle, ce fut la disparition progressive de la campagne, des vergers, des jardins, qui ne résisteront qu'à l'extrémité nord de l'île où l'escarpement du terrain rendait la construction difficile. Un schéma de progression toujours identique : grands immeubles sur les avenues, petits bâtiments de cinq à six étages ou maisons individuelles dans les rues transversales, qui survivront souvent à la folie de renouvellement des habitants. Harlem s'éleva autour de la 125e Rue ; on inaugura City College près de la 145e Rue. Les fabriques et les manufactures se transportèrent en nombre vers les espaces ouverts du Bronx ou de Queens. En revanche, tout ce qui avait trait aux affaires, à la banque, aux assurances, à la presse, à l'édition et à la mode se concentra plus que jamais dans les rues étroites de Manhattan. Toutes ces activités avaient en commun le besoin de puiser à des sources d'information rapides et variées, d'avoir accès sans retard à des spécialistes de premier ordre — avocats, comptables, ingénieurs ou professeurs —, de contacter aisément leurs clients. Le perfectionnement du téléphone et, plus récemment, la généralisation de l'ordinateur changeront les données du problème et permettront une dissémination plus grande des bureaux dans la ville et la région. Mais au cours de la période précédente, on ne pouvait mener à bien ses affaires à New York si on ne se trouvait pas à proximité du port et de la Bourse, bref autour de Wall Street. Cette concentration de personnes et d'activités eût été impossible au XXe siècle sans l'érection des premiers gratte-ciel. Ceux-ci fixèrent la spécialisation du quartier et amorcèrent le mouvement de régénération perpétuelle si caractéristique de la ville.

Certes, nous l'avons vu, des immeubles de plus de douze étages avaient été élevés bien avant la fin du XIXe siècle, mais ces bâtiments étaient loin de gratter le ciel. La véritable poussée vers les nuages commença en 1907. Le sous-sol granitique du quartier financier permettait d'arrimer les fonda-

Le canyon de Wall Street. (Berenice Abbott, PPP/IPS.)

*Le Flatiron à l'intersection de Broadway et de la Cinquième Avenue à la 23e Rue (1902).
Le plus ancien gratte-ciel de New York est un curieux bâtiment en forme d'échaudé — les
New-Yorkais l'ont toujours appelé le « Fer à repasser » — typique de la manière Renaissance florentine de la ville avec sa corniche très saillante et son décor de pilastres à bo...
sages. Ce fut le premier building à armature d'acier. (Musée de la ville de New York.)*

Le Woolworth sur Broadway (1913). Cathédrale du commerce construite pour le propriétaire d'une chaîne de magasins à prix unique, le Woolworth avec ses tours à pinacles et ses niches aux gables fleuronnés introduisit le gothique flamboyant dans la ville. A gauche, l'on aperçoit la coupole ouvragée du Singer. (Underhill, musée de la ville de New York.)

Le Chrysler au coin de Lexington Avenue et de la 42e Rue (1930). Un des immeubles les plus gais de New York avec ses arches brillantes d'acier inoxydable percées de fenêtres triangulaires et ses gargouilles en forme de bouchon de radiateur. A gauche, le Chanin de 1929 est un des meilleurs exemples du style Art déco. (Musée de la ville de New York.)

Illustration parfaite des conséquences de la loi d'urbanisme de 1916 que cette vue prise, à la fin des années quarante, du haut du Chrysler sur toute une série d'immeubles en dégradé. On distingue, traversant en diagonale, le El de la Troisième Avenue. (Gottscho-Schleisner, musée de la ville de New York.)

tions les plus inébranlables. L'architecte Ernest Flagg en profita pour insérer miraculeusement dans le tissu si dense des rues les quarante-sept étages de la tour Singer, mince, élégante, surmontée d'un toit très ouvragé avec des arches, des colonnettes, et couronnée d'un petit temple rond. Ses bureaux se louèrent rapidement et d'autres constructions du même genre suivirent.

Jusqu'à la Première Guerre, ces gratte-ciel se détachaient sur la masse relativement homogène de la ville et justifiaient la remarque cinglante de Henry James, qui prétendait que ces piques lui donnaient l'aspect repoussant d'un peigne édenté[3]. Architectes et urbanistes, sans partager son point de vue, convenaient cependant de l'urgence de réglementer quelque peu la poussée verticale de la ville qui, une dizaine d'années plus tard, semblait s'être hissée à la hauteur de ces premières aiguilles. Mais aucun texte ne fut adopté avant 1916, date de la construction de l'Équitable, un immense immeuble, lourd, compact, qui utilisait en surface habitable trente fois sa surface au sol. Ses quarante étages volaient l'air et la lumière aux alentours. Les propriétaires des lots voisins poussèrent les hauts cris, indignés par l'amoindrissement de la valeur de leurs biens. Une inquiétude plus générale se fit entendre : treize mille personnes travaillaient dans ces nouveaux bureaux. Que se passerait-il lorsqu'elles engorgeraient, matin et soir, les rues qui y menaient ? Que ferait-on en cas d'incendie ? Comment imaginer que les transports publics suffiraient à la besogne ?

L'administration de la ville adopta alors un règlement d'urbanisme qui restera en vigueur jusque dans les années soixante. D'une part, la hauteur des immeubles fut soumise à un ensemble de prescriptions, et d'autre part la ville fut divisée en *zones* ou districts commerciaux, industriels ou résidentiels. Le classement déterminait le type d'activités et d'immeubles autorisés dans le secteur. Ainsi, dans certains quartiers, la hauteur de l'immeuble ne pouvait pas dépasser la largeur de la voie sur laquelle il était construit ; dans d'autres cas on autorisait deux fois et demie cette dimension ; ailleurs encore, une fois cette hauteur atteinte, l'architecte devait créer des retraits pour ne pas priver de lumière les immeubles voisins. Lorsque, grâce à cette série de retraits, l'immeuble aminci n'occupait plus que le quart de sa superficie au sol, il pouvait s'élancer sans plus aucune limitation. En règle générale, le volume en mètres cubes d'un immeuble ne pouvait pas dépasser douze fois sa superficie en mètres carrés. Si les érudits ont rapproché les formes ainsi obtenues des ziggourats babyloniennes, ces temples en forme de pyramide à degrés, les New-Yorkais les ont baptisés plus familièrement « gâteaux de mariage ».

New York fut la première ville des États-Unis à s'imposer une réglementation de ce genre. La principale conséquence de ces dispositions fut de créer une disparité plus grande encore entre les différents quartiers. La valeur d'un terrain sur lequel on pouvait ériger trente étages étant incomparablement supérieure à celle d'un terrain qui ne pouvait porter qu'un immeuble ordinaire. Toute une activité procédurière se déchaîna d'ailleurs autour de cette législation : dénicher le fonctionnaire compréhensif qui accorderait une dérogation devint une occupation à plein temps pour bien des promoteurs. Une promenade le long d'une des grandes rues transversales de la ville, la 14e, la 23e ou la 42e, permet de saisir cette réalité d'un coup d'œil. A l'est de Lexington, comme à l'ouest de la Septième Avenue, ne s'élevaient jusqu'à ces toutes dernières années que des immeubles médiocres, vétustes, souvent plantés au milieu de terrains vagues, tandis qu'au centre des constructions serrées se renouvelaient sans arrêt. Une deuxième conséquence fut la stricte séparation entre quartiers professionnels et quartiers résidentiels. En schématisant à l'extrême, on pourrait avancer qu'il y avait des quartiers de jour et des quartiers de nuit, des quartiers de semaine et des quartiers de week-end. Passé cinq heures du soir, plus personne dans les rues du bas de la ville ou dans les zones de manufactures. Il se produira une volte-face de nos jours quand, dans un effort intelligent pour lutter contre la dégradation inéluctable de quartiers utilisés de façon si déséquilibrée et peu efficace, les autorités encourageront « la cité de vingt-quatre heures ». L'administration autorisera, par exemple, les gens à habiter les zones de commerce et d'industrie. Le mouvement avait été amorcé spontanément par une population d'artistes et de bohèmes qui occupèrent de façon illégale les grands ateliers, les *lofts*, abandonnés lors de la récession des années 1970. Le quartier *South of Hou*ston Street, SoHo, au sud de Greenwich Village, en sera transformé. En 1977, la première tour à usage multiple se dressera Cinquième Avenue, l'Olympic Tower. Magasins au rez-de-chaussée, bureaux dans les étages intermédiaires et appartements au-dessus. Dans un proche avenir s'élèvera, à Battery Park, à l'extrême sud de l'île, sur des terres reconquises sur l'Hudson, un ensemble révolution-

naire où se combineront bureaux et appartements, boutiques et grandes surfaces. Le révolution consiste, dans ce cas,
à reloger des New-Yorkais dans un quartier abandonné
entièrement aux affaires depuis le XVIII⁰ siècle, donc à y réin-
troduire une vie familière. Il y a aujourd'hui un marché en
plein air, où les fermiers du New Jersey viennent vendre
fruits et légumes, à cinq minutes de Wall Street. Spectacle
inimaginable il y a dix ans et inconcevable aux urbanistes de
1900.

Au début du siècle, urbanistes et citoyens éclairés s'irritaient surtout de ce qu'aucun plan d'embellissement de la
ville n'eût été prévu, et ils s'organisèrent en commission
pour étudier les améliorations possibles. Influencés par le
mouvement de la Cité Radieuse, qui s'était épanoui aux
États-Unis lors de la grande Foire de Chicago en 1893, ils pré-
conisèrent des autoroutes suspendues autour de l'île, la création d'une ceinture verte le long des quais, la percée de voies
en diagonale pour enrichir les perspectives. Une allure plus
monumentale pourrait être donnée au centre de la ville en
élargissant la Cinquième Avenue, en créant des arcades commerciales le long de la voie et en creusant des souterrains
pour le croisement des artères transversales[4]. De grands
monuments publics furent construits, grâce à la générosité
des Rockefeller, des Astor, des Carnegie : la bibliothèque, élevée sur l'emplacement de l'ancien réservoir détruit en 1899,
l'arche commémorative du centenaire de l'inauguration de la
présidence de George Washington, le musée d'histoire naturelle et le musée des Beaux-Arts, plus haut dans la ville.
Cependant, aucun effort esthétique d'ensemble ne put être
réalisé. Un architecte européen appelé à formuler ses vues
expliqua l'impossibilité de l'entreprise : « Nous attendons de
New York puissance et magnificence mais non beauté [...] Je
ne vois pas comment vous pouvez faire de New York une
" belle ville " au sens européen du terme avec les lois et
l'esprit démocratique qui y règnent. Le genre de beauté qui
rend Paris charmant ne peut exister que là où les droits privés et la liberté individuelle sont ou ont été piétinés[5]. »

En réalité, le plus néfaste pour la ville n'était pas l'absence
de plan d'ensemble ou de larges perspectives, mais ce mouvement de croissance accélérée qui entraînait un vieillissement également accéléré. Une dizaine d'années suffisaient à
transformer des champs en un réseau serré de rues. Impossible de ne pas être déconcerté par les photos du début du siècle qui montrent des potagers et des guinguettes au nord de

Un quartier en voie de formation : Park Avenue. Vue vers le sud prise de la 94e Rue, en 1884. Tous ces petites immeubles et ces maisons seront remplacés par des buildings en l'espace de vingt ans. (Musée de la ville de New York.)

la 70e Rue, qui furent remplacés, presque du jour au lendemain, par de grands immeubles. A l'inverse, il suffisait d'une dizaine d'années pour déclasser des quartiers entiers. Une sorte d'indifférence à l'égard de l'environnement s'ensuivait. Rien de stable, rien de permanent n'ancrait les habitants. « Quand nous serons fatigués d'une rue, nous irons plus haut[6] », fait dire Henry James à une jeune mariée en quête d'un appartement. Personne ne se souciait des voisinages abandonnés. Les grands magasins jouaient à saute-mouton depuis un siècle, le long de Broadway et de la Cinquième Avenue. La construction récente de *Gimbel's*, un établissement de ce genre, à la 86e Rue, est une illustration de la permanence de ce jeu. On avait pu espérer que Central Park freinerait cette évolution en fixant autour de cet espace vert des rues de qualité, mais comment ne pas s'inquiéter devant la dégradation rapide, dès 1920, de ses environs du nord ?

Les avatars de Park Avenue : La gare de Grand Central première manière, en 1884, 42e Rue et ce qui s'appelait alors Quatrième Avenue, côté sud. Au premier plan, à droite, l'on voit la sortie du tunnel réservé aux voitures à cheval. Le premier des restaurants bon marché sur le terre-plein est une oyster-house. Les New-Yorkais au siècle dernier consommaient des huîtres à toute heure de la journée. (Musée de la ville de New York.)

La gare côté nord. (Musée de la ville de New York.)

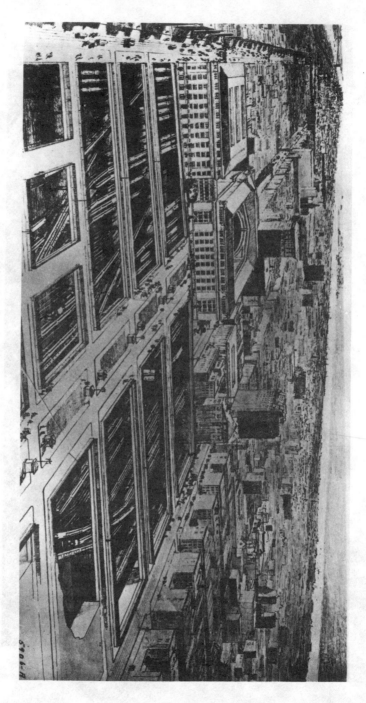

Projet de la nouvelle gare en 1910. De grands travaux permettent d'enterrer les voies et de créer les soubassements nécessaires au soutien des grands immeubles qui borderont Park Avenue. (Musée de la ville de New York.)

Dix ans plus tard, Park Avenue nord, avec le ruban de verdure au centre qui lui donnera son nouveau nom, est née. Ce parc miniature sera rétréci en 1927 pour laisser plus de place aux voitures. Tous les immeubles que l'on voit ici ont disparu sauf l'église Saint-Bartholomews dont le porche rajouté provenait d'un bâtiment plus ancien et avait été adapté à celui de l'église Saint-Gilles-en-Arles. (Société historique de New York.)

Park Avenue dans les années cinquante de la 57e Rue à la 72e. (Société historique de New York.)

La ville avait besoin d'un centre incontestable. Jusqu'à la Première Guerre, le seul point d'ancrage avait été Wall Street, mais il s'agissait là d'un quartier trop spécialisé, trop professionnel et trop excentrique pour servir de cœur à Manhattan. Et la ville se devait aussi d'adoucir la transition entre ses différents quartiers. Ce que ni une commission de citoyens éclairés ni l'administration de la cité ne purent organiser, deux milliardaires y parvinrent. Certes, ni Cornelius Vanderbilt ni John D. Rockefeller ne produisirent des ensembles grandioses et magnifiques. Ils n'étaient pas des Este ni des Médicis, mais des hommes d'affaires. Cependant leur rôle fut essentiel, car ils imprimèrent une marque permanente sur la ville. L'un créa Grand Central, la gare centrale située Park Avenue et 42e Rue ; l'autre Rockefeller Center, qui occupe les blocs de la 48e à la 51e Rue entre la Cinquième et la Sixième Avenue.

Ces ensembles réussirent à la fois à stabiliser *Midtown*, c'est-à-dire la partie centrale de la ville, entre la 42e Rue et le Park, et à régénérer les détestables quartiers avoisinants. Rockefeller Center parvint à unir harmonieusement la superbe Cinquième et la Sixième avilie par des immeubles honteux. La présence de Grand Central permit de reconquérir des terrains vagues, des rues à peine tracées bordées d'usines et de fabriques, pour en faire le quartier de Park Avenue qui nous est familier. L'effet de réhabilitation a été permanent. Rockefeller Center et Grand Central ont aussi en commun le fait qu'ils ont créé autour, l'un d'une gare, l'autre d'un immeuble commercial, comme il en existait tant en ville, tout un ensemble de magasins, de bureaux, de succursales de banques, de restaurants et d'hôtels, de cinémas et de théâtres. Précurseurs de ces « cités à l'intérieur de la cité », constituées grâce à l'utilisation intensive de galeries souterraines, gagnées directement au sortir des transports en commun, ils étaient la preuve vivante que les New-Yorkais pouvaient et devaient vivre à la verticale comme à l'horizontale.

Grand Central fut achevé en 1913, mais depuis 1857 le site — l'intersection entre la 42e et ce que l'on appelait alors la Quatrième Avenue — était occupé par une gare et un dépôt[7]. Comme les locomotives à vapeur n'avaient pas le droit de circuler en ville, les chevaux y prenaient la place des locomotives. Entre les écuries, les maréchaleries, les hangars et les ateliers de réparation s'activait tout un monde d'ouvriers. Inutile de préciser que le quartier n'était guère favorable aux résidences tranquilles ou aux commerces de qualité. En 1863, ce domaine un peu vétuste passa sous l'autorité de Cornelius Vanderbilt qui contrôlait, entre beaucoup d'autres choses, toutes les lignes de chemin de fer qui reliaient Manhattan au continent. Il décida, contre l'avis des meilleurs esprits, de construire une grande gare moderne, sur le modèle de la gare du Nord de Paris. Comme l'ensemble de la gare et des hangars s'élevait en plein milieu de la Quatrième Avenue, et la bloquait à toute circulation, il fit percer une voie parallèle, du côté ouest, entre la 42e et la 47e Rue, qui porte toujours le nom de Vanderbilt Avenue. Vers l'ouest, vers Madison et la Cinquième Avenue, de belles façades de brique et de fonte masquaient les machines et les rails et protégeaient le voisinage élégant du vacarme, de la fumée et des escarbilles. Mais, signe de la brutalité des temps et de l'indifférence totale envers les classes défavorisées, du côté est de l'édifice, les logements ouvriers étaient livrés à ces nuisances. Au nord, sur ce qui est aujourd'hui Park Avenue, s'élançaient les rails à ciel ouvert, bordés de manufactures, de brasseries, de garde-meubles, de hangars. Steinway y fabriquait ses pianos entre la 52e et la 53e Rue. Au sud, les vaches et les chèvres, qui broutaient sur les lots inoccupés, furent chassées par des hôtels, des restaurants, des marchands de tabac ou de souvenirs, tout le commerce pratique et bon marché indispensable aux voyageurs. (La portion de la 42e Rue qui fait face à la gare, encombrée de restaurants express, de solderies, de boutiques de gadgets et de disquaires, n'a d'ailleurs pas fondamentalement changé depuis près d'un demi-siècle.) L'endroit devint un nœud de communications urbaines où convergeaient lignes de trams et de métro.

Toutefois, l'ensemble bornait la croissance de la ville puisque les trains et les voies interdisaient toute construction au nord et toute amélioration à l'est. La décision d'électrifier le réseau, après qu'un accident, provoqué par la fumée, eut causé la mort de quinze voyageurs, changea les données du problème. L'électrification exigeait des travaux d'une telle ampleur que, même pour un Vanderbilt, leur financement méritait réflexion. La solution adoptée fut à la fois élégante et avantageuse. L'on décida d'enterrer toutes les voies depuis la gare, entièrement reconstruite, jusqu'à la 97e Rue. L'on planterait arbres et massifs au-dessus du tunnel de manière à créer un ruban de parc qui donnerait son nom à la nouvelle avenue[8]. Jusqu'en 1930 — date à laquelle la chaussée fut élargie pour laisser plus de place aux voitures — un sentier tracé au milieu de cette verdure permettait aux passants d'abandonner les trottoirs. Quant à l'immense gare de triage qui s'étendait à ciel ouvert, devant la gare jusqu'à la 52e Rue, et bloquait toute la circulation entre Lexington et Madison, elle serait également recouverte. On renforcerait le soubassement ainsi créé par des colonnes d'acier, afin d'empêcher les constructions ultérieures de ressentir les effets de la trépidation des trains. Vanderbilt pourrait alors louer ou vendre ces terrains devenus constructibles. Les profits seraient largement suffisants à la transformation de l'ensemble et à l'érection de la nouvelle gare.

C'est ainsi que naquit Park Avenue nord, large, aérée et bientôt bordée d'immenses immeubles d'appartements. Ces immeubles, aujourd'hui tous disparus, s'étendaient sur toute la profondeur du bloc, autour d'une vaste cour intérieure, et ils furent vite adoptés par une clientèle huppée. Park Avenue n'avait pas le panache et la fantaisie débridée de la Cinquième, mais exprimait la solidité et le conformisme de l'aristocratie de l'argent new-yorkaise. En 1927, *la Nouvelle République* soulignait : « Si l'Amérique a un paradis, c'est à Park Avenue qu'il se trouve[9] ! »

La nouvelle gare, aux dimensions imposantes, est le plus bel exemple du style « Beaux-Arts » de New York avec sa façade décorée de colonnes majestueuses et son fronton où les divinités de l'Olympe fraternisent avec l'aigle américain au-dessus d'une statue de Cornelius Vanderbilt. Au lieu de rompre les communications entre le nord et le sud, l'ouest et l'est de la ville, elle les facilitait. Un système ingénieux de rampes permettait aux voitures de contourner l'édifice sans abandonner Park Avenue. Grâce à un réseau de galeries et de passages souterrains, les piétons qui déferlaient par centaines de milliers aux heures de pointe — on a calculé qu'en 1947, une année record, soixante-cinq millions de passagers, soit quarante pour cent de la population des États-Unis, avaient utilisé Grand Central — pouvaient, sans sortir dans la rue, pénétrer dans la plupart des immeubles, des restaurants, des hôtels ou des magasins voisins.

La commodité et l'efficacité de l'ensemble furent telles qu'une « petite Wall Street » s'enracina, d'autant plus aisément que, là encore, le sous-sol granitique affleurait. Les plus beaux gratte-ciel d'avant la dépression des années trente s'élevèrent 42e Rue : le Chrysler, le Chanin, la Bowery Savings Bank et le *Daily News.* Plus à l'est, dans la zone résidentielle, un groupe d'appartements destinés non à des millionnaires mais à des employés prit forme sur l'emplacement d'anciens taudis. Cet ensemble porte le nom curieux de *Tudor Village*. « Tudor » parce que les douze immeubles — soit trois mille appartements et six cents chambres d'hôtel — ont adopté le style dit Tudor américain, caractérisé par des briques rouges, des façades ponctuées de vitraux, des arches gothiques et une décoration où le lion et la licorne moyenâgeux prédominent ; « village » parce que les bâtiments sont regroupés autour d'une rue privée, Tudor City Place, créée à cet effet et qui enjambe la 42e Rue. Avec son épicerie, son coiffeur, sa poste et sa pharmacie, elle remplit parfaitement son rôle de grand-rue. Le tout demeure aujourd'hui très surprenant. Qui imaginerait trouver au bout de la 42e Rue, la rue la plus bruyante, la plus trépidante de la ville, un petit parc presque désert, des allées silencieuses, des écureuils traversant la chaussée d'un pas lent et serein, enfin une tranquillité provinciale ? Quelle meilleure preuve de la faculté de Grand Central à simultanément cicatriser et promouvoir ?

La ville y gagna d'immenses bénéfices dans la mesure où l'imposition locale put être multipliée. La société de Grand Central, elle-même, tirera un profit considérable de l'augmentation des valeurs immobilières qu'elle avait suscitée, lorsqu'elle vendra ses propres « droits aériens * » en 1958 et permettra la construction de la tour Pan Am, malgré une opposition vociférante, fondée sur des arguments esthétiques et pratiques. L'argument esthétique demeurera. Les cinquante-neuf étages de la tour bloquent la perspective de Park Avenue de façon trop impérieuse pour être plaisante. L'argument plus prosaïque selon lequel les dix-sept mille occupants quotidiens de la tour et ses éventuels visiteurs solliciteraient à outrance les possibilités du quartier ne tiendra pas. L'expérience prouvera le contraire. Peut-être est-ce dans

---

* Il est indispensable de comprendre la notion de vente et d'achat des droits aériens pour comprendre le jeu de l'immobilier new-yorkais. Lorsqu'un immeuble n'occupe pas la totalité de l'espace vertical auquel il a droit en vertu de la réglementation d'urbanisme (c'est le cas de la plupart des immeubles anciens, des églises, des théâtres ou des gares), son propriétaire peut vendre ce bloc d'air constructible à un promoteur qui gagne ainsi le droit de surélever son bâtiment. En principe, mais pas nécessairement, le transfert se fait au profit d'un voisin. De nos jours, le système s'est perfectionné ; on peut acheter de l'espace aérien en faisant un don à une institution de la ville, en aménageant un espace vert ou en rénovant une station de métro.

la nature de Manhattan d'être toujours un peu plus engorgé qu'il ne semble supportable. En tout état de cause, cette menace d'encombrement et de paralysie stimulait l'imagination des meilleurs architectes. Raymond Hood[10], un ancien des Beaux-Arts de Paris, affectueusement connu comme le « petit Raymond », fut celui d'entre eux qui exprima avec le plus de force et de talent à la fois le problème et la solution. Les gratte-ciel attiraient chaque jour une foule plus nombreuse d'employés. Comment, dans ces conditions, faire fonctionner une ville où les rues ne pouvaient manifestement plus supporter la charge imposée ? Confronté à cette question, Hood faisait d'abord remarquer qu'une concentration intelligente à l'intérieur d'un immeuble pouvait déjà régler une partie du problème. Si, dans le domaine de la couture par exemple, les ateliers, les salons de collections, les marchands de tissus et d'accessoires se trouvaient tous réunis, le gain de temps et l'efficacité du travail s'en trouveraient accrus. S'il suffisait pour consulter son banquier, son agent d'assurances ou son avocat de prendre l'ascenseur, comment ne pas se féliciter de cet agencement ? En outre, la facilité d'accès à tant de gens divers avait des avantages indéniables. A Wall Street, on ne se trouvait jamais à plus de dix minutes à pied de son prochain rendez-vous.

Hood regrettait cependant l'utilisation uniforme des gratte-ciel sous forme de bureaux. Il aurait voulu, à la place d'un seul immeuble, créer ce qu'il appelait des *montagnes*, qui chacune incorporerait une ville entière en regroupant magasins, théâtres, cinémas et clubs, bureaux ou ateliers et appartements. Il ne lui fut pas donné de réaliser son rêve mais il eut l'occasion de participer à la conception du Rockefeller Center, qui en demeura longtemps l'expression la plus proche.

Rockefeller Center[11] est constitué aujourd'hui par un ensemble de vingt et un immeubles situés entre la 48e et la 51e Rue et les Cinquième et Sixième Avenues, organisés autour de deux voies privées. La première, est-ouest, dite le *Channel*, car elle sépare la Maison Française du British Building, une promenade piétonnière avec une plate-bande centrale fleurie, part de la Cinquième Avenue et se termine par une patinoire au centre de l'ensemble ; la seconde, dite Rockefeller Plaza, nord-sud, donc parallèle aux avenues, permet de desservir l'espace occupé par la patinoire et les immeubles attenants. Circulation aisée et agréable à la surface, et tout aussi facile au niveau inférieur, puisque tout

l'ensemble est relié par des kilomètres de galeries souterraines peuplées de boutiques, de banques, d'agences de
voyage. Rockefeller Center est donc accueillant aux promeneurs, aux commerces et aux bureaux. Si l'élégance des boutiques et des restaurants n'est pas égale à celle de l'architecture, c'est que le centre commercial a été créé pour servir le
plus grand nombre de clients possible et que, dès sa conception, Rockefeller Center a voulu réconcilier l'inconciliable :
le prestige et le commerce. Le projet avait pris naissance en
1926, du désir de déplacer l'Opéra.

Depuis une cinquantaine d'années, la troupe de l'Opéra se
produisait dans une grande bâtisse qui occupait tout un bloc
délimité par Broadway, la 39e Rue, la Septième Avenue et la
40e Rue. Cet établissement, une des gloires de New York, le
seul théâtre américain consacré à l'art lyrique, ne donnait
plus satisfaction aux abonnés. Le quartier s'était dégradé.
Les magasins élégants s'établissaient plus haut dans la ville,
des hôtels mal famés et des comptoirs louches avaient
envahi les rues tranquilles de la fin du siècle dernier. Où se
transporter ? Comment financer le déménagement ? Autant
de questions posées devant le conseil d'administration. Un
ensemble autour de la 50e Rue et de la Cinquième Avenue
offrait une solution tentante, de par sa situation centrale
dans le quartier le plus séduisant de la ville, familier à la plupart des habitués de l'Opéra, rendu plus accessible depuis la
construction de Grand Central. De plus, les baux des occupants des maisons dressées sur le terrain en question
devaient venir à expiration. Le terrain, par un curieux coup
du hasard, appartenait à l'université de Columbia, et son
destin constitue un raccourci de l'histoire foncière et immobilière de Manhattan.

L'université fondée en 1754 avait été construite, comme il
seyait, au bas de la ville, vers l'Hudson, juste au nord de
l'église de la Trinité et à l'ouest de l'Hôtel de Ville. En 1814,
les administrateurs, à court d'argent, auraient voulu participer à l'une des loteries régulièrement organisées par l'État
pour la « promotion de la littérature ». Mais l'État préféra
réserver ses subsides aux collèges situés en dehors de la
ville. Columbia obtint, consolation infime, un terrain dans
un « quartier théorique » aurait dit Henry James, situé tellement au nord de la ville que les rues n'étaient même pas tracées. Depuis 1804, un jardin botanique quelque peu négligé
occupait les lieux.

Ce don « ni agréable ni utile » fut reçu avec d'autant moins de reconnaissance qu'il s'assortissait d'une condition cruelle : l'université devait s'y installer dans un délai de douze ans. Quitter les bords de l'Hudson pour un territoire aussi reculé ? Décidément, le cadeau était d'une perversité extrême. Dans un premier temps, Columbia ne parvint pas même à louer sa nouvelle propriété. Elle dut se contenter de céder le terrain à un jardinier qui travailla à son compte à la seule condition de maintenir l'ensemble en bon état. A l'époque, seuls les jésuites furent assez téméraires pour coloniser ces régions septentrionales. Sans se laisser décourager par l'existence d'une fosse commune à la hauteur de la 50ᵉ Rue, ni par les *shanties* et le délabrement général du voisinage, ils bâtirent une école, Cinquième Avenue, précisément sur l'emplacement où sera construite en 1859 la cathédrale Saint-Patrick. La perspective d'avoir des jardins sous leurs fenêtres justifiait le risque.

Les administrateurs de Columbia, moins aventureux, continuèrent de louer à des jardiniers-fermiers sans en tirer le moindre profit. Les années passèrent ; la première rue transversale du quartier, la 50ᵉ, fut ouverte en 1841. Il devenait évident que la ville allait englober le quartier, qui deviendrait alors un endroit recherché. Bien que l'université, toujours conservatrice, persistât à décrire sa propriété comme étant « sise à quelques milles » de la ville, elle commença à songer à profiter de l'expiration du bail de son dernier locataire, en 1850, pour quitter les bâtiments incommodes et trop étroits de Church Street et s'installer plus à son aise en face des jésuites. Mais quelques études préliminaires montrèrent à l'évidence qu'il serait plus fructueux de garder les terrains, de les lotir et de les louer, que de les vendre comme le voulaient certains administrateurs ou de s'y fixer comme le recommandaient d'autres. Finalement, Columbia vendit une minuscule fraction de sa propriété : seize lots sur deux cent quatre-vingt-huit. Cela suffit à financer son établissement Madison Avenue et 50ᵉ Rue, où elle demeura près de cinquante ans. Elle fit construire des maisons individuelles sur les lots restants. Soucieuse de préserver la respectabilité du quartier, elle imposa l'interdiction de faire élever des *french flats*, ces petits immeubles d'appartements qui commençaient à pousser en ville, ou des locaux commerciaux et industriels. L'ensemble, d'une monotonie de bon aloi, sans la moindre recherche architecturale, se loua rapidement. Les baux étaient renouvelables tous les vingt et un ans. En 1897, l'université vendit un bloc entier,

soit le tiers de son domaine, pour trois millions de dollars et
déménagea à Broadway et 115e Rue où elle se trouve encore
aujourd'hui.

La valeur des biens continua à monter au début du XXe siècle mais le voisinage se différencia quelque peu. La partie
jouxtant la Cinquième Avenue devint de plus en plus recher-
chée. Sur l'avenue proprement dite s'élevaient rapidement
châteaux français, palais italiens, manoirs gothiques. Les
Vanderbilt, à eux seuls, possédaient quatre somptueuses
résidences entre la 51e et la 57e Rue, et la concurrence entre
les milliardaires allait bon train. Seul à ne pas participer à
cet étalage insensé de richesse, John D. Rockefeller acheta
une maison charmante et discrète au coin de la 54e Rue.
« Elle n'était pas neuve, écrivit son fils, mais jusque-là nous
avions vécu à l'hôtel Buckingham, au coin sud-est de la Cinquième Avenue et de la 50e Rue [...] Il n'y avait pas beaucoup
de maisons 54e Rue à l'époque [1885]. L'hiver, on inondait la
grande cour cimentée devant la maison et nous y patinions.
Lorsque je me suis marié, je fis construire ma propre maison
de l'autre côté de cette cour. Sur l'emplacement de nos maisons, se trouve actuellement le jardin du musée d'Art
moderne[12]. » Dans les rues transversales, médecins, avocats
et financiers de moindre envergure se regroupaient peu à
peu.

Du côté de la Sixième Avenue, les choses étaient moins
brillantes. Au voisinage du *El*, qui crachait feu et cendres, les
maisons se transformaient en pensions de famille, signe pré-
monitoire de la dégradation du quartier. Après la Première
Guerre, la prohibition — l'interdiction de produire et de vendre des boissons alcoolisées jusques et y compris la bière et
le cidre — allait accélérer la décomposition de quartiers de
ce genre. Les antiprohibitionnistes — les *Wets* dans le jargon
local — étaient majoritaires dans une ville d'immigrants
comme New York. Les Allemands, les Irlandais, les Italiens
et les juifs (encore que ceux-ci, en arguant de la nécessité
d'avoir du vin rituel, obtenaient des exemptions de l'administration et « souffraient » moins que les autres) appartenaient à une culture nettement « mouillée ». Bouilleurs de
cru, receleurs, contrebandiers se multiplièrent. Il y eut une
prolifération de *speakeasies*, ces bars illégaux, discrets, ornés
de dames accueillantes. Tout le quartier à l'ouest de la Cinquième Avenue chuta dans le vice. La façade respectable de
la Cinquième se maintint mais ses habitants avaient les yeux
résolument tournés vers l'est et le nord, et aspiraient à

emménager dans la nouvelle Park Avenue. L'administration de Columbia attendait avec impatience 1928, année où ses baux viendraient à expiration, et rêvait de se débarrasser de ses locataires douteux et de tenter une grande opération de rénovation immobilière dans cette période de *boom* économique.

En 1927, on se trouve donc devant la situation suivante : un Opéra qui veut un nouveau théâtre ; une université désireuse de revigorer un terrain merveilleusement situé en plein cœur de la ville ; un des hommes les plus riches du monde, installé dans le voisinage immédiat dudit terrain. Certes, il n'a aucune curiosité pour la musique — il n'a même jamais eu une loge à l'Opéra — mais en revanche, il s'intéresse à l'immobilier et achète discrètement tout ce qui se trouve à vendre aux alentours : maisons dans les rues transversales, terrains sur l'avenue. Son attachement pour le quartier se traduisait par le fait qu'il lutta victorieusement contre une proposition qui aurait tendu à le « rezoner » et donc à le commercialiser.

Columbia ouvrit le feu en engageant une firme pour l'aider à trouver de meilleurs locataires ; celle-ci lui fit part du projet de vente de l'immeuble de l'Opéra et de l'espoir de reconstruire un théâtre et un gratte-ciel dont les loyers financeraient l'opération, et lui suggéra d'offrir son terrain. La proposition fut reçue avec enthousiasme. Les deux parties se rencontrèrent et commencèrent à esquisser des plans : on construirait un Opéra avec une place monumentale qui donnerait sur la Cinquième Avenue ; à l'arrière et sur les côtés s'élèveraient trois gratte-ciel, reliés les uns aux autres, au niveau du premier étage, par une galerie marchande ; un passage souterrain devait permettre aux voitures de déposer les mélomanes à la porte du sous-sol. A ce stade, Columbia se déclara prête à vendre une partie du terrain et à louer le restant. Les négociations butaient cependant sur une difficulté : même dans l'hypothèse où l'ancien théâtre se vendrait au mieux, l'Opéra n'aurait pas les fonds nécessaires pour financer cette grandiose réalisation. Survint alors le providentiel Mr. Rockefeller, à qui l'on exposa le programme et ses difficultés. Séduit par son aspect « civique », il se déclara prêt à y apporter son concours.

Bien vite, sa participation prit de telles proportions qu'il négocia seul avec Columbia. Le projet se précisa, et un accord fut signé le dernier jour de l'année 1928. Rockefeller s'engageait à louer la totalité du terrain de Columbia pour

plus de trois millions de dollars par an. A titre de référence,
l'université n'avait tiré que trois cent mille dollars de ses précédents locataires. Rockefeller avait une option pour acheter
le terrain nécessaire à la construction de l'Opéra et lui en
faire don. Pour compléter l'immense lot qu'il acquerrait
ainsi, il achetait séparément la bande de terrain qui bordait
la Sixième Avenue et qui n'avait jamais appartenu à Columbia.

Il s'agit maintenant de mettre sur pied une opération profitable. Nous ne sommes pas à New York pour rien : l'entreprise n'est pas désintéressée et la présence de l'Opéra doit
être équilibrée par des gratte-ciel commerciaux, un hôtel, un
ensemble de boutiques. L'on prévoit deux grands magasins
et éventuellement l'organisation d'un terminus de bus trans-
continentaux. Ce grand bouillonnement d'activité est orches-
tré non par un architecte mais par la main très ferme de
John R. Todd, président d'une société de promoteurs immobiliers, spécialistes de la mise en valeur des terrains, du
financement des immeubles et de l'agencement intérieur de
ceux-ci. Trois firmes d'architectes avaient été engagées pour
participer au projet. Cette structure inhabituelle fut acceptée
pour différentes raisons par les architectes qui, répétons-le,
n'avaient pas accès directement à leur client Rockefeller
mais devaient tout faire passer par Todd. D'abord l'architecture « était devenue un art fondé sur un solide sens des
affaires, remarquait Harvey Corbett, un architecte employé
dans l'entreprise ; pour donner satisfaction l'architecte doit
s'appuyer sur une organisation solide et très diversifiée [13] ».
Effectivement, un gratte-ciel était le fruit d'une collaboration
entre l'architecte, l'ingénieur, le conseil financier, le spécialiste immobilier et... le client. Et puis, dans les années 1928 et
1929, l'activité immobilière était telle à New York — c'est
notamment la période de construction de la « petite Wall
Street » suscitée par Grand Central — qu'on aurait eu du mal
à trouver un bureau d'architectes capable d'entreprendre
seul un ouvrage de cette dimension. Enfin, Rockefeller ne
tenait pas à réaliser un ensemble particulièrement original
et aventureux. La moyenne nécessairement produite par un
comité d'architectes lui convenait.

Les propositions allaient bon train, avec quelques
constantes : la longue place réservée aux piétons qui s'éten-
drait devant l'Opéra jusqu'à la Cinquième Avenue ; une rue
privée qui traverserait le bloc, parallèlement aux avenues,
pour permettre les livraisons aux grands magasins. Un des

plans les plus séduisants prévoyait de planter de jardins les toits des différents immeubles et de les relier par un système d'escaliers et de passerelles.

Tous ces préparatifs furent interrompus le 29 octobre 1929 par la nouvelle du krach de la Bourse. Les finances de l'Opéra chancelèrent. Impossible pour ses administrateurs de s'engager dans une aventure avant d'avoir vendu avantageusement leur immeuble. Or, toutes les transactions s'étaient arrêtées. L'Opéra se retira donc du projet *. Rockefeller ne jouissait pas de cette liberté. Malgré un changement de conditions si drastique, son contrat avec Columbia lui imposait de payer le loyer convenu. Ne pas construire représentait une perte assurée ; construire représentait un risque. Rockefeller choisit le risque. Lorsque quelques années plus tard on lui demanda où il avait puisé le courage nécessaire, il répondit modestement : « Je ne sais pas si cela était du courage ou non. Souvent, l'on se trouve dans une situation où il n'y a qu'une issue. Il n'y a pas d'alternative. On voudrait s'enfuir mais la fuite est impossible. Alors on va de l'avant sur la seule voie ouverte, et les gens disent que c'est du courage [14]. »

La dérobade de l'Opéra ne consterna pas l'équipe. Bien au contraire. Todd, le directeur, alla même jusqu'à se féliciter de la disparition de ce qui eût été « un poids mort » dans la mesure où un théâtre, fermé par définition pendant la journée, aurait beaucoup réduit la valeur commerciale des magasins aux alentours. Les architectes, et Hood en particulier, guère inspiré par « un monstre sacré et passé », se plurent à ce passage du culturel au commercial car ils y gagnaient plus de liberté pour se tourner vers le moderne et l'expérimentation.

Restait cependant à trouver des clients. Or, dans une période d'insécurité aussi angoissante, il n'était guère facile de s'attacher des locataires sérieux, prêts à déménager dans des locaux plus grands, plus modernes et plus chers. Hood avait réalisé des studios d'enregistrement pour une société radiophonique, la NBC. Très conscient du potentiel de cette industrie naissante, il proposa le site à la Radio Corporation of America, qui contrôlait d'immenses intérêts de radio et de cinéma. La société accepta et le building qui naquit de cette association porte toujours son sigle ; c'est le RCA, la clef de

* L'Opéra ne quitta Broadway qu'en 1968 à l'achèvement de Lincoln Center.

voûte de tout l'ensemble. Le groupe de radio amena un célèbre producteur de théâtre et de music-hall, Roxy, qui suggéra
la construction de deux théâtres, dont le gigantesque Radio
City Hall, de six mille deux cents places. Solution fort heureuse pour la façade de la Sixième Avenue. La vue sur cette
voie était toujours trop sordide pour attirer de bons clients.
Impossible donc d'y construire des immeubles élevés. Mais
les habitués d'une salle de spectacle se moquaient bien de la
vue et se félicitaient de ce que le *El* mît celle-ci à leur porte.
Un autre avantage provenait de ce que les risques d'incendie
interdisaient de construire au-dessus d'un théâtre. L'on
allait donc pouvoir utiliser les droits aériens pour les autres
immeubles du groupe.

Pour attirer des clients étrangers, Rockefeller obtint que
le gouvernement leur fît des conditions particulièrement
avantageuses pour l'importation de marchandises : la
France, la Grande-Bretagne, puis les Italiens et les Allemands s'engagèrent. Pour tenter les Italiens, on leur présenta une maquette du projet flanqué d'un Parthénon et
d'une colonne de Marc Aurèle à la même échelle. Mais la
politique de Mussolini et de Hitler amena les Américains à
rompre les pourparlers. Le principe des maisons étrangères
et d'un building international sur la Cinquième Avenue
cependant demeura. Il était essentiel de déterminer quels
seraient les locataires principaux avant de commencer la
construction, afin d'aménager les locaux selon leurs
besoins spécifiques. Il y eut donc bien des changements avant
la construction définitive qui commença en juillet 1931,
parmi des problèmes financiers qui auraient été insurmontables pour tout autre que le groupe Rockefeller. Cependant,
Mr. Junior — son père, le fondateur de la fortune, vécut
jusqu'en 1937 — fit son apparition, un jour de 1932, à la réunion hebdomadaire, si pâle et si défait qu'on lui demanda s'il
était souffrant : « Non, répondit-il, mais je n'ai pas pu dormir
la nuit dernière, tellement je m'inquiète du financement de
tout ceci. J'ai dû vendre des actions de Standard Oil à deux
dollars[15]. » Inutile d'en dire davantage. Tout le monde
autour de la table savait que ces mêmes actions étaient
cotées à quatre-vingts dollars peu de temps auparavant. Toutefois, l'excitation et l'enthousiasme reprenaient vite le des-
sus. Et il n'était pas rare de voir « Mr. Junior » au bord des
fosses boueuses, occupé à observer les grues et les excava-
trices. Il se faisait repousser si souvent par les contremaîtres
qu'il ordonna de découper des hublots dans les palissades

qui délimitaient les chantiers pour jouir du spectacle tout à son aise et, depuis, aucun maître de chantier n'oserait priver les passants de ce plaisir.

La dépression n'eut qu'un effet bienfaisant : celui d'harmoniser les rapports de travail. Comme les architectes savaient que Rockefeller Center était le seul lieu d'activité en ville, ils prirent soin d'éviter les querelles, et la collaboration de tant de talents divers se poursuivit sans accrocs. Les ouvriers, de leur côté, travaillèrent avec une conscience qui ne se démentit pas. Il n'y eut ni grèves, ni revendications, ni retards dans les livraisons. Les industriels avaient bien trop peur de laisser passer une commande. Et, petit à petit, Rockefeller Center émergea. D'abord, la haute tour centrale, jouissant du maximum de « droits aériens », s'élançait d'un seul jet. La tour d'observation du 70e étage offre toujours une des vues les plus spectaculaires de la ville. Les très légers reculs sur la façade n'indiquent que l'abandon progressif des cages d'ascenseur. A l'ouest, derrière elle, les deux théâtres ; au nord, les trente-sept étages de la tour RKO. Sur la Cinquième Avenue, quatre immeubles bas, surmontés de jardins, avec un gratte-ciel en retrait, formaient le groupe international ; l'immeuble de l'Associated Press, ceux de Eastern Airlines et de *Time-Life* complétaient ce premier ensemble. En novembre 1939, Rockefeller vissa le dernier boulon. Il considérait son ouvrage comme fini et s'en félicitait. Après tant de difficultés, de volte-faces et d'obstacles, quatre-vingt-sept pour cent des bureaux étaient loués ; une foule constante arpentait la promenade ; les spectateurs, qui se pressaient autour de l'enceinte de la patinoire, envahissaient les cafés et les magasins. On venait en famille s'amuser dans un quartier d'affaires. Là résidait l'innovation. Mais cela allait-il durer ? Grand Central avait une fonction qui fixait son site automatiquement. Les voyageurs ne sont, après tout, point libres de choisir leur gare, alors qu'aucun impératif n'obligeait les passants à emprunter les galeries et les promenades du Rockefeller Center. Le succès du lieu fut aidé par des innovations heureuses et par le hasard des choses.

Une astuce architecturale, tout à fait nouvelle à l'époque, consista à installer, dans les grands halls d'entrée des gratte-ciel, des magasins à double entrée, l'une dans la rue, l'autre dans l'immeuble. La boutique fonctionnait comme un piège à clients et ceux-ci se retrouvaient, souvent sans l'avoir voulu, dans l'immeuble. Au lieu d'être, selon l'usage, des lieux monumentaux et stériles, les *lobbies* s'animaient et atti-

raient d'autant plus de monde que l'on pouvait ensuite passer facilement, grâce aux galeries souterraines, soit dans
d'autres immeubles, soit dans d'autres rues. Même les intellectuels socialistes succombèrent. Alfred Kazin, qui avait un
bureau dans le *Time-Life* building, s'enchantait, en déambu-
lant le long des passages, du luxe des vitrines : « Des affiches
vous invitaient à Quito ou à Rio. On sentait la douce chaleur
de la vapeur qui tiédissait les serviettes du coiffeur [...] Il y
avait un restaurant français pour clients à notes de frais où
tout était *luxe, calme* et *volupté*, tout pétillant de nappes
épaisses et de menus géants[16]. » L'excitation provenait de la
foule, de la rencontre du flot des travailleurs sortant de la
station de métro, avec la vague de touristes qui suivaient
leur guide, béant d'admiration devant toutes les merveilles
du centre. La volonté d'utiliser au mieux des espaces voués à
l'éclairage artificiel, donc impossibles à louer, comme par
exemple les deux premiers étages de la tour centrale, amena
la création de musées ou d'expositions temporaires. Le premier musée de la Science et de l'Industrie fut ainsi organisé
dans le grand espace situé au-dessous des studios d'enregistrement de la NBC. Le premier musée d'Art moderne y fut
situé avant qu'on ne le déplaçât 53e Rue sur un terrain qui
appartenait aux Rockefeller mais ne faisait pas, à strictement parler, partie du Centre. En dehors des musées proprement dits, les œuvres d'art — sculptures, bas-reliefs et fresques — ajoutaient du cachet à l'ensemble et l'une d'entre
elles provoqua un tel scandale que le Centre y gagna une
notoriété involontaire mais précieuse.

Rockefeller, Todd et Hood s'accordaient tous pour penser
que la décoration artistique devait avant tout servir à attirer
le public et à fournir « de la bonne publicité, de la bonne pro-
pagande ». Mais quand on est Rockefeller, on est automatiquement dirigé vers le meilleur et, si l'on veut une fresque,
l'on s'adresse à Matisse ou l'on frappe à l'atelier de Picasso.
Hood fut expédié en Europe avec la mission d'organiser les
commandes. « Matisse lui dit fort aimablement, mais avec
beaucoup de fermeté, qu'il ne pensait pas que son travail
serait montré à son avantage [...] dans un endroit semi-
public où, de par l'animation, l'agitation et la nature des
choses, les gens ne seraient pas dans l'état d'esprit tranquille
et réfléchi nécessaire pour apprécier ou même voir les qualités qu'il tentait d'intégrer à ses peintures[17]. » Quant à
Picasso, il ne se laissa pas même joindre par Hood qui avoua
qu'il arrivait trop tard. « Peut-être lorsque Picasso, plus

jeune, connaissait des temps plus durs, aurait-il été moins difficile de lui proposer une commande décorative [18]. » Finalement, on dut se contenter de José Maria Sert, de Frank Brangwyn et de Diego Rivera. Certes, Rivera ne faisait pas mystère de son communisme militant. Était-il bien convenable de lui proposer la décoration d'un temple capitaliste ? Les Rockefeller se montrèrent assez éclairés pour placer ses qualités artistiques au-dessus de ses positions politiques. Mrs. Rockefeller l'admirait et avait acheté son carnet de croquis dans lequel, à son retour de Russie, il célébrait la révolution à ses débuts. Le musée d'Art moderne lui avait consacré une exposition et Mr. Rockefeller jugeait qu'une fresque de Rivera serait « un atout ».

On lui commanda donc une œuvre qui devait représenter l'Humanité contemplant l'Avenir. Rivera exécuta un tableau dans lequel Lénine était au centre parmi une multitude qui agitait des drapeaux rouges tandis que dans un coin des joueurs débauchés distribuaient leurs cartes dans un flottement de germes de syphilis. Si les microbes n'étaient guère faciles à identifier, Lénine, lui, était aisément reconnaissable. Le fils de John Rockefeller, Nelson, fut délégué auprès de Rivera pour lui demander de métamorphoser Lénine. Le peintre refusa. On lui proposa de transférer la fresque au musée d'Art moderne. Il refusa derechef et déclara qu'il préférait détruire l'œuvre plutôt que de la modifier ; un changement d'environnement représentait une modification grave. On le prit au mot. On lui paya son dû et la fresque fut détruite. L'incident devint une affaire célèbre qui fit parler du Centre et attira des visiteurs devant ce qu'on appela « le Mur des Lamentations ».

Enfin, paradoxalement, la guerre joua en faveur de Rockefeller Center. L'entrée en lice des États-Unis, le 7 décembre 1941, un an après l'achèvement officiel des travaux, marqua, entre autres, l'arrêt de toute construction civile. Les immeubles de Rockefeller Center furent donc pendant quelques années l'ensemble le plus moderne et, partant, le plus prestigieux de la ville. Les locataires jadis si difficiles à attirer se précipitèrent. Il fallut instituer des listes d'attente. Grâce à cette occupation à cent pour cent des locaux la solidité financière du centre fut assurée. Plus important encore pour la vie quotidienne du quartier, le Centre fut choisi pour héberger toutes sortes de manifestations patriotiques. On y lançait les campagnes de soutien ; on y organisait des expositions. Pour fêter la libération de la France, c'est à Rockefeller Center que Lily Pons chanta *la Marseillaise*. Le département de relations publiques s'assurait que toute personnalité étrangère de passage à New York assisterait à une manifestation au Centre. Si Grand Central n'était une étape obligatoire que pour les ingénieurs de chemin de fer, le rayon de Rockefeller Center était bien plus étendu et dans cette ville sans place centrale, sans cœur géographique, l'ensemble s'enracina et devint un des symboles de New York.

Rockefeller Center fut aussi servi par le hasard ; celui par exemple qui y fixa le plus bel arbre de Noël de la ville. La tradition de l'arbre avait commencé modestement. En 1931, les ouvriers qui venaient d'achever de déblayer le terrain près de la Cinquième Avenue plantèrent un sapin en plein milieu et le décorèrent d'une méchante guirlande. On leur distribua leurs enveloppes de paie sur ce fond et une photo marqua l'événement. En 1932, l'arbre fut plus spectaculaire car il fut fixé en haut du squelette d'acier du gratte-ciel de *Time-Life*. Cette fois-ci, les passants s'arrêtaient et applaudissaient. L'année suivante, l'administration prit l'affaire en charge et l'arbre de Noël ne cessa de pousser. Fixé derrière la statue de Prométhée, il atteint plus de vingt mètres et sa décoration est devenue si complexe et si sublime que l'on prétend que les préparatifs commencent dès le 26 décembre. L'allumage marque le début de la saison de Noël à New York et provoque les embouteillages les plus inextricables, et cela dure depuis cinquante ans.

Cette permanence est un phénomène qui mérite réflexion. On a vu que New York s'est toujours construite et démolie à un rythme surprenant ; on a vu que les caractéristiques d'un quartier pouvaient se transformer en moins d'une génération. L'apparition des gratte-ciel n'entraîna pas une stabilité accrue, malgré l'énorme investissement risqué. Démolir un immeuble de quarante étages n'a jamais fait hésiter un promoteur new-yorkais. Dès que la rentabilité économique d'un immeuble semble faiblir, on l'abat. Si les loyers baissent, on rase. La pérennité de Rockefeller Center s'explique donc avant tout par la vitalité qu'il a contribué à injecter dans le quartier[19].

Dynamisme qui vient en partie de lui-même. Rockefeller Center, ayant gagné une position de pointe pendant la guerre, s'efforça de la conserver la paix revenue. Des immeubles plus modernes s'élevaient et menaçaient d'attirer ses locataires. Pour contrer ce danger, on modernisa au plus vite. L'air conditionné fut installé à si grands frais que

Rockefeller Center en 1938 vu du nord. (Musée de la ville de New York.)

Rockefeller dut demander à Columbia de participer au financement. On transforma l'éclairage — une lumière plus froide,
au néon, était dorénavant de rigueur —, ce qui permit une utilisation plus dense des bureaux. Jusqu'alors, on considérait
qu'une table de travail ne pouvait pas se situer à plus de
vingt-huit pieds — environ neuf mètres — d'une fenêtre. Les
progrès en matière d'aération et d'éclairage changèrent cette
règle. Des locataires importants, comme *Time-Life*, avaient
besoin de bureaux nettement plus spacieux. Les Rockefeller
achetèrent une bande de terrain à l'ouest de la Sixième Avenue et, enjambant hardiment l'artère, entreprirent la
construction d'un Rockefeller Center *bis* : une série
d'immeubles lisses, brillants, sévères, s'élevant au-dessus de
plazas verdoyantes ou de parvis de marbre ornés de bassins.
Ces immeubles, Time-Life, Exxon, Mc Graw Hill et le Cela-
nese sont reliés par des passages souterrains au premier
Rockefeller Center. Le groupe Rockefeller a également parti-
cipé à la construction d'immeubles qui ne font pas techni-
quement partie du Centre mais le jouxtent et contribuent
par là au développement et au maintien du quartier. Grand
Central a transformé une bande étroite entre la 42ᵉ et la
55ᵉ Rue ; Rockefeller Center a eu une influence plus concen-
trique.
     Cet immense succès n'est pas dû à la taille des gratte-ciel.
La taille n'a jamais été un élément de succès déterminant à
New York. L'Empire State Building, par exemple, qui pendant des décennies a été le building le plus élevé du monde,
n'a jamais qu'ajouté à l'encombrement du bloc sur lequel il
s'élève, sans même que le passant, à moins de lever le nez,
soit conscient de sa présence. Il n'a en rien ralenti la lente
détérioration de cette portion de la Cinquième Avenue. Bien
au contraire, c'est aux qualités humaines de la promenade, à
l'attrait de la patinoire et du café en plein air, à l'échelle de
la rue privée, à la commodité de ses magasins que Rockefeller Center doit sa réussite. Tous ces éléments ont favorisé la
circulation non des voitures mais des hommes. Or, New
York est une ville de piétons, de contacts, de rencontres. Une
ville où l'on sait mettre à profit les ressources des nouveaux
venus, absorber les cultures étrangères, et ce n'est pas un
hasard si elle a été la première ville des États-Unis à reconnaître et à favoriser une forme de culture noire.

X

HARLEM

Seul de tous les quartiers noirs des États-Unis, Harlem a connu un moment de véritable splendeur et de célébrité. Aujourd'hui, malgré un effort de rénovation, Harlem évoque la déchéance, la criminalité et la dégradation urbaine sous sa forme la plus brutale. Harlem est redouté par les Blancs, plus encore par les Noirs. Mais il n'en a pas toujours été ainsi et, dans les années vingt, Harlem représentait, au contraire, l'Amérique jeune, moderne, le jazz et la gaieté. Pour les Noirs de l'Amérique entière, Harlem à la fois la « Terre promise[1] et la Mecque de tous ceux qui voulaient saisir leur chance[2] », symbolisait l'espoir. Pour les intellectuels, les artistes et les gens du monde blasés de Manhattan, une source de plaisirs et d'inspiration. Enfin, le quartier servait aux deux communautés de lieu d'échanges, de rencontres et de découvertes. Deux raisons principales expliquent le caractère exceptionnel de Harlem : sa situation géographique, et la qualité de la population noire new-yorkaise.

Harlem, le Harlem noir, était tout jeune encore en 1920. Il s'agissait d'une création récente, datant d'une quinzaine d'années à peine, sans rien de commun avec le Harlem des siècles précédents. Au XVIIe siècle, un petit village avait été fondé, comme son nom l'indique, par les Hollandais, à l'extrémité nord de Manhattan. Quelques Hollandais, des huguenots, des Scandinaves et des Allemands y établirent des fermes et empruntaient pour se rendre en ville un sentier indien, sur lequel on tracera, bien des années plus tard, Broadway, la seule artère sinueuse de la ville. Aucun change-

ment n'affecta la petite agglomération pendant plus d'un siècle. Les Anglais ne se donnèrent même pas la peine d'imposer un changement de nom lorsqu'ils conquirent la colonie
en 1726. Trois demeures de l'époque ont subsisté et permettent d'imaginer l'atmosphère paisible et rurale de l'endroit :
la maison de campagne d'Alexandre Hamilton[3], l'un des ins-
pirateurs de la Constitution américaine et le fondateur de la
Banque centrale américaine ; un manoir de style géorgien
acheté en 1810 par un émigré français, Stéphane Jumel[4] ;
enfin Dyckman House[5], un vrai bâtiment de ferme, typique
de l'architecture hollando-américaine et seul vestige d'une
propriété de plus de trois cents acres. En 1830, la construction de la ligne de chemin de fer de Harlem, qui parcourait
la future Park Avenue jusqu'à la rivière Harlem, qui sépare
Manhattan du Bronx, ne constitua qu'un signe avant-coureur
de bouleversement. La manière la plus efficace d'aller dans
le centre demeurait le bateau qui descendait l'Hudson.
Cependant, l'édification des lignes de métro aériennes de la
Deuxième et de la Troisième Avenue, vers 1880, permit enfin
des liaisons rapides, nombreuses, et encouragea le développement d'un quartier ouvrier dans la partie est de Harlem.
Quartier commode, puisque le transport vers les ateliers et
les manufactures du bas de la ville était aisé, mais quartier
privé de lumière et condamné au bruit. Le voisinage se caractérisait par un grand mélange de populations. Juifs russes et
polonais, Italiens, Hongrois, Scandinaves et Espagnols se
partageaient les rues au nord de la 86e et de part et d'autre
de Park Avenue. Cette diversité était typique des lieux que les
immigrants de la deuxième génération, déjà quelque peu
rodés à la vie américaine, tendaient à occuper.
   L'est de Harlem, malgré le fracas assourdissant des
métros, se peupla donc rapidement d'une foule besogneuse
et active. En revanche, en face à l'ouest, près de l'Hudson,
régnaient la lumière, l'espace et l'élégance. Avant que s'éla-
borât le projet de métro souterrain, Broadway et Riverside
Drive étaient les lieux de prédilection des cyclistes et des
promeneurs. Des pavillons s'animaient le dimanche et les
jours de fête. C'était encore la campagne, une campagne peu
rurale, propice aux pique-niques, le royaume des maraîchers
et des guinguettes, des entraîneurs de chevaux et des amateurs de régates organisées sur la Harlem, à la pointe de l'île.
Mais la fièvre de la spéculation et de la construction
s'empara des promoteurs dès qu'ils obtinrent l'assurance
que cette partie de Manhattan serait, dans un proche avenir,

Harlem en 1897. Un des cercles sportifs les plus élégants de la ville était le Michaux Cycle Club, nommé ainsi en hommage à l'inventeur français. Les dames jugeant le pantalon bouffant immoral restaient fidèles à l'amazone noire. (Musée de la ville de New York.)

reliée au centre des affaires par un moyen de communication rapide, silencieux et invisible. Dès lors, la transformation de l'endroit s'amorça.

Le métro fut terminé en 1901. Mais, dès 1885, les grandes avenues qui n'existaient que sur le plan de la ville furent pavées ; on traça les rues sur un terrain si accidenté que certains escarpements furent abandonnés à la nature, raison pour laquelle il y a plus d'espaces verts à Harlem que partout ailleurs à Manhattan. On dessina un *campus* pour une université, *City College*, dont les bâtiments furent élevés avec le schiste excavé lors du creusement du tunnel du métro. L'ambitieux projet de construire la plus grande cathédrale du monde, Saint John the Divine, à la hauteur de la 112e, se précisa, et on se mit à bâtir des rangées de jolies maisons individuelles. L'on érigea également de beaux immeubles d'appartements dotés des derniers perfectionnements du confort. On ne lésina pas sur la qualité, car il s'agissait d'attirer dans cette partie de la ville la riche bourgeoisie. Et celle-ci répondit en effet à l'appel, en particulier les Allemands riches, ravis de s'installer au bon air, dans un quartier où trois grands parcs faisaient oublier l'atmosphère polluée du reste de la ville. Le soir, on allait boire un verre de vin du Rhin dans une des innombrables *Weinstuben* qui s'ouvrirent. Les jeunes gens constituaient des chorales. Près d'une centaine de clubs organisèrent les loisirs des épouses. Un terrain de polo, des théâtres, un orchestre symphonique, un Opéra inauguré en 1889 « où le gratin de Harlem se retrouvait les soirs d'abonnement tout comme leurs aristocratiques voisins dans l'Opéra du bas de la ville[6] », un casino, deux hôtels, un yacht-club assuraient le prestige de ce nouveau centre. Enfin, *Koch's*, installé 125e Rue, n'avait rien à envier aux grands magasins de la Cinquième Avenue[7].

Ce prolongement semblait s'inscrire dans la logique de la ville : toujours plus au nord et toujours plus beau. La spéculation se fit effrénée. On achetait immeubles et terrains à trente jours. Les propriétés changeaient de mains continuellement et chaque fois leur prix augmentait. L'accélération fut trop brutale pour un marché ébranlé par la récession de 1904. Soudain, l'offre dépassa de beaucoup la demande et les prix commencèrent à fléchir. Un homme d'affaires noir, Philip Payton, se présenta alors aux propriétaires inquiets et leur proposa une solution[8].

Payton faisait partie de la petite bourgeoisie noire ascendante. Son père, un coiffeur installé dans le Massachusetts et dont la boutique servait de lieu de rassemblement à la communauté noire de la petite ville de Westfield, fit faire à Philip de véritables études. Cependant, lorsque celui-ci vint tenter sa chance à New York, il dut débuter en se cantonnant dans les emplois traditionnellement réservés aux Noirs. Il fut d'abord porteur, puis coiffeur, et enfin s'engagea comme homme à tout faire chez un agent immobilier dont il observa les agissements avec assez d'attention pour apprendre les rudiments du métier. Il se hasarda enfin à ouvrir une agence réservée à la clientèle noire. Son affaire végétait lorsqu'une occasion inespérée se présenta. Deux propriétaires d'immeubles situés à Harlem s'affrontèrent si violemment que l'un d'eux, prêt à se ruiner pour couler son adversaire, confia la gérance de son patrimoine à Payton. Or, Payton s'acquitta si bien de sa tâche que bientôt d'autres propriétaires, devant la difficulté de trouver des locataires blancs, se tournèrent vers lui. Quatre ans plus tard, en 1904, le jeune homme constituait sa propre société, *the Afro-American Realty Company.*

Son succès venait de ce qu'il s'engageait pour cinq ans. Les propriétaires obtenaient ainsi des rentrées à la fois régulières et élevées, car un nombre considérable de Noirs étaient prêts à débourser des sommes importantes pour s'établir, enfin, dans des logements confortables. Jusque-là, il n'y avait pas de ségrégation véritable à New York, où il n'existait pas de quartiers réservés aux Noirs. Les enfants noirs fréquentaient les mêmes écoles publiques que les petits Blancs depuis 1874, et les moyens de transport, contrairement à ce qui se passait dans la majorité des villes américaines, étaient ouverts à tous depuis 1854. Cependant, Noirs et Blancs n'occupaient pas les mêmes immeubles et certains quartiers dégradés contenaient des poches noires : Greenwich Village par exemple, ou le voisinage de la 53e Rue à l'ouest de Manhattan. Invariablement, la qualité des logements noirs était inférieure, l'entretien des immeubles quasi inexistant, et l'encombrement des logis plus insupportable qu'ailleurs. En outre, le système interdisait aux Noirs qui se hissaient sur l'échelle sociale de traduire leur progrès par un déménagement à la manière des autres New-Yorkais. Ils en souffraient, pour eux et pour leurs enfants, condamnés à vivre dans des conditions peu propices à leur éducation, et s'en irritaient d'autant plus qu'ils ne manquaient pas de moyens. Restaurateurs, traiteurs, coiffeurs, acteurs, jockeys et sportifs gagnaient de l'argent. Une Mrs. Walker avait commencé comme blanchisseuse. Veuve à vingt ans et mère d'une petite fille, elle refusa de se résigner à cette triste vie et se lança dans la fabrication de produits de beauté. Mais au lieu de se concentrer, comme le faisaient tant de Noirs, sur le défrisage et l'assouplissement du cheveu, elle mit au point une lotion pour la repousse qui connut vite un grand succès. Elle créa alors une chaîne de magasins aux États-Unis et aux Antilles et même une école pour esthéticiennes. Nul ne pouvait vendre ses produits sans avoir obtenu un diplôme de son établissement. La réussite passa ses espérances et elle fut la première femme américaine à accumuler un million de dollars.

La bourgeoisie noire s'enthousiasma donc pour Harlem, ses maisons bien construites, ses salles de bains modernes, ses installations de gaz et d'électricité qui fonctionnaient, ses toitures qui ne fuyaient pas. Et elle ne se laissa pas démonter par le méchant accueil que lui réserva le voisinage.

L'arrivée de quelques familles noires n'aurait pas suffi à émouvoir l'opinion, puisque aussi bien, le phénomène n'eût pas été sans précédent à New York, mais l'emménagement de dizaines de milliers de Noirs en quelques années parut insupportable aux Blancs du quartier dont le vocabulaire, sinon le geste, se fit martial. Il fallait se mobiliser contre cette invasion. « L'ennemi a encore capturé un immeuble », lisait-on dans une publication locale. On s'organisait en associations de blocs ; on s'engageait solennellement à ne pas vendre ni louer à des Noirs. Les Blancs s'efforçaient de tracer une ligne frontière à travers leurs rues et de convaincre les agents immobiliers de ne la point franchir. Ces démarches leur donnaient la possibilité d'exhaler leur mauvaise humeur et de formuler leurs craintes, mais elles n'avaient aucun résultat concret. Les réalités économiques pesaient trop lourd. Comment empêcher, en effet, un propriétaire de vendre ou de louer à un Noir, s'il ne trouvait pas de locataires blancs prêts à payer le prix demandé et s'il était convaincu que son bien se déprécierait, dans les mois à venir, précisément en raison des bouleversements qui agitaient le quartier ? Il cédait par panique et s'en félicitait ensuite, en constatant que le propriétaire qui s'obstinait à chercher des locataires blancs devait baisser considérablement ses prétentions et courait à la ruine. Indiscutablement, la solution la plus avantageuse consistait à louer, et à louer pour un prix élevé, aux Noirs.

Ceux-ci vinrent donc de plus en plus nombreux, d'abord parce qu'ils le voulaient, ensuite parce qu'ils trouvèrent de plus en plus difficilement à louer ailleurs. L'ouverture de Harlem aux Noirs amena une ségrégation de fait à Manhattan. Si la première vague de Noirs disposait de moyens suffisants, la deuxième et les suivantes en avaient moins. On partageait donc l'appartement pour y héberger deux ou trois familles et, lorsque le loyer pesait trop lourd, on se résignait à prendre des sous-locataires. Le mouvement s'amplifiant, les Noirs gagnèrent bientôt les rues ouvrières de l'est de Harlem. Les Blancs refluèrent alors vers le Bronx et les banlieues plus lointaines. En 1986, il ne restera, dans le quartier dévasté par la délinquance, qu'une rue *sûre* dans East Harlem, la 114e, tenue par la mafia, où le Tout-New York continuera de fréquenter un restaurant célèbre, le Rao. Au début du siècle, il ne fallut pas plus d'une dizaine d'années pour amener la transformation du Harlem blanc en un ghetto noir. En 1914, les trois quarts de la communauté noire y vivaient.

Malgré les violences verbales, les articles injurieux, les manifestations de dépit des Blancs, il faut souligner, et cela est tout à l'honneur de la ville, qu'il n'y eut ni attentats, ni meurtres, ni incendies criminels, contrairement à ce qui se passait dans le reste du pays, où lynchages et persécutions n'étaient pas réservés aux États du Sud.

Dans toutes les villes du Nord industriel, de grandes communautés noires se formèrent au début du xxe siècle. Or, à Chicago, à Boston, à Cleveland, les Blancs ne se contentèrent pas de paroles : ils mirent le feu, ils lancèrent des bombes, ils firent régner la terreur chaque fois que les Noirs tentaient de s'installer dans leurs rues. Le cas le plus notoire fut celui du docteur Sweet, à Detroit. Le docteur, un Noir, acheta une maison dans un quartier blanc. Le lendemain de son emménagement, une partie de son mobilier fut volée et une foule menaçante assiégea la demeure. Des coups de feu partirent. La famille Sweet riposta. Il y eut un mort et un procès demeuré célèbre. Des avocats new-yorkais se chargèrent de la défense de Mr. Sweet, qui fut acquitté, mais inutile de préciser qu'il dut quitter la ville.

Partout, donc, aux États-Unis, les Noirs, quelles que fussent leurs qualifications, leur ancienneté dans la ville, en étaient réduits à vivre dans des quartiers excentriques, des quartiers de ceinture, l'équivalent des bidonvilles européens. A New York, au contraire, ils prirent possession d'un ensemble sain, agréable, bien construit et animé. Au lieu d'être relégués dans une cité-dortoir, ils s'installèrent dans des

rues vivantes, dotées de magasins, de cinémas, de bibliothèques et d'écoles. Harlem était central. On le traversait continuellement et on y accédait sans difficulté grâce au réseau de
transports. L'agrément de l'emplacement géographique fut
pour beaucoup dans le sentiment de bien-être et de contentement qui s'épanouit dans la communauté noire pendant le
premier quart du XXe siècle. James Weldon Johnson, un écrivain noir qui publia une histoire de Harlem en 1930, précisa
cette notion : « Dans presque toutes les villes du pays, la partie noire se trouve en bordure, à la périphérie de l'agglomération [...] A New York, la situation est tout à fait différente.
Le Harlem noir s'étend au cœur de Manhattan, sur un des
sites les plus beaux et les plus salubres de la ville. On n'y vit
pas en marge ; on n'y vit pas dans un taudis [...], c'est un
quartier d'appartements agréables et conformes aux réglementations[9]. » Venant de Washington, Duke Ellington
s'écria, la première fois qu'il vit Harlem, au début des années
vingt : « On dirait les Mille et Une Nuits[10]! »

Comment expliquer la plus grande humanité des rapports
raciaux dans la ville, mise en évidence par l'établissement
relativement paisible des Noirs dans un endroit plaisant ?
L'hétérogénéité de la population y fut pour beaucoup. Il
n'existait pas à New York un front uni, comparable à la ligue
des Blancs dans les villes du Sud ou de l'Ouest, ou même au
bloc soudé de la masse irlandaise à Boston, ou polonaise à
Chicago. A New York, et plus encore dans le cadre exigu de
Manhattan, les différents préjugés des juifs, des Italiens, des
Allemands, des protestants anglo-saxons et des Irlandais
finissaient par s'équilibrer. Aucune communauté n'avait le
poids nécessaire pour imposer sa loi. En outre, les différents
groupes se trouvaient rarement en concurrence économique
directe. Enfin, si les habitants de la ville témoignaient moins
de dureté aux Noirs que la plupart de leurs concitoyens et
leur permettaient de réussir mieux et plus vite à New York
qu'ailleurs, c'est que la communauté noire constituait une
élite, capable de forcer le respect des Blancs. L'existence
ancienne d'écoles pour Noirs, l'intégration dès 1874 de
toutes les écoles publiques, avaient encouragé les familles à
instruire leurs enfants. Non seulement, cas exceptionnel aux
États-Unis, tous les jeunes Noirs nés à New York savaient
lire et écrire au XIXe siècle, mais encore, en 1910, les tests scolaires n'indiquaient aucune différence entre les élèves blancs
et noirs[11]. Trois quarts de siècle plus tard, les choses auront
changé de façon dramatique et le taux d'illettrés atteindra

un niveau inquiétant. La presse noire, présente à New York depuis 1827 [12], contribuait à entretenir le sens des responsabilités des leaders noirs, d'autant que, jusqu'en 1860, ces journaux servaient essentiellement à organiser la fuite et la survie des esclaves.

Plus tard, ce fut également à New York que se constituèrent les associations pour la défense des droits des Noirs. Elles se regroupèrent pour former la NAACP *(National Association for the Advancement of Coloured People)* en 1908, et la *Urban League* en 1911. La première travaillait sur l'aspect juridique de la discrimination, à l'aide d'avocats blancs, et la seconde se préoccupait davantage des conditions de vie quotidienne, de la formation professionnelle et de la protection des femmes noires, souvent exploitées par leurs employeurs. L'action de ces organismes s'étendait au-delà de New York, à une époque où le Sud était la proie de violences meurtrières incessantes [13]. Entre 1890 et 1910, il y eut plus de lynchages, de meurtres et de tortures dans les anciens États esclavagistes qu'à n'importe quel autre moment de leur histoire. New York, en revanche, d'après James Weldon Johnson, devenait précisément « le centre des forces organisées pour l'affirmation des droits égaux et pour insister sur l'application des principes fondamentaux de la République sans égard à la race, à la croyance ou à la religion [14] ».

Les mouvements intérieurs et l'immigration, du moins jusqu'à la crise de 1929, contribuèrent aussi à la qualité de la communauté noire. Les Noirs en provenance des Caraïbes, conscients de ce qu'ils seraient plus protégés à New York qu'ailleurs et auraient donc de meilleures chances de réussir, venaient de milieux professionnels variés où la proportion d'entrepreneurs, d'hommes d'affaires, de médecins et d'avocats était élevée. Enfin, New York attirait les éléments les plus énergiques et les plus doués, tous ceux qui ne voulaient plus supporter l'humiliation constante et l'injustice de leur sort dans les États du Sud. On a qualifié cette progression vers New York d'avant la Première Guerre comme la migration du *Talented Tenth*. Le « dixième » des Noirs du Sud qui partirent composait de loin la fraction la plus dynamique du groupe. J'ai évoqué plus haut la carrière d'un directeur d'école noir qui termina à la tête d'un établissement « blanc ». Cet homme, William Bulkley, était né en esclavage en Caroline du Sud en 1860. Il apprit à lire et à écrire dans l'école de son campement, puis fut recommandé et accepté dans une grande université du Connecticut, Wesleyan, où il

L'Église de Dieu à Harlem. De toutes petites congrégations se réunissaient le plus souvent dans une pièce au rez-de-chaussée. Dans les années vingt, il y avait plus d'églises que de cabarets dans le quartier. Notez comme la maison joliment construite est bien entretenue. A droite, derrière le store et le voilage, une pancarte offre une chambre à louer. (Berenice Abbott, musée de la ville de New York.)

subsista en travaillant le soir. Il passa ensuite quelques années en France et en Allemagne avant d'obtenir le doctorat qui lui permit d'enseigner à Manhattan et d'y connaître un succès exceptionnel. D'autres Noirs, fuyant, comme Bulkley, le Sud où « on leur interdisait d'être de vrais hommes », militèrent dans les rangs du parti républicain et devinrent avocats, banquiers ou pasteurs, gagnant à la fois respectabilité et argent. Une des réussites commerciales les plus spectaculaires fut celle d'une pauvre femme surnommée « Mary Pied de Cochon ». Postée au coin d'une rue, elle vendait, hiver comme été, andouilles et pieds de porc. Elle investit astucieusement ses économies dans l'immobilier à Harlem et finit ses jours dans l'opulence. Un natif de Géorgie fit fortune en inventant la première installation automatique de lavage de voitures. Car même les ouvriers non spécialisés qui débarquaient à New York — au sens propre, puisque le bateau demeurait le moyen de transport le meilleur marché et le plus utilisé le long de la côte — étaient souvent parmi les plus évolués [15].

Lorsqu'un besoin de main-d'œuvre se faisait sentir, des agents recruteurs descendaient dans le Sud pour organiser le transfert des ouvriers disponibles. Les envoyés new-yorkais écumaient les agglomérations de la côte et négligeaient le *Deep South*, c'est-à-dire les régions les plus rurales. Les Noirs dirigés vers New York avaient donc déjà vécu en ville et se trouvaient beaucoup moins dépaysés et vulnérables que si on les avait cueillis au sortir de la plantation. D'ailleurs la structure économique de la ville, fondée davantage sur de petites entreprises que sur de grosses unités, facilitait leur insertion dans la communauté et leur permettait d'avoir des rapports plus divers avec le reste de la population. Un millier de Noirs du Mississippi, engagés tous ensemble dans le même abattoir de Chicago ou le même atelier de Detroit, demeuraient de longues années pareils à eux-mêmes ; à New York, au contraire, ces même Noirs immédiatement disséminés à travers la ville devenaient rapidement un millier de Noirs new-yorkais. Très vite, ils acquéraient une autre conception d'eux-mêmes. Il leur suffisait de jeter leurs vieux vêtements pour abandonner leurs attitudes d'hommes soumis. « On reconnaît, notait le *New York Times*, le nouveau venu à sa chemise râpée, sans col, à son vieux chapeau mou et cabossé, à sa démarche lente et à ses épaules tombantes. » Peu de semaines plus tard on ne pouvait plus le distinguer des « nègres au physique avantageux, taille mince et épaules larges, qui paradaient le long des rues de la " ceinture noire ". Ils étaient nombreux à trouver du travail sur les docks. Leurs salaires leur permettaient d'être bien vêtus. Les uns s'habillaient de façon classique [...] les autres voulaient être du dernier cri [...] chemises de soie, cravates éclatantes, guêtres aux couleurs gaies et vêtements moulants [16] [...] » Leurs camarades de la plantation n'en auraient pas cru leurs yeux. Le séducteur, dans *Porgy and Bess*, l'opéra de Gershwin adapté d'un roman paru dans les années vingt, charme la jeune Bess en lui faisant miroiter les beautés de Harlem :

> *Je te paierai la maison la plus chouette*
> *En haut de la Cinquième*
> *Et nous irons en goguette*
> *Tout autour de Harlem.*

Ils n'avaient d'ailleurs pas besoin de rester dans Harlem et quand ils se hasardaient dans le bas de la ville, le long de Broadway, on ne se retournait pas sur leur passage, car le cosmopolitisme de la ville tendait à effacer plutôt qu'à accentuer les différences.

Les Noirs vinrent donc en foule du pays entier. Harlem comptait cinquante mille Noirs en 1914 et plus du double en 1918. L'entrée en guerre des États-Unis eut en outre des conséquences très particulières pour eux. Il se trouva que le 15e régiment, précisément constitué par les Noirs de Harlem, fut un des premiers à s'organiser, et la première unité américaine à débarquer en France. Le commandement, en cette période où l'armée américaine n'avait pas encore amalgamé troupes noires et blanches — elle ne le fera qu'en 1947 sous la présidence de Truman —, préféra le rattacher directement à l'armée française. Alors que les autres Noirs américains, bien que mobilisés comme les autres citoyens, n'avaient pas le droit de servir dans les unités combattantes, les *Hell Fighters* de Harlem non seulement prirent part aux opérations mais le firent avec une telle vaillance qu'ils furent cités à l'ordre du jour, leur drapeau décoré de la croix de guerre et, l'armistice venu, le commandement français leur accorda l'honneur d'être la première unité alliée à poser le pied en territoire ennemi[17].

Lorsque ces vétérans revinrent chez eux en février 1919, ce fut en guerriers doublement victorieux puisqu'ils avaient donné une preuve éclatante et de leur courage et de leur loyauté. Le défilé du 15e régiment à travers Manhattan fut donc un triomphe incomparable, au moment même où bien des villes américaines furent surprises par une série d'émeutes noires, émeutes durement réprimées et qui illustraient tragiquement le refus des hommes au pouvoir de comprendre et d'aider la minorité la plus mal traitée des États-Unis. Une fois de plus, New York se singularisait. Non seulement aucune brutalité n'assombrit le retour des soldats mais pour la première fois dans l'histoire du pays, un mouvement prit forme, qui reconnaissait la valeur de la culture noire, l'encourageait et, dans une certaine mesure, l'adoptait.

Il y avait toujours eu un folklore noir aux États-Unis, nourri par les *negro spirituals*, le *ragtime* et les *blues*. Mais personne ne s'était jamais avisé de la beauté des voix, de la fertilité de l'imagination mélodique, de l'envoûtement de ces rythmes. Certes, quelques poètes noirs avaient été publiés à New York, et cela dès 1760, mais leur talent n'avait pas été reconnu. Le public n'admettait les artistes noirs que dans les rôles comiques. Bien des cabarets new-yorkais s'étaient fait une spécialité de ces duos où un barbouillé jouait le Blanc et se moquait du nègre. Cependant, il y avait un barrage contre toute forme d'art sérieux émanant des Noirs. Marian Anderson, une des plus grandes artistes de son temps, fit carrière après des tournées triomphales en Europe, mais devra attendre 1955 et ses cinquante-trois ans pour faire ses débuts au Metropolitan Opera[18]. L'explosion artistique de Harlem en fut d'autant plus remarquable.

Écrivains et poètes, dans les années vingt, abandonnèrent complètement l'attitude pathétique et sentimentale qui avait été leur marque pour un cri si rauque et si tragique que le monde littéraire new-yorkais en fut ému. Le *New Negro* se faisait entendre. Le Nouveau Nègre ne reniait pas ses origines, refusait d'écrire comme l'avait conseillé, à l'un d'entre eux, le critique du *Boston Evening Transcript*, sans trahir la couleur de sa peau. Poètes et écrivains, bien au contraire, tiraient leur inspiration de leur passé et ils publiaient dans une multitude de revues et de journaux créés à leur usage juste après la Première Guerre mondiale. Éditeurs et critiques ne mésestimèrent pas l'importance du phénomène. Harper et Harcourt publièrent ces œuvres avec succès. Et dans un article célèbre de la *Saturday Review*, le critique V. F. Calverton écrivit : « Être un écrivain nègre, c'est être le fils littéraire de Dieu [...]. La littérature nègre est la plus importante du pays[19]. » La dépression des années trente porta un coup fatal à toutes ces petites publications mais la littérature noire poursuivit son élan comme en témoignent les œuvres de Richard Wright, James Baldwin, Richard Ellison. Cependant, les échanges les plus intenses et les plus fructueux concernèrent la musique, précisément parce qu'il y eut là une véritable interaction.

Déjà pendant la guerre, des Français, bouleversés par le son de la musique du régiment noir, avaient demandé aux trompettes de démonter leurs instruments. Impossible, pensaient-ils, d'obtenir des notes aussi déchirantes sans valves secrètes. De nombreux musiciens noirs demeurèrent en Europe, la paix revenue, pour y monter des formations de jazz. Et la portée du jazz fut reconnue en France et en Angleterre avant de l'être aux États-Unis. Le grand violoniste Mischa Elman déclara à des Américains : « Ce sera votre musique classique. L'on devrait organiser un conservatoire de musique à Washington pour que les compositeurs de jazz puissent étudier et approfondir leur art sans soucis financiers. » Darius Milhaud, le compositeur français, alla plus

loin. « Il me vint à l'idée, écrivait-il lors d'un séjour à Londres en 1920 où il entendit pour la première fois un orchestre
de jazz, arrivé de New York, d'utiliser ces rythmes et ces timbres dans une œuvre de musique de chambre, mais il me fallait auparavant pénétrer plus profondément les arcanes de
cette nouvelle forme musicale dont la technique m'angoissait encore [...] L'emploi constant de la syncope dans la
mélodie était d'une liberté contrapuntique telle qu'elle faisait croire à une improvisation désordonnée, alors qu'il
s'agissait d'une mise au point remarquable nécessitant des
répétitions quotidiennes. » A son arrivée à New York, deux
ans après en 1922, il répondit aux journalistes qui l'interviewaient « que la musique européenne subissait fortement
l'influence de la musique américaine. " Mais de qui ? [lui]
avaient-ils demandé, de Mac Dowell, de Carpenter ? — Non,
du jazz. " Ils étaient consternés, car, à l'époque, la plupart
des musiciens américains ne comprenaient pas l'importance
artistique du jazz et le reléguaient au dancing[20]. » Et Milhaud ne manquait jamais une occasion de monter à Harlem.
Très vite, il y fut en bonne compagnie.

Harlem grouillait maintenant d'une vie nocturne frénétique ; partout des cabarets, des saloons, des bars et partout
de la musique. Les pianistes de Harlem avaient mis au point
un style qui faisait le lien entre le ragtime classique et le
jazz : la main gauche s'en tenait au rag et la droite innovait.
Les *ticklers* ou « chatouilleurs » de Harlem, d'après l'historien du jazz George Hoefer, « contrairement aux pianistes
du ragtime ou de jazz dans le reste du pays, reflétaient la
désinvolture et le chic inhérents à [New York] et se rapprochaient des rythmes de Broadway[21] ». Les foules qui s'empilaient dans les petites boîtes de nuit s'enthousiasmaient, car
il ne fallut pas longtemps aux New-Yorkais à la mode pour
comprendre que Harlem procurait les frissons les plus
exquis. Le *Jazz Age* prenait son envol. On se disputait les invitations de A'Lelia Walker, la fille de la reine de la lotion
capillaire. A'Lelia, une grande femme au type éthiopien très
marqué, organisait dans ses salons aux murs recouverts de
satin lavande et ornés de simili Fragonard, meublés en
Louis XIV, des fêtes très mêlées où poètes noirs, aristocrates
de passage, gangsters et débutantes se coudoyaient. Le goût
de l'insolence, du bizarre, du sensuel et de l'interdit — depuis
le 16 janvier 1920, la prohibition s'était abattue sur New
York — possédait désormais une fraction infime, mais fort
influente, de la ville.

Les années vingt sont des années complexes aux États-Unis. Deux courants s'y affrontent. L'un emporte les bien-pensants, respectueux de l'ordre, désireux de préserver à tout prix la « pureté » de l'Amérique. Ils vont fermer la porte aux étrangers, imposer l'interdiction de boire bière, vin ou alcool, parfois favoriser les agissements du Ku Klux Klan. Ce sont eux qui mènent la guerre, au sens propre tant les méthodes en sont cruelles, contre les Noirs, les juifs, les catholiques et les bolcheviques. L'autre mouvement, qui se manifeste essentiellement à New York, bien plus restreint mais qui s'enorgueillit de représenter la « minorité civilisée », entraîne tous ceux qui ne veulent rien préserver du tout. C'est la nouvelle génération, définie par Scott Fitzgerald, qui « découvrit que tous les Dieux étaient morts, toutes les guerres menées, ébranlée toute la confiance qu'on avait dans les hommes [22] ». Génération trop affectée par la Grande Guerre, trop nourrie de Freud, de Proust, de Joyce, pour accepter les conventions morales de leurs aînés. On se révolte sur tous les fronts dans les milieux fréquentés par ces jeunes intellectuels. Contre l'étroitesse des mœurs ils prônent la liberté sexuelle ; ils affichent leur méfiance envers les bonnes intentions des réformateurs, leur mépris des pratiques religieuses, de la censure, de la nouvelle législation et de toute forme d'enrégimentation. De ce ferment sortira une grande génération d'écrivains américains : Sinclair Lewis, dont la critique féroce de la classe moyenne américaine, dans *Babbitt* et *Main Street*, électrisera ces jeunes gens en colère, mais aussi Fitzgerald, Hemingway, Dos Passos, Cummings, Wilson, Cowley. A Manhattan, cette révolte prend souvent une allure frivole. Les jeunes filles de bonne famille coupent leurs cheveux, raccourcissent leurs jupes et abandonnent du même élan réserve et corset. On fume, on flirte — Freud justifie toutes les aventures —, on s'enivre en public alors que, dans l'Ohio ou en Virginie, les législateurs étudient gravement un projet de loi qui interdirait tout décolleté dépassant les cinq centimètres [23].

La meilleure façon de lutter contre la pesanteur des préjugés américains, c'était encore de monter faire peau neuve à Harlem. Ils se firent si nombreux, « ces esthètes croulant sous le poids de la culture et de l'ennui [24] », qu'ils finirent par créer un Harlem artificiel. L'on en arriva à ce que les deux boîtes les plus célèbres, le *Cotton Club* et *Connie's Inn*, refusassent leurs tables aux Noirs. Mais qu'importait, les Blancs s'imaginaient que, de cette plongée dans un monde embrasé par la liberté du geste et du propos (la plupart des numéros frisaient l'obscénité), enfiévré par la proximité de révoltés et de hors-la-loi, émergerait un renouveau typiquement américain.

XI

LA LOI DU GANG

Les gangsters n'apparurent à Harlem qu'à partir de 1920, avec les touristes et la prohibition. En revanche ils étaient solidement enracinés dans les bas quartiers de Manhattan depuis le XIXᵉ siècle. Leur monde allait être transformé, après la Première Guerre, par les alliances conclues entre les différents gangs, par une puissance politique et sociale accrue et, pendant les douze ans que dura l'interdiction de boire de l'alcool, par la clientèle, et dans bien des cas, le soutien d'une grande partie des gens honnêtes.

Autour de 1900, les gangs, le plus souvent composés d'enfants d'immigrants, étaient strictement définis par nationalités. Au stade de la rue, il s'agissait davantage d'une équipe, d'une bande aux mœurs brutales, que d'une association de malfaiteurs. A moins d'être une mauviette ou un fort en thème, on faisait partie de cette extension de la famille qui offrait protection, relations et réconfort dans le monde chaotique des taudis. C'est au sein de ce gang que les enfants organisaient toutes leurs activités. Puis la plupart des adolescents trouvaient des emplois, gagnaient honnêtement leur vie et prenaient leurs distances avec le monde de leur jeunesse. Mais certains ne quittaient leurs camarades que pour entrer dans un cercle de véritables bandits. Un aîné, qui avait remarqué leur aptitude à la bagarre et leur sens du secret, les présentait. Ainsi, un gangster napolitain recrutat-t-il à la fois Al Capone et Lucky Luciano pour le redoutable gang des *Five Points*[1]. Cette voie avait été si souvent suivie par les premiers immigrants que l'on a pu dire que la constitution de gangs représentait un phénomène d'adaptation normal et transitoire à la vie américaine[2]. Effectivement, chaque groupe, à condition qu'il fût soudé et que le sens de la famille, de la loyauté et du silence y fût ancré, a sécrété des gangs avant de s'insérer plus paisiblement dans la vie du pays. Certains fonctionnaient l'espace d'une génération ; d'autres duraient plus longtemps. Il est indéniable que l'histoire criminelle de New York a été successivement ponctuée par les exploits des gangs irlandais, juifs, puis italiens, et que, plus près de nous, à partir des années 1960 et, reflétant le changement dans la composition du corps des immigrants, les Colombiens, les Cubains et les Chinois s'illustreront dans la délinquance. Les plus récents parmi les immigrants, les Vietnamiens, sacrifieront aussi à l'usage. Ils commenceront — schéma classique — par s'attaquer à leur propre communauté avant d'étendre leurs opérations[3].

A la fin du XIXᵉ siècle et au début du XXᵉ, les gangs d'adultes fonctionnaient essentiellement le long des quais de Hudson et dans le *Lower East Side*. Les quais du *West Side*, que se réservèrent les Irlandais, offraient de riches possibilités[4]. Le trafic fluvial, une fraction de plus en plus importante des échanges atlantiques et la gare ferroviaire où avait lieu le transbordement des marchandises avant l'entrée en ville avaient suscité l'installation de hangars, entrepôts, et chambres froides. Deux gangs, les *Gophers* et les *Hudson Dusters* en firent leur domaine. (Un *gopher* est un rat qui vit dans les galeries souterraines et la poussière évoquée par le nom de *duster*, c'est la cocaïne.) Ils commencèrent par piller magasins et soutes de navires en toute impunité tant le terrain se prêtait aux fuites rapides. Puis ils passèrent du vol ordinaire à l'extorsion, en imposant la protection forcée des dockers. Bientôt, on ne put ni charger ni décharger sans payer ces intermédiaires qui s'étaient arrogé par la force le droit de présider à l'embauche des ouvriers. Intermédiaires inutiles, mais violents et capables de disloquer les activités portuaires. Ce furent eux qui mirent au point le système du *racket*[5]. L'étymologie du mot est instructive : à l'origine, le *racket* était un banquet, qui tenait davantage du gueuleton que du repas de cérémonie, offert en l'honneur d'un ami ou à l'occasion d'une fête. Mais, pour financer les festivités, on ouvrait une souscription et malheur au commerçant qui négligeait d'acheter son billet. Le *racket* finit par signifier le chantage, puis l'association de malfaiteurs. Les Irlandais firent école, et bientôt les gangsters américains, quelle que fût leur origine, adoptèrent tous cette activité lucrative.

De l'autre côté de la ville, le *Lower East Side* servait de

Les quais autour du marché au poisson en 1892. Au premier plan, un pêcheur tire un tonneau rempli ; à droite, les marchands s'affairent, tandis qu'au centre, des gamins ayant déposé leurs vêtements à terre pataugent dans la rivière. (Société historique de New York.)

vivier aux gangsters juifs[6]. En 1908, le rapport du commissaire de police, Thomas Bingham, qui précisait que les juifs
constituaient cinquante pour cent des délinquants de la ville,
éclata comme une bombe au sein de la communauté israélite[7]. L'étonnement des anciennes familles juives, d'origine
allemande ou sépharade, venait de ce qu'elles avaient toujours eu la réputation de compter parmi les plus paisibles et
les plus respectueuses de la loi. Et voilà qu'on accusait leurs
coreligionnaires — et à juste titre, comme les chiffres le mettaient en évidence — de composer une des classes les plus
dangereuses de la société ! L'explication se trouvait dans le
pullulement de nouveaux immigrés, parqués dans des quartiers étroits et malsains, et confrontés quotidiennement à la
vénalité de l'administration. « Tout gosse, on savait déjà que
tout le monde pouvait être acheté. La question était seulement de savoir qui achetait, et pour combien. On le voyait
partout, autour de nous — du flic qui faisait sa tournée au
commissaire, du responsable du quartier aux gros bonnets
de la politique. Tout le monde avait la main tendue[8]. » Les
enfants voyaient aussi — et d'autant mieux que tant de
parents travaillaient à domicile — combien il fallait s'escri-
mer pour gagner sept à huit dollars par semaine.

Les premiers gangs juifs qui proliférèrent avant 1920 appli-
quaient deux principes, en sus de la prudence élémentaire de
s'assurer la bienveillance de la police en votant et en faisant
voter pour le parti : ils opéraient uniquement à l'intérieur de
leur propre communauté, et ils maniaient, comme leurs collègues irlandais, l'arme de la protection forcée. La génération initiale de ces bandits de grande envergure comptait
Monk Eastman, « à la face de singe et à l'apparence
féroce[9] », le pourvoyeur de bulletins de vote le plus efficace
du quartier, la mère Hertz, la plus redoutable tenancière de
la ville, Big Jack Zelig, qui fournissait hommes de main à qui
voulait bien le payer, et Dopey Benny Fein, dont le surnom
trompeur de « l'Abruti » venait de ses paupières alourdies.
Ces célébrités habitaient toutes le quartier, se rendaient
éventuellement au temple le samedi et se joignaient au reste
des habitants pour se défendre contre les attaques de gangs
étrangers. Ils recrutaient leurs troupes ouvertement. Dopey
ouvrit même une école de pickpockets, au vu et au su de tout
le voisinage. Mais c'était également du pillage de leur propre
communauté qu'ils s'enrichissaient.

Dopey arpentait sans vergogne Grand Street, les Champs-
Élysées du quartier juif, pour placer ses billets de « bienfai-

sance ». Le propriétaire d'une petite boutique se devait d'en prendre pour un dollar, un établissement plus important imposait de débourser cinq dollars. Impossible de tenir un restaurant sans payer un de ces messieurs pour s'assurer du calme dans la salle. Quant aux malheureux marchands des quatre-saisons, s'ils ne s'acquittaient pas d'un loyer mensuel d'un ou de deux dollars, leurs voiturettes se trouvaient constamment renversées « par inadvertance ». Le quartier se caractérisait par la profusion d'ateliers de confection, de dépôts, de magasins de gros ou de détail, puisque, aussi bien, plus de la moitié des juifs travaillaient dans les métiers de l'aiguille. Très naturellement, les cambrioleurs juifs se spécialisèrent aussi dans les vêtements, les soieries, les tissus et les fourrures. Les tentations ne manquaient ni aux coupeurs, malgré la surveillance étroite dont ils étaient l'objet de la part du fabricant, ni aux livreurs. Les receleurs, prompts à faire disparaître étiquettes, chiffres et empreintes, étaient habiles à écouler la marchandise.

Les malfaiteurs juifs ne se cantonnaient pas dans la confection. L'incendie criminel[10] constitua longtemps une de leurs activités préférées. On appelait « la foudre juive » les conflagrations douteuses qui semblaient toujours profiter à des propriétaires juifs. Dans les années 1890, quarante-quatre pour cent des sinistres inventoriés concernaient des immeubles juifs et il fut bientôt extrêmement difficile à toute personne ayant un nom à consonance juive d'obtenir une police d'assurances tant les compagnies se méfiaient. Le chef du gang du feu, Isaac Zuker, un riche marchand de Manhattan, proposait des services savamment gradués. Il embauchait, tout d'abord, un compère pour faire le lien entre l'assuré et l'assureur et veiller à ce que l'immeuble fût évalué au-dessus de sa valeur. Puis, selon le dommage désiré, il recommandait à ses hommes — ses *mechanics* — l'utilisation de l'alcool ou de l'essence. Mettant à profit quelques connaissances de chimie, Zuker avait mis au point un infaillible mélange de naphte et de benzine pour les cas extrêmes qui nécessitaient une véritable explosion. Avec ses acolytes, il amassa plus de sept cent mille dollars avant d'être arrêté et condamné. Des poursuites, menées énergiquement, eurent raison d'incendiaires de moindre envergure et, en 1910, les juifs ne constituaient plus que quinze pour cent des inculpés dans ce genre de délit.

L'empoisonnement des chevaux est un autre exemple de ces occupations lucratives, étroitement circonscrites à la

communauté. Un gang exécutait la besogne sous la direction
d'un juif russe, Max Schnure, qui siégeait dans un *saloon*,
Suffolk Street, et de son associé connu sous le nom évocateur de « Yushke Nigger ». Ils procédaient avec simplicité.
Une lettre envoyée à un propriétaire d'écurie ou à un des
nombreux marchands qui utilisaient une voiture pour leurs
livraisons exigeait une « taxe » ou un « tribut » faute de quoi
leurs chevaux s'écrouleraient les uns après les autres. Et les
brigands tenaient parole. Certains commerçants tentèrent
de se défendre. Les marchands de crème glacée du quartier
organisèrent un système d'assurances mais ils ne purent ali-
menter suffisamment leur caisse. Ils se résignèrent alors à
verser mille dollars par saison à Schnure, somme qu'il jugea
suffisante pour cesser de les tourmenter. Cependant, ils
n'abandonnèrent pas la lutte et, profitant d'un changement
d'administration en 1912 pour demander et obtenir la protection de la police, ils firent mettre leurs extorqueurs en prison.

Les juifs demeurèrent plus longtemps impliqués dans les
affaires de prostitution. En 1900, ils fournissaient deux tiers
des filles, souteneurs et tenanciers des innombrables maisons de passe de la ville. La célèbre Rosie Hertz avait commencé sa carrière littéralement au plus bas de l'échelle
puisqu'elle retrouvait ses clients dans les caves à charbon
des *tenements*. Elle travaillait pour son propre compte, sans
protecteur, et dès qu'elle eut réuni un pécule, elle loua une
chambre, puis acheta une « maison ». Elle mena si bien ses
affaires qu'elle put bientôt spéculer sur des terrains en ville.
En outre, elle ne dédaignait pas les profits du recel, d'autant
qu'elle revendait tout ce qu'elle voulait à ses « filles ». En
quelques années, elle devint une des femmes les plus riches
du Lower East Side. Dans le quartier où elle se promenait,
l'air digne et convenable, sous sa perruque de juive prati-
quante, on l'appelait « Maman Hertz ». Elle servait de caution à ses amis et connaissances en difficulté avec la police et
garnissait à la fois la caisse du parti démocrate et du parti
républicain pour être sûre de ne jamais être inquiétée. C'est
à New York également que fut créée, sous la désignation
innocente de *Independant Benevolent Association*, une organisation extrêmement profitable et bien ramifiée qui menait
la traite des Blanches sur une très grande échelle. Elle
employait deux cents souteneurs, tous juifs, qui devaient
faire la preuve de leur sérieux et de leur capacité avant d'être
acceptés. Bien des candidats, jugés trop légers ou indiscrets,

L'arrivée en ville. Les formalités accomplies sur Ellis Island, l'île de la statue de la Liberté, les immigrants étaient transportés par ferry à Battery Park, à la pointe de Manhattan. Là, des compatriotes plus dégourdis se proposaient, moyennant finances, de leur procurer logement et travail. (Musée de la ville de New York.)

furent rejetés par les dirigeants. Ils se procurèrent d'abord
des filles en Europe, en y envoyant des épouseurs professionnels, puis ils les cueillirent à l'arrivée du bateau, avant
d'aller recruter dans le Middle West.

Tous ces gangs avaient une composition strictement
homogène. Aucune alliance n'existait entre Irlandais, juifs et
Italiens. Ceux-ci, entrant dans la carrière avec un peu de
retard sur les juifs, formèrent leurs propres sociétés crimi-
nelles généralement présidées par le *padrone*. Au début de
l'immigration italienne, dans les années 1880, c'est le
padrone qui détenait l'autorité suprême chez ses compatriotes. Il avait organisé le recrutement et le voyage des
ouvriers ; il leur servait d'intermédiaire pour leur travail et
leur logement. Pour prix de ses services il empochait la meilleure partie de leurs salaires et gérait le peu qu'il leur abandonnait. Vers 1900, les redoutables sociétés secrètes italiennes, la mafia sicilienne et la camorra napolitaine, envoyèrent des délégués aux États-Unis, qui s'acharnèrent sur leurs
compatriotes à coups d'extorsions et de chantage. Un des
premiers souvenirs de Lucky Luciano est la rage ressentie
après le passage du mafioso chez ses parents. Son père avait
dû emprunter pour acheter un matelas pour ses filles. Un
nommé Moliari venait tous les mardis récolter l'intérêt. Un
jour, il remarqua un jambon que les Lucania (le nom n'avait
pas encore été américanisé) venaient de recevoir de Sicile, le
premier paquet depuis leur arrivée. Il le décrocha du clou et
se l'appropria avec désinvolture[11]. Les Italiens suivaient
donc la règle générale qui voulait que les agissements criminels fussent circonscrits très étroitement, et cela resta vrai
jusqu'à ce que la prohibition changeât les règles du jeu et
favorisât un élargissement des opérations.

L'interdiction absolue de produire, vendre ou consommer
alcool, vin ou bière, prit effet le 16 janvier 1920, mais la loi
avait été votée par le Sénat et la Chambre des représentants
en 1917, en pleine guerre, par surprise. A la lumière des événements européens, l'opportunité ou non de condamner les
boissons alcoolisées semblait un sujet futile. Ceux qui
s'opposaient à la législation ne prirent pas la peine de s'organiser pour la combattre, et ceux qui la favorisaient ne pesè-
rent pas la difficulté, ou mieux encore l'impossibilité de la
faire respecter. Ils n'imaginèrent pas que cette mesure, destinée à procurer bonheur et vertu au pays, allait au contraire

entraîner un redoublement de la criminalité. Violer la loi
devint un véritable *business*, source d'immenses profits,
mené par des professionnels avec l'accord de bien des gens
honnêtes, indignés des restrictions imposées à leurs plaisirs.
Ces derniers se souciaient fort peu des méthodes employées
par leurs pourvoyeurs. Tant que dura la prohibition, les
femmes du monde ne s'offusquaient pas de dîner aux côtés
d'un gangster ; bien plus, elles trouvaient cela « mignon [12] ».
Lucky Luciano fut invité à une fête très élégante, donnée par
les Whitney à l'occasion d'un match de polo, pour le remer-
cier de fournir l'alcool servi lors de la réception. Il passa une
excellente soirée : « Toutes ces filles si chics m'entourèrent,
me posèrent des tas de questions sur les coups et les fusil-
lades. Elles m'écoutaient, les yeux tout écarquillés, comme si
j'avais été une étoile de cinéma comme Douglas Fairbanks.
Plus j'en rajoutais, plus elles étaient contentes [13]. » Les bourgeois les plus respectables qui en temps ordinaire n'auraient
jamais frayé avec la pègre, se rendaient au *curb exchange*, le
marché ouvert des grossistes, acheter une caisse de whisky.
Les rapprochements incongrus et nuisibles favorisaient une
assurance de plus en plus insolente chez les criminels.
   Il faut reconnaître que circonvenir la prohibition exigeait
un véritable effort intellectuel. Il ne suffisait plus d'employer
un casseur pour intimider une victime. Il s'agissait de se procurer la marchandise, de la livrer, de la vendre, bref de
s'attacher une clientèle. L'établissement de ces réseaux exigeait des qualités qui ressemblaient fort à celles nécessaires
pour réussir dans les affaires. Luciano se vantait d'avoir une
société comparable à celle de Henry Ford en taille et en complexité avec ses comptables — souvent des filles d'ailleurs —
à la mémoire photographique, parce qu'on ne pouvait pas se
permettre de garder des chiffres par écrit, ses exportateurs
et importateurs. Ses avocats — il en avait à la douzaine —
devaient être disponibles vingt-quatre heures sur vingt-quatre. Il prétendait qu'on lui avait dit bien des fois que s'il
s'était appliqué à un business honnête, il eût connu un formidable succès. « Seulement, concluait-il, je ne me serais
jamais aussi bien amusé [14]. » C'est que Luciano aimait donner des coups. Or, la violence constituait l'élément de base
de toute l'opération.
   Les règlements de compte se faisaient ouvertement. Les
corps retrouvés au fond de l'East River ne méritaient même
plus un entrefilet dans les journaux. Plus d'un millier
d'assassinats marquèrent la guerre du gin à Manhattan. On

se débarrassait d'un concurrent en l'exécutant. Bien des patrons de *speakeasies*, ayant eu l'imprudence de changer de pourvoyeurs, furent criblés de balles dans leur arrière-cour. Les meurtres étaient prévus et accomplis de sang-froid. L'automobile et le revolver permettaient d'agir avec impunité et efficacité : on tirait d'une automobile en marche, ou l'on emmenait le malheureux « faire un tour ». Le respect et la terreur étaient si indissociables dans le milieu qu'on devait se montrer implacable. Il fallait aussi savoir contracter des alliances pour élargir son champ d'action. A la stupéfaction des gangsters de la vieille école, les jeunes unirent leurs forces sans égard à la nationalité ou à la religion. Lucky Luciano refusa d'entrer dans la « famille » d'un chef important, don Maranzano, parce qu'elle était entièrement constituée de Siciliens, de préférence du village du *capo*, Castellamare del Golfo. Or, Luciano ne voulait pas se couper de ses amis juifs — Meier Lansky supervisait notamment son équipe de comptables — ou de ses camarades italiens, indispensables pour monter une affaire d'envergure.

Le premier pas consistait à trouver la matière première. Les méthodes artisanales étaient naturellement bien insuffisantes, encore qu'elles fussent très répandues à Manhattan. On installait un alambic dans sa cave et l'on distillait son jus de raisin en famille. Procédé utilisé sur une grande échelle dans les quartiers populaires. Dans les rues de la Petite Italie, au sud de Greenwich Village, des camions de fruits encombraient la chaussée à l'automne et des résidus violets bouchaient les caniveaux. Les ménagères s'amusaient de ce qu'on achetait indifféremment son vin chez le coiffeur, le poissonnier ou le cordonnier[15]. Cependant, cette production ne pouvait satisfaire la demande. D'autres sources, plus importantes, provenaient soit du monde extérieur, soit de la ville elle-même.

Le long des côtes, la contrebande battait son plein. Des capitaines se tenaient à quelques milles de la terre, leurs cales lourdes de caisses de rhum ou de whisky selon qu'ils arrivaient des Antilles ou du Canada, et attendaient leurs clients, venus s'approvisionner dans leurs vedettes ultrarapides. On déchargeait à la nuit, sous l'égide des Irlandais. L'un d'eux, William Dwyer, dit Big Bill, non pas tant en raison de sa taille qu'en hommage à l'importance de son affaire, profita au maximum de l'occasion qui s'ouvrait à lui. Simple docker en 1920, on le retrouvait dix ans plus tard à la tête de plusieurs champs de courses et d'un nombre respectable de millions. Un homme comme Dwyer ne s'était pas contenté d'assurer le transfert de la marchandise. Il en avait organisé le transport et pour ce faire avait monté le vol et le maquillage de voitures et de camions, la location de garages et de remises pour entreposer les caisses ; il avait dû prévoir les services de protecteurs musclés pour le transport dans les rues ou sur les routes car les concurrents pirataient les véhicules. L'entreprise était donc considérable. En outre, il fallait non seulement s'assurer la distraction des douaniers mais encore l'aveuglement et l'indulgence des policiers [16].

On pouvait également se procurer de l'alcool industriel dans la ville même, où les autorités en avaient stocké de grandes quantités dans des hangars le long de l'East River, et le transformer. Des permis autorisaient le retrait de caisses. Ces autorisations, on les obtenait soit en les « achetant » aux fonctionnaires, soit en les volant. Les Irlandais « travaillaient » les bureaux. Tim Foley, un des responsables démocrates du district, ne répugnait pas à circonvenir les employés. Un dénommé O'Connor, aidé d'une secrétaire, se procura suffisamment de permis en blanc pour accumuler deux millions de dollars en deux ans. Les Italiens se chargeaient ensuite du transport des caisses. Les bouteilles, avec des étiquettes adéquates, étaient fournies par les juifs. Au cœur du Lower East Side, le long de Kenmare, Broome et Grand Street, s'instaura alors une sorte de Bourse en plein air où ces messieurs échangeaient leurs caisses et leur butin, vendant éventuellement à des clients de passage. Là aussi, se décidaient les frontières territoriales. En principe, Tommy Pennochio, dit le Taureau, un des adjoints de Luciano, devait faire autorité, mais bien souvent, les disputes se réglaient à coups de revolver.

Enfin, une source importante de vin jaillissait du cœur du quartier juif [17]. La fraction respectable de la communauté juive ne s'était guère émue à la nouvelle de la prohibition. Les juifs immigrés, en général, ne fréquentaient pas les bars, et un verre de thé leur suffisait pour soutenir une longue soirée de conversation. (Une statistique émanant des archives hospitalières de New York mettait ces différences culturelles en évidence : entre les deux guerres, 25,6 % des malades traités pour éthylisme étaient d'origine irlandaise alors que les juifs ne comptaient que pour 0,5 % de cette catégorie [18].) Cependant, les juifs pratiquants ne voulaient pas être privés du vin rituel indispensable à la célébration orthodoxe des fêtes, et notamment du repas du vendredi soir. Cette exigence provoqua une division dans la communauté. Les plus assimilés, les plus sensibles à l'opinion américaine auraient préféré remplacer le vin par du jus de raisin, mais les tenants de la tradition tinrent bon et la dispense nécessaire leur fut aussi volontiers accordée qu'elle le fut au curé catholique pour son vin de messe. Mais il y avait une grande différence entre le culte catholique et la pratique juive à ce sujet, et peu de commune mesure entre l'unique verre de vin de la célébration de la messe et la consommation familiale des innombrables fêtes juives. En outre, s'il était facile à un inspecteur d'opérer une vérification à l'église, on ne pouvait physiquement pas pénétrer dans tous les foyers juifs, les soirs de réjouissances. Une porte s'ouvrait donc à tous les excès.

Le principe voulait que le rabbin obtînt le vin nécessaire à sa congrégation. A lui de le distribuer. Or, l'augmentation brutale et constante des demandes intrigua l'administration. Elle envoya aux renseignements deux agents juifs, Izzy Einstein et Moe Smith, pour ne pas provoquer de soupçons. Ils n'eurent aucune peine à découvrir le marché où se revendait le vin rituel. Les rabbins eux-mêmes y participaient activement : soit qu'ils revendissent les quantités allouées, soit qu'ils accordassent de faux certificats à de faux rabbins. Les enquêteurs découvrirent, à leur grande surprise, que des « rabbins irlandais et des rabbins de toute sorte » se procuraient du vin pour le revendre. Une autre ruse consistait à gonfler les effectifs de sa congrégation. Des synagogues qui regroupaient une centaine de fidèles devenaient soudain, au dire de leur rabbin, des rassemblements d'un millier de personnes. On réinscrivait les morts ; on enrôlait les parents restés en Russie ou en Pologne. On constituait des synagogues, dites *wine synagogues* uniquement dans le but d'obtenir du vin. Cette source tarit cependant dès 1926 parce que l'administration, soutenue par les juifs respectueux de la loi et gênés du rejaillissement du scandale sur l'ensemble de la communauté, surveilla plus étroitement les demandes rabbiniques. Les gangsters impliqués dans l'affaire ne luttèrent pas pour conserver leurs avantages : ils avaient découvert une autre source de profits, plus fructueuse encore, qui consistait à s'emparer des brasseries.

Waxy Gordon, un des élèves les plus doués de Dopey Benny, fut un des premiers à abandonner le vin pour la bière[19]. Il acheta une vingtaine de brasseries où l'on faisait légalement de la bière non alcoolisée (le terme américain

near beer pourrait se traduire par « presque bière »). Il
conservait une partie de sa production, lorsqu'elle se trouvait encore au stade alcoolisé, et l'envoyait à travers un
réseau de tuyaux glissés dans les égouts jusqu'à des garages
à plusieurs kilomètres de là. Ses camions de livraison officiels quittaient la brasserie, chargés de bière inoffensive et le
transbordement avait lieu quelques minutes plus tard. Pour
mener à bien toute l'opération, il s'était associé à des Italiens, spécialistes de la guérilla routière, qui conduisaient
bien et tiraient mieux encore, double activité indispensable
pour empêcher le piratage de la cargaison par des concurrents.

Les livraisons qu'ils avaient à effectuer pouvaient être fort
lointaines car New York, lieu principal de l'arrivée de la marchandise, était devenue un centre de réexpédition important.
Ce rôle avait des implications financières non négligeables
car les envois vers d'autres villes entraînaient la nécessité
d'engager des prêts à court terme. Pour faciliter leurs
affaires, fondées sur la confiance et la parole donnée, les
gangsters de New York envoyèrent des hommes à eux en
province. Torrio, puis Al Capone, les « maîtres » de Chicago,
venaient des *Five Points*, un des gangs les plus sauvages de la
ville. Moe Dalitz à Cleveland, Nig Rosen à Philadelphie, Abe
Bernstein et son *Purple Gang* de Detroit, Tom Pendergast de
Kansas City, faisaient tous partie d'une toile d'araignée dont
le centre était New York. On se trouva devant un schéma qui
n'était pas sans rappeler celui qui avait facilité l'essaimage
des banques et des compagnies d'assurances de la place.

La prohibition avait facilité le monstrueux épanouissement des gangs ; son abrogation, en 1932, ne les décima point
car les hors-la-loi se lancèrent dans des opérations nationales fondées sur la drogue et le jeu et, en ville, il leur resta
le *racketeering* qu'ils menaient depuis des années avec une
efficacité et une violence telles que peu d'aspects de la vie
économique furent épargnés.

Malgré les alliances cimentées au sommet, il demeurait
une division professionnelle du territoire en ville. Les Irlandais, toujours maîtres des docks, dominaient les industries
du bâtiment. Les Italiens se concentraient sur le marché des
fruits et légumes et étendaient leur puissance sur le marché
au poisson. Joseph Lanza y avait mis sur pied un syndicat
auquel les patrons de bateaux devaient verser une contribution chaque fois qu'ils revenaient de la pêche. Un service de
surveillance, totalement superflu, imposé aux voitures des

détaillants qui faisaient leurs achats, lui rapportait des bénéfices réguliers ; enfin, aucun marchand ne pouvait ouvrir un
étal sans son accord. Non content de réglementer à sa façon
le marché officiel, il utilisait certains commerçants de ses
amis pour écouler le poisson volé[20]. Les juifs s'infiltrèrent
dans les industries de la confection, la restauration et les
salles de spectacle, en particulier les cinémas. Les gangsters
d'avant la guerre se contentaient d'extorquer un pourcentage aux marchands qu'ils « protégeaient ». Entre les deux
guerres, ils élargirent leur champ d'activités en s'insinuant
dans les syndicats avant d'établir une mainmise pure et simple sur de nombreuses industries.

L'évolution de la situation dans la confection est la meilleure illustration de ce mouvement. Les petits ateliers de
production familiale avaient été graduellement transformés
en unités de fabrication plus importantes. Les ouvriers, profitant de ces regroupements, avaient commencé à former des
syndicats pour lutter contre d'affreuses conditions de travail. Des revendications aboutirent à une série de grèves dès
1910. Fabricants et ouvriers s'affrontaient continuellement.
Faut-il le rappeler ? Les grèves n'étaient pas douces au début
du XXe siècle. Les patrons embauchaient des briseurs de
grève qui tourmentaient les hommes du piquet. A la moindre
provocation ouvrière, la police intervenait brutalement pour
rétablir l'ordre sur la place publique. Une des premières préoccupations des leaders syndicaux fut donc de protéger les
grévistes et, pour ce faire, ils engagèrent le plus renommé
des gangsters de la communauté juive, Dopey Benny. Officiellement employé par l'union des syndicats juifs, *United
Hebrew Trades* ou UHT, le Dope, épaulé par une troupe
d'acolytes, participa à toutes les manifestations ouvrières
organisées par le UHT. Il remplissait deux fonctions : défendre les ouvriers du piquet et veiller à ce qu'ils se missent
tous en grève. Malheur à ceux qui restaient dans l'atelier ou
qui refusaient de s'inscrire au syndicat. Dopey aimait à se
vanter de ses sentiments socialistes et humanitaires. Son
cœur, disait-il, appartenait aux travailleurs. Certes. Il
n'empêche que lorsqu'il approuvait un compromis, jugé
insuffisant par certains militants, il s'arrangeait pour que
l'envie de s'y opposer leur passât rapidement.

Toute cette besogne était tarifée. En plus de son salaire
mensuel et de celui de ses hommes, Dopey prenait soixante
dollars pour tirer dans les jambes d'un jaune ou d'un garde ;
un bras cassé revenait plus cher : deux cents dollars ; mettre

Les anges gardiens d'un piquet de grève. (Amaryllis Press.)

à sac un atelier qui refusait d'employer des ouvriers syndiqués allait chercher, selon la besogne nécessaire, entre cent cinquante et cinq cents dollars. Dopey exigeait, en outre, cinq dollars par jour s'il se trouvait condamné à une peine de prison et, bien entendu, le syndicat devait régler les frais de sa défense. Cette association avec les leaders du mouvement syndicaliste eut des conséquences désastreuses car il fallut fournir un effort considérable et souvent inutile pour se débarrasser ensuite de ces gangsters installés au cœur de l'économie de la ville. De son côté, le patronat ne demeurait pas inactif et il engagea également des brutes pour défendre ses intérêts. Dopey resta fidèle aux syndicalistes mais les gangs, prêts à se vendre au plus offrant, ne manquaient pas. Plus de treize « firmes » proposaient leurs services et louaient souvent leurs hommes aux deux côtés. En fait, il y avait tant de travail sur la place que Dopey organisa une division géographique de la tâche qu'il partagea avec les Irlandais, toujours maîtres de l'Upper West Side, et les Italiens qui s'ancrèrent dans East Harlem. Dopey finit par tomber dans un piège tendu par un nommé Zalmovitz, représentant un syndicat de bouchers. Ce dernier refusait de payer les six cents dollars réclamés par Dopey car il considérait que le travail avait été bâclé. Dopey le menaça mais Zalmovitz avait prévenu la police : le gangster fut pris en flagrant délit d'extorsion de fonds et arrêté. Le syndicat n'accepta pas de payer les milliers de dollars réclamés pour sa caution et Dopey, fou de rage, se mit à table. Ses aveux ne suffirent pas à démanteler son activité, car l'attitude de la police demeurait bien ambivalente, et Louis Buchalter, dit Lepke, en hérita. Lepke était un petit homme tranquille, au regard de chien fidèle, sensible à la douceur de la vie de famille, ne buvant pas, aimant la lecture et les jeux calmes. Dans les réunions au sommet de la pègre, on l'avait surnommé le Juge, *Judge Louis*. Il travaillait en tandem avec un grand gaillard, Gurrah, frais débarqué de Russie, qui se chargeait de toutes les basses œuvres. Lepke et Gurrah, les *Gorilla Boys*, formaient un couple bien rodé, connaissant leur terrain à la perfection. Ils comprirent que l'industrie changeait dans les années trente.

Les ouvriers avaient enfin pu, notamment grâce à l'amélioration des transports, quitter les taudis du Lower East Side pour Queens, le Bronx et même la banlieue plus lointaine. Les ateliers malsains et dangereux du bas de la ville avaient fermé. Un affreux incendie au cours duquel cent quarante jeunes ouvrières, piégées dans les ateliers fermés à clé pendant les heures de travail, s'étaient jetées par les fenêtres, avait bouleversé l'opinion publique et entraîné un adoucissement des conditions de travail [21]. Tout le secteur des fabriques, bureaux, salons d'exposition, magasins, se déplaçait vers la Septième Avenue, autour de la 32e Rue — où d'ailleurs il se trouve toujours. Les *racketeers* suivirent le mouvement. Mais les bagarres dans la rue n'étaient plus de mise et il leur fallut inventer une nouvelle manière de procéder.

Lepke arriva à la conclusion qu'il était dorénavant inutile de se disperser. Se saisir d'un seul syndicat, mais d'un syndicat indispensable, dont l'ordre de grève paralyserait toutes les autres activités, devait suffire pour prendre le contrôle de tout un secteur des affaires. Dans la plupart des cas, qu'il s'agît de la confection, des grandes entreprises d'alimentation, des boulangeries, des boucheries ou des glacières, essentielles au bien-être et à la santé de la population en ces années où les réfrigérateurs étaient encore rares, le transport constituait le maillon sensible. Lepke s'allia à Luciano et ils unirent toutes leurs énergies. Lepke commença par placer des hommes à lui aux postes de commande du syndicat des camionneurs ; puis, il infligea une grève si dure au patronat qu'il put lui imposer la constitution d'une association bénévole dont l'unique « bonne œuvre » consistait à lui verser une prébende. A partir de ce moment, Lepke avait à sa merci à la fois les ouvriers et les patrons et il pouvait dicter ses conditions, simples au demeurant : il ne demandait que son pourcentage. Si un commerçant renâclait, sa marchandise se perdait en route. Un aventureux voulait-il créer une exploitation indépendante en se passant des services du syndicat et sans payer tribut ? On saccageait sa boutique : méthode particulièrement efficace en ce qui concernait les salles de cinéma et les restaurants, dont Lepke et Gurrah s'emparèrent un moment. Plutôt que de risquer l'explosion de bombes lacrymogènes, le jet de boules puantes ou de flacons de vitriol dans leurs salles, les commerçants acceptaient de payer.

Les mentalités changèrent cependant, à partir de 1933, pour deux raisons. L'une, très particulière, fut la percée d'un candidat à la mairie de New York aussi exceptionnel par son tempérament politique que par ses origines. Fiorello La Guardia, dit Petite Fleur, au père italien et catholique et à la mère juive et triestine, fut élevé en protestant. Capable de s'exprimer avec émotion aussi bien en anglais, en italien, en croate, en yiddish qu'en français ou en espagnol, jouissant d'une grande popularité chez les ouvriers de la confection qu'il avait défendus comme jeune avocat, respecté par les réformateurs bourgeois, il avait établi une clientèle électorale qui transgressait les lignes de parti traditionnelles. Cet homme chaleureux, intrépide et passionné, inscrit au parti républicain, affichait un mépris et une haine peu communs contre la machine politique de la ville, renforcés par sa réelle connaissance des liens entre la pègre et les politiciens. Le krach de 1929 et la dépression qui s'ensuivit et dura jusqu'à la fin de la Seconde Guerre constituèrent une deuxième raison plus générale. La dégradation du niveau de vie eut un effet de mûrissement sur le public [22].

Pendant les années vingt, tout paraissait possible; on allait de l'avant sans toujours réfléchir. La mode était au clinquant, au dépensier, à la légèreté. La ruine refroidit brutalement les esprits. Horrifiée par la perspective de la faillite et la conscience du gâchis général, la société tout entière mesura les inconvénients d'une administration incompétente. De plus, il y avait près de dix ans que les immigrants les plus récents habitaient New York. Dix ans, cela donne le temps de peser le poids de son bulletin de vote. Les enfants des premières vagues d'immigrants devenaient adultes. Beaucoup d'entre eux avaient reçu une éducation adéquate. Le *City College*, la meilleure université gratuite de la ville, « regorgeait d'étudiants juifs dont une proportion considérable étaient les enfants d'immigrants polonais ou russes du Lower East Side [23] ». Enfin, les minces progrès amenés par les administrations précédentes avaient rendu moins indispensable l'aide individuelle apportée par le club démocrate, dont le recul fut consacré par l'élection du républicain La Guardia.

Le premier maire de la ville à sortir des rangs de l'immigration fut élu en 1933, réélu en 1937 et élu une troisième fois en 1941. Il ne se présenta pas en 1945 car le soutien politicien lui manqua, mais il n'est pas sûr que les voix populaires lui eussent fait défaut. Ce n'est pas le lieu ici d'étudier en détail une administration très complexe, mais il faut souligner des réalisations qui semblent aujourd'hui si naturelles qu'on oublie combien elles sont, somme toute, récentes. Bien des historiens s'accordent à penser que le succès le plus important de La Guardia fut d'assurer la loyauté totale des élections. En 1933, il n'y eut aucune intimidation aux alentours des urnes et, en 1937, seules trois arrestations ternirent la

Un abri sur les quais pendant la dépression. (Musée de la ville de New York.)

journée. Toute irrégularité n'avait pas disparu ; on manipulait encore les listes ; mais la brutalité avait été vaincue, et cela par un moyen radical : La Guardia avait purgé la police municipale. Des centaines d'hommes avaient été mis à pied. La protection des gangsters n'était plus assurée. En outre, le maire se livra à des interventions qui frappèrent l'imagination du public. Il eut le courage d'apparaître, un jour, au petit matin, au milieu du marché central et de proclamer le gel des ventes d'artichauts pour raison d'urgence. L'urgence, expliqua-t-il, était constituée par le monopole de Terranovici, un *racketeer* particulièrement violent. Les ventes ne pourraient reprendre que si ce dernier laissait paisiblement jouer la concurrence. La Guardia gagna en vingt-quatre heures et, accessoirement, le prix de l'artichaut baissa de cinquante pour cent. Son goût du panache et son sens de la publicité l'aidèrent à changer la mentalité de résignation qui avait régné jusque-là. Il appuya de toutes ses forces les efforts du procureur Thomas Dewey, qui avait énormément de mal à faire témoigner les victimes. Elles craignaient, à juste titre, d'être assassinées avant d'arriver au tribunal. Préparatifs secrets et une protection efficace de la police amenèrent des résultats spectaculaires. Lepke fut exécuté ; Luciano fut condamné à trente ans ; des règlements de compte sanglants facilitèrent la tâche de la police. Certains mafiosi s'enfuirent en Italie.

Certes, La Guardia ne réussit pas à enrayer totalement les *rackets*, mais il administra la preuve que l'engrenage pouvait être arrêté. Il serait naïf d'imaginer que politiciens et gangsters rompirent aisément des liens si fructueux. Aujourd'hui encore, malgré la vigilance de la presse et une réforme saisissante des mœurs politiques américaines, la corruption ronge l'efficacité de la municipalité et la mafia contrôle encore bien des secteurs de la vie économique de la ville. A l'occasion de l'exécution du chef de la « famille » Gambino, une des cinq organisations principales de la mafia dans la région new-yorkaise, exécution qui eut lieu le 19 décembre 1985, en plein jour, dans un des quartiers les plus animés de la ville, le *New York Times* publia un long article sur son influence. Catalogue impressionnant puisque, à l'en croire, « restaurants, traiteurs, pompes funèbres, garages, transports, service de voirie et l'industrie du bâtiment[24] » sont tous gangrenés. Et les techniques n'ont pas varié : « Tout d'abord, précise le procureur fédéral, M. Giuliani, en prenant l'exemple du bâtiment, leur homme se fait élire à la tête d'une section

syndicale. Il peut alors extorquer des fonds aux constructeurs. Lorsqu'ils sont maîtres d'un nombre suffisant de sec-
tions, ils commencent à investir eux-mêmes dans
l'affaire[25]. »

Rien de changé, alors ? Si, précisément le fait que les journaux en parlent inlassablement et que l'effort de démantèlement ne se relâche jamais, effort mis en lumière par une
série continue de procès retentissants. Ce changement d'attitude envers la criminalité a ses racines dans les efforts de
réforme des années trente.

XII

LE REFUGE DES HOMMES ILLUSTRES

A partir des années trente, il devient impossible de considérer New York en faisant abstraction de l'Europe. La ville constitua, entre 1933 et 1941, le refuge le plus ardemment recherché des intellectuels persécutés par les dictatures fascistes. (Le choix de 1933 est quelque peu arbitraire, mais il se justifie par la date de la première liste de professeurs juifs ou libéraux limogés par Hitler dans les universités allemandes. Après le 7 décembre 1941, jour de l'entrée en guerre des États-Unis, il n'y eut plus de transports civils transatlantiques.) Et plus que toute autre ville américaine, New York fut affectée par une immigration minuscule en nombre — elle ne dépassa pas vingt-cinq mille personnes — mais au talent inépuisable [1].

Mussolini ouvrit l'ère fasciste en 1922. Successivement, le régime de l'amiral Horthy, en Hongrie, la victoire électorale de Hitler en 1933, l'annexion de l'Autriche par l'Allemagne en 1938, le démantèlement de la Tchécoslovaquie la même année, la défaite de la Pologne et finalement la chute de la France provoquèrent, parmi la convulsion générale, la fuite de milliers d'intellectuels, d'artistes, incapables de vivre et de travailler sous un gouvernement totalitaire et, de plus, pour tous ceux d'origine juive, directement menacés dans leur existence.

Ces hommes et ces femmes, du moins les plus lucides, auraient sans doute préféré se réfugier immédiatement aux États-Unis au lieu de fuir à travers une Europe devenue si fragile, mais les portes de la Terre promise s'étaient refermées. Une série de lois votées en 1921, 1924 et 1929, limita strictement le nombre d'immigrants *. L'entrée des États-Unis, libre pendant trois siècles, se hérissait désormais d'obstacles quasi insurmontables. Plusieurs raisons expliquaient cette volte-face[2]. Tout d'abord, le désenchantement causé par l'échec du président Wilson à la conférence de Versailles avait renforcé le courant isolationniste du pays ; puis les tenants de la pureté américaine, encouragés par le succès du Ku Klux Klan, antinoir, anticatholique et antijuif, qui comptait près de cinq millions d'adhérents en 1921[3], luttaient contre le continuel apport de Slaves et de Méditerranéens qui menaçait l'équilibre ethnique de la nation. Ensuite, la très vigoureuse reprise de l'immigration effrayait les syndicats. Plus de cinq mille arrivées *par jour* dès septembre 1920 avaient causé un tel embouteillage à Ellis Island, lieu des formalités d'entrée, qu'il avait fallu détourner des bateaux vers Boston[4]. Or, la démobilisation lançait des centaines de milliers d'hommes sur un marché du travail proche de la saturation ; le chômage, déjà menaçant, serait inévitablement aggravé par le flot d'immigrants peu regardants sur le montant de leurs salaires. Enfin, une reprise des persécutions en Europe centrale et en Russie avait provoqué des arrivées massives de juifs, au moment même où une flambée d'antisémitisme empoisonnait l'atmosphère du pays. Même à New York, la courbe, jusque-là triomphante, du progrès et des succès professionnels des juifs, s'affaissait.

Ainsi, l'université de Columbia, dont les portes avaient été si largement ouvertes aux étudiants juifs qu'ils formaient quarante pour cent de ses effectifs avant la Première Guerre, réduisit-elle ce chiffre à vingt-deux pour cent dès 1919 et le diminua encore par la suite[5]. La faculté de médecine leur rendit l'accès à ses cours plus difficile en imposant un quota[6]. Presque impossible à un juif d'entrer dans une banque d'affaires ou une firme d'avocats qui n'eussent pas été fondées par des coreligionnaires. La discrimination professionnelle affectait même les postes de secrétaires ou de vendeurs. Arthur Miller a décrit dans son roman, *Focus*, l'atmosphère lourde de ces bureaux où chacun dévisageait son voi-

* Le nombre de visas accordés à chaque nation ne pouvait dépasser deux pour cent du nombre de résidents étrangers de cette même nationalité établis aux États-Unis en 1890. Le choix de cette date favorisait les pays qui avaient alimenté les anciennes vagues d'immigration (l'Allemagne, l'Irlande, les pays scandinaves et la Grande-Bretagne), et pénalisait les États d'Europe centrale ou orientale et du bassin méditerranéen.

sin pour y déceler un trait sémite qui entraînerait tôt ou tard une démission forcée. L'on estimait que quatre-vingt-dix pour cent des emplois de bureaux étaient fermés aux juifs dans les années trente. Il est évident que ce climat n'allait pas favoriser un changement de législation, malgré l'horreur grandissante de la situation en Europe.

Ni l'exceptionnelle valeur des candidats à l'asile, ni le péril qu'ils affrontaient n'incitèrent donc les autorités américaines à assouplir les conditions d'entrée dans leur pays, bien que le président Roosevelt, élu en 1932 et conscient de l'urgence de la situation, eût enjoint à ses consuls de faire diligence. Ces contraintes, maintenues même après que la capitulation française eut fait basculer l'Europe presque tout entière dans l'empire nazi, ralentissaient le processus à l'extrême et ne se justifiaient que par le découragement causé par la crise économique et la crainte exacerbée de l'espionnage. Dans *Tristes Tropiques*, Claude Lévi-Strauss a rappelé ses démêlés avec la police d'immigration américaine. Il transportait une malle remplie de ses documents d'expédition, notes, cartes, plans et négatifs photographiques — des milliers de feuillets, de fiches et de clichés. Impossible de passer aux États-Unis sans faire viser ce qui avait tout l'air d'être des instructions en code, des dispositifs stratégiques ou des plans d'invasion. « L'inspecteur du FBI, écrit-il, arrive trois semaines après mon débarquement à San Juan [à Porto-Rico]. Je courus à la douane, j'ouvris la malle, l'instant était solennel. Un jeune homme courtois s'avança, tira au hasard une fiche, son œil se durcit, il se tourna férocement vers moi : " C'est de l'allemand ! " » En effet, il s'agissait de la référence de l'ouvrage classique de von den Steinen, mon illustre et lointain prédécesseur dans le Mato Grosso central, *Unter den Naturvölkern Zentral Brasiliens*, Berlin, 1894. Immédiatement apaisé par cette explication, l'expert si longtemps attendu se désintéressa de toute l'affaire. Ça va bien. OK, je suis admis sur le sol américain, je suis libre[7]. »

Claude Lévi-Strauss et la plupart des intellectuels ne vinrent pas en utilisant les visas normaux, soit que les quotas les concernant fussent déjà remplis, soit que les délais pour les obtenir fussent trop longs, mais en mettant à profit l'article 4d de la loi d'immigration. Cet article autorisait la délivrance d'un visa à tout professeur d'enseignement supérieur, à tout artiste ayant un contrat ou une invitation, valable pour deux ans, émanant d'une université, d'une bibliothèque, d'un orchestre ou d'un studio de cinéma. La promesse devait être assortie d'un *affidavit* financier et moral présenté par un « parrain américain ». Ce dernier devait s'engager à prendre le réfugié en charge tout en se portant garant de ses qualités d'honnête homme et de sa loyauté politique. Pour faciliter l'obtention de tous ces documents, de nombreux comités et associations furent créés à New York dès que la nouvelle des suspensions fut connue.

Des professeurs de Columbia fondèrent un *Fellowship Faculty Fund* et rédigèrent une lettre circulaire envoyée à tous leurs collègues : « ... puisque la continuité et l'intégrité de la recherche est une matière qui nous concerne tous de façon essentielle, prenons, à Columbia, la direction d'un mouvement d'aide efficace pour nos collègues allemands déplacés[8] ». Rapidement, fut réunie la somme nécessaire pour faire venir quatre professeurs, l'anthropologue Julien Lips, l'archéologue Margaret Bieber, le mathématicien Stefan Warshawski et le théologien Paul Tillach. Mais ce sauvetage au compte-gouttes était manifestement insuffisant pour faire face à l'ampleur de la tâche. Un comité d'urgence fut institué et le principe selon lequel les savants seraient recommandés par leurs confrères amena la création de sous-comités pour toutes les disciplines, sauf pour la physique et les mathématiques où l'étroitesse des liens qui unissaient les chercheurs permettait de conclure des arrangements sans intermédiaire.

L'action du comité ne se limitait pas aux savants. Il avait comme mission de sauver « les plus éminents des artistes ». Règle justifiable mais parfois cruelle. Ainsi, Max Ernst obtint-il les papiers nécessaires, mais malgré ses efforts, ceux de son fils et l'appui du directeur du musée d'Art moderne, sa première femme, Lou Straus Ernst, dont il avait divorcé, ne put être aidée : elle mourut à Auschwitz.

Ces organismes se heurtaient à trois obstacles principaux. D'abord, le chômage épouvantable qui ravageait le pays — seize millions de personnes sans emploi en 1934[9] — n'épargnait pas les milieux universitaires. On ne pouvait embaucher que des savants à la réputation bien établie, âgés de plus de trente-cinq ans pour ne pas les placer en concurrence directe avec les jeunes Américains qui avaient tant de mal à trouver un poste ou même du travail. Ensuite, la crainte d'aggraver l'antisémitisme ambiant freinait parfois les initiatives. On redoutait la constitution de groupes juifs trop voyants. D'ailleurs, si les départements de science, de linguistique et d'histoire de l'art les accueillirent, les facultés de lettres et de droit leur demeurèrent longtemps fermées. Le premier professeur juif de littérature ne fut nommé à Columbia qu'en 1941 ! Enfin, le manque d'argent constituait souvent une difficulté insurmontable.

Les comités comprenaient donc, outre les professeurs intéressés, des hommes d'affaires pour organiser la collecte des fonds indispensables et mettre à contribution les fondations privées et les familles de banquiers et de riches commerçants juifs. Les dynasties juives de New York — les Loeb, Schiff, Lehman, Warburg, Guggenheim, Rosenwald et Straus pour n'en nommer que quelques-uns — répondirent si généreusement qu'elles contribuèrent à faire de New York le centre nerveux des opérations de secours. Pour les non-universitaires, les médecins, les avocats, les écrivains ou les artistes, d'autres organisations œuvraient. La vénérable HIAS, *Hebrew Sheltering and Immigrant Aid Society*, qui avait tant fait pour les immigrants juifs du début du siècle, retrouva son élan et sa vitalité. A partir de 1939, tous ces organismes furent coordonnés sous l'égide du *National Refugee Service* qui fonctionnait grâce à des fonds juifs mais distribuait les secours sans égard à la religion des réfugiés.

Pour galvaniser ces volontés, rien ne valait l'activité des réfugiés déjà sur place. Des amis dévoués, désespérément conscients de la réalité du danger, semblaient seuls capables de fournir l'effort d'imagination nécessaire lorsque les carrières ou les talents ne se prêtaient pas à un poste classique d'enseignant. Ainsi, Béla Bartók dut-il son salut à un contrat avec Columbia qui l'engagea pour publier une collection de chansons folkloriques. Thomas Mann servit d'intermédiaire à Max Brod, l'ami et l'exécuteur testamentaire de Kafka, qui proposait de donner à la New York Public Library toute la correspondance du romancier moyennant un poste de bibliothécaire[10]. L'accord ne put se faire à temps et Brod partit pour la Palestine. Thomas Mann et Albert Einstein servaient de conseillers au gouvernement des États-Unis pour les cas douteux — le doute provenant en général de ce que le passé de gauche de nombreux candidats glaçait d'effroi les autorités américaines. Ils déployèrent tous deux une énergie admirable pour mettre le plus de gens possible à l'abri. Pour saisir l'urgence et la particularité de chaque dossier, il suffit de lire la correspondance de Thomas Mann durant cette période. Pour l'un, il intervient auprès du secrétaire d'État américain, Cordell Hull ; pour l'autre, il s'adresse au président du Pen Club ; pour le troisième, il s'active auprès de Louis B. Mayer, le fondateur de la Metro Goldwyn Mayer. Et il revient inlassablement à la charge, quêtant sans relâche auprès d'amis, de relations ou d'organismes. Mais le mécanisme était lent, trop lent. Bruno Bettelheim, l'éminent psychologue, spécialiste des enfants autistes, fut arrêté et passa un an dans un camp de concentration avant de pouvoir émigrer. Et les insuffisances du système semblaient d'autant plus insupportables que la situation en Europe s'aggravait.

Personne n'en était plus conscient qu'Alvin Johnson, un homme doté d'une intelligence très fine du fonctionnement de la société new-yorkaise, et chez qui les vues les plus vastes s'unissaient à une efficacité peu commune. Lorsqu'il prit connaissance des premiers renvois de professeurs allemands, il voulut sur-le-champ en inviter quelques-uns à la *New School for Social Research*, une sorte d'université libre qu'il avait créée pour subvenir à l' « éducation permanente des gens éduqués ». Malheureusement, son budget ne lui permettait pas de mettre de côté les cinq mille dollars par personne indispensables pour satisfaire l'administration. Il se mit en chasse, quémandant autour de lui, mais après trois semaines d'efforts, il n'avait recueilli que quatre cent cinquante dollars. Réfléchissant à ces piteux résultats, il se prit à maudire sa stupidité : « Je suis à New York et New York ne peut s'intéresser à quelque chose d'aussi minuscule que le destin d'un seul homme, si génial soit-il. Si j'avais entrepris le financement de toute une faculté, New York l'aurait au moins remarqué[11]. » Sitôt ce projet conçu, il s'ingénia à le réaliser. Encore fallait-il un nom pour sa faculté, et un nom évocateur. Pourquoi pas « l'Université en exil » ? N'était-ce pas en effet, toute l'université que Hitler condamnait ? Johnson avait parié juste. Huit jours après qu'il eut lancé sa nouvelle campagne, il avait douze mille dollars en caisse. Encore une semaine d'efforts et il recevait un don de soixante mille dollars qui garantissait le fonctionnement de la nouvelle institution pour deux ans. Il put alors réunir, à partir de 1933, un corps enseignant de juristes, linguistes, historiens, économistes et philosophes qui donna un éclat incomparable aux cours de l'Université en exil. L'établissement était bien rodé lorsque la défaite française de 1940 créa des conditions pires encore en anéantissant un des derniers refuges sur le continent européen.

Les Allemands exigèrent, dès leur installation en France, la déportation immédiate de tous leurs ressortissants juifs et

dans un premier stade, qui laissait prévoir des mesures impitoyables, le gouvernement de Vichy interdit l'enseignement
aux professeurs juifs. Le système des comités et des universités américaines était trop pesant pour faire face à l'urgence.
En revanche, Johnson pouvait, lui, agir sans délai. Il n'eut
qu'à sauter dans un autobus pour se rendre à la fondation
Rockefeller et obtenir un supplément de financement. « Je
comptais demander de quoi faire venir cinq savants [...] puis
au cours du trajet, je me dis que je pouvais tout aussi facilement en décrocher quinze. Dans l'ascenseur qui me propul-
sait à l'étage des bureaux de la fondation, je révisai une fois
de plus ma pensée et décidai d'en demander vingt-cinq [...]
Le président de la fondation, Robert Fosdick, me reçut avec
cordialité, et lorsqu'il s'enquit du nombre de professeurs
dont je pouvais me charger, je m'entendis, à ma grande surprise, lui répondre que l'effort ne saurait être valable que si
l'on s'efforçait de sauver cent personnes[12]. » Fosdick lui
accorda les fonds nécessaires en vingt-quatre heures et Johnson télégraphia aux savants français et belges menacés.

L'éclat de la constellation ainsi réunie incita Johnson à
créer à l'intérieur de la *New School* l'École libre des Hautes
Études qui comptait à ses débuts quelque soixante-dix personnes. Le grand médiéviste Gustave Cohen suggéra quelques mois plus tard au général de Gaulle, alors à la tête du
gouvernement français en exil à Londres, de conférer à la
nouvelle institution le statut d'une véritable université dont
tous les cours seraient donnés en français et dont les
diplômes seraient valables pour les lycées et collèges de
l'Afrique française libre.

Les Français constituèrent le dernier contingent important de ce mouvement d'immigration qui s'interrompit donc
de façon irrévocable au lendemain de Pearl Harbor. Il y avait
déjà eu des immigrants politiques à New York, les huguenots français au XVIe et au XVIIe siècle ou les libéraux allemands de 1848. Il s'agissait là d'entités unies et homogènes,
alors que l'émigration intellectuelle suscitée par le nazisme
était beaucoup plus complexe car elle avait quatre causes différentes — politique, raciale, morale et religieuse — et
regroupait donc des gens aux opinions extrêmement nuan-
cées[13]. La persécution raciale, par exemple, atteignait les
juifs, demi-juifs et quart de juifs sans égard à leurs convic-
tions politiques et l'on trouvait aussi bien des conservateurs

que des communistes parmi les opposants aux régimes fascistes. Ils formaient donc un ensemble complexe, qui allait
ajouter à la bigarrure nationale et ethnique de la ville une
étonnante diversité idéologique et une variété de talents
éblouissante.

Pendant la première partie de la période, de 1933 à 1938,
les arrivants furent en majorité des Allemands, des Autrichiens, des Slaves ou des Hongrois dont l'éducation et la carrière avaient été menées à Berlin ou à Vienne. Le plus souvent mais pas toujours juifs. Un des exilés les plus célèbres
n'était-il pas le chrétien Thomas Mann ? Ensuite, à dater des
décrets antisémites de Mussolini, et au fur et à mesure de
l'avance des armées allemandes, Italiens, Norvégiens,
Danois, Hollandais, Belges, Français et Grecs firent leur
apparition. Contrairement aux groupes antérieurs, l'origine
nationale comptait pour peu : le niveau d'éducation, les
goûts et les rapprochements professionnels effaçaient les
différences ethniques et religieuses. Au vrai, ce qui distin-
guait ce flot de tous les autres c'était, avant tout, le talent,
parfois le génie, de ceux qui le composaient. Il ne tenait pas
du hasard même si les plus obscurs parmi les réfugiés — ils
préféraient ce terme à celui d'immigrants — se distinguaient
par un niveau intellectuel exceptionnel. Ils n'auraient pu
atteindre les États-Unis, nous l'avons vu, sans les contacts
internationaux créés précisément par leurs occupations professionnelles ou leur notoriété. En outre, il n'est pas interdit
de penser que l'intelligence peut être utile pour déjouer les
pires obstacles. « L'on n'a pas besoin d'être beaucoup plus
malin que les autres, aimait à dire le physicien hongrois, Leo
Szilard, un des pères de la bombe atomique, juste plus malin
d'un jour [14]. » Effectivement, Szilard sut quitter à temps
Budapest, puis Berlin et Vienne, et choisit en définitive de
s'installer aux États-Unis après un passage à Londres.

Albert Einstein arriva dès 1933, suivi par une cohorte
scientifique où brillaient vingt prix Nobel. Igor Stravinski,
Arnold Schönberg, Béla Bartók, Darius Milhaud et Paul Hin-
demith représentaient la musique contemporaine. Dans le
groupe des artistes on reconnaissait Marc Chagall, Fernand
Léger, Max Ernst, André Masson, Yves Tanguy, Georges
Grosz, Salvador Dali, Piet Mondrian, Jacques Lipschitz, Saul
Steinberg. Il y avait les photographes : André Kertesz,
Georges Brassaï, Robert Capa ; les architectes : Mies van der
Rohe, Gropius, Breuer. Les écrivains comptaient Erich
Maria Remarque, la tribu Mann, Jules Romains, André Bre-

ton, Bertolt Brecht, Saint-John Perse, André Maurois, Vladimir Nabokov. Parmi les universitaires se trouvaient le philosophe Jean Wahl, l'ethnologue Claude Lévi-Strauss, le linguiste Roman Jakobson, l'historien d'art Henri Focillon, l'étymologiste Henri Grégoire. Citer quelques-uns parmi les musiciens suffirait à griser un imprésario : Arturo Toscanini, Dimitri Mitropoulos, Antal Dorati, Bruno Walter, Artur Rubinstein, Wanda Landowska, Vladimir Horowitz, Gregor Piatigorski, Nathan Milstein... On pourrait dresser des listes interminables. Exercice d'autant plus vain que ce ne furent pas nécessairement les étoiles les plus brillantes qui eurent le plus d'influence. Les grands écrivains et les virtuoses les plus célèbres auraient été lus et admirés même s'ils ne s'étaient pas réfugiés aux États-Unis. Ce sont les innombrables professeurs, souvent injustement anonymes, les journalistes, les marchands d'art arrivés avec un bagage de connaissances impressionnant, des méthodes de travail différentes de celles en usage en Amérique, l'orgueil de leur culture et de leur spécialité, qui marquèrent la ville où ils s'installèrent. Ces hommes « extraordinairement paternels, maîtres dans leur domaine, nés pour enseigner et avec beaucoup à enseigner [15] », n'avaient pas à s'assimiler — ce qui entraînait par définition un appauvrissement de la culture d'origine — mais à s'ajuster pour transmettre le meilleur de leur science et de leur talent.

New York ne garda pas tout le monde. Il y eut une dispersion géographique inévitable, accompagnée d'un regroupement par affinités. Le monde de la physique s'établit à Princeton ; les assyrologues et les astronomes se fixèrent à l'université de Chicago. Le collège de Black Mountain, en Caroline du Nord, gagna, grâce à la présence du peintre Josef Albers et de l'architecte Gropius, la réputation d'être la Bauhaus américaine. Darius Milhaud, André Maurois et Fernand Léger placèrent Mills College, en Californie, sous la bannière de la France ; enfin non seulement Yale et Harvard mais toutes les universités américaines purent ajouter à la valeur de leurs facultés en y adjoignant les professeurs de leur choix. Cependant, New York retint la grande majorité des émigrés et en fut profondément transformée. Le Manhattan contemporain, à la fois érudit et novateur, traditionnel et d'avant-garde, lieu où s'épanouissent les spécialités les plus rares et les plus diverses, où s'établissent les contacts les plus inattendus et les plus fructueux, hospitalier aux nouvelles écoles de peinture ou de littérature, lanceur de modes universelles, a ses racines dans les années de la guerre.

Les réfugiés choisirent de rester dans la ville qui constituait leur port d'arrivée d'abord parce qu'ils manquaient
souvent de l'argent nécessaire pour se déplacer dans ce pays
aux distances immenses et que, dans leur désarroi, l'atmosphère de New York leur semblait fraternelle. La camarade-
rie, née de la rencontre de qui partageait les mêmes espoirs
et les mêmes angoisses, procurait un certain réconfort. On se
plaisait à découvrir des coins du Vieux Monde dans cette
grande ville brutale, si bruyante, de prime abord si excessive
et désordonnée. La découverte d'un bistrot sympathique, la
révélation du calme, de la richesse et de la facilité d'accès de
la grande salle de lecture de la bibliothèque publique de la
ville, la reconstitution d'un cercle d'amis, contribuèrent à
calmer bien des esprits. Les surréalistes français et leurs
amis choisirent de s'installer dans Greenwich Village, où
« on pouvait encore loger, comme à Paris du temps de Bal-
zac, dans une maisonnette à deux ou trois étages avec un
jardinet par-derrière[16] ». Peu de temps après son arrivée,
Claude Lévi-Strauss, en allant rendre visite à Yves Tanguy, y
découvrit et loua un studio appartenant à un vieil Italien
infirme, un « parrain » d'immigrants pauvres de la pénin-
sule.

A l'occasion d'un déplacement, les réfugiés s'étonnaient de
se sentir désormais chez eux à New York. Le narrateur, dans
un roman autobiographique de Erich Maria Remarque, a la
révélation de son attachement pour New York, après un
séjour en Californie[17]. On retrouvait des compatriotes mais
aussi des Américains connus à Paris dans les années vingt et
qui s'ingénièrent à faciliter la vie des expatriés. Lorsque Dali
arriva à New York pour la première fois, son amie Caresse
Crosby organisa en son honneur un bal surréaliste, le Bal du
Rêve[18]. L'hospitalité est une vertu américaine mais la faculté
de recréer des univers quasi à la demande est typiquement
new-yorkaise.

Les avantages psychologiques n'auraient pas suffi à amarrer les Européens s'il n'y avait eu à New York les ressources
créées par l'activité propre au centre financier, intellectuel et
artistique du pays. Les banques, les journaux, les maisons
d'édition, les boutiques, les écoles, les agences de publicité
et les galeries offraient des possibilités inespérées. Rares
furent les banquiers européens qui ne retrouvèrent pas un
bureau dans une filiale new-yorkaise. L'un d'entre eux,
André Meyer, arrivé de Paris en 1940, fit de Lazard frères

une des premières banques d'affaires de la place. Il vit aujourd'hui dans la mémoire de la ville grâce aux grandes salles d'impressionnistes français du Metropolitan Museum qui portent son nom. Un anglais approximatif n'empêchait pas d'enseigner à la New School où les auditeurs, le plus souvent étrangers de naissance et dont l'anglais laissait également beaucoup à désirer, étaient pour la plupart des adultes exerçant un métier, et qui assistaient aux cours pour compléter leur culture générale. Les éditeurs new-yorkais, se faisant fort de raccommoder l'anglais le plus boiteux, incitaient journalistes et écrivains à demeurer en ville. D'ailleurs, grâce aux nombreuses publications en langues étrangères, traditionnellement établies à New York, l'on pouvait toujours écrire et se faire lire dans sa langue natale.

Ces parutions prirent une importance nouvelle durant ces années, se faisant plus nombreuses et de meilleure qualité. Une petite feuille d'avis, *Aufbau (Reconstruction)*, émanant d'un groupe de juifs allemands, devint une tribune pour les écrivains en exil dès lors qu'un ancien journaliste de Berlin, Manfred George, en prit la direction en 1939[19]. En six ans, le tirage atteignit quarante mille exemplaires et aurait même dépassé ce chiffre si les restrictions de papier ne l'avaient pas limité. La demande était si grande que les vendeurs rachetaient les numéros usagés pour les revendre. Les Éditions de la Maison française, fondées en 1940, publièrent à New York Julien Green, Maurice Maeterlinck, Jacques Maritain, André Maurois, Jules Romains, Antoine de Saint-Exupéry... Un Viennois, Frederick Ungar, fonda sa propre maison d'édition, en 1940 également. Des débuts modestes avec des grammaires étrangères, des dictionnaires et des manuels dont le besoin avait décuplé. Puis il publia des traductions anglaises d'œuvres historiques, littéraires ou scientifiques, parues en allemand et en russe, jamais accessibles auparavant à des lecteurs anglo-saxons[20].

Demeurer à New York facilitait aussi l'obtention d'un emploi, pour les universitaires, en attendant une chaire ou un poste permanent, grâce à l'abondance de musées, de bibliothèques et d'instituts spécialisés. Nombreux furent ceux qui s'attelèrent à des tâches d'érudition méticuleuses et indispensables qui avaient rebuté les Américains, soit qu'elles ne fussent pas auréolées de prestige, soit qu'elles fussent au-delà de leurs capacités. Ce fut un Européen, Charles Sterling, qui établit le catalogue du Metropolitan Museum. Un Autrichien, Leo Oppenheim, fut engagé par la

New York Public Library, en 1940, pour inventorier les tablettes cunéiformes sumériennes acquises par la Bibliothèque mais restées indéchiffrées[21].

Les réfugiés imposèrent des innovations, rapidement adoptées dans le domaine de l'édition. Un Allemand, Kurt Enoch, grâce à son expérience acquise sur le marché européen, fit accepter le concept du livre de poche, relié en papier et vendu bon marché. Jacques Schiffrin, un Russe, réfugié d'abord en France où il créa les éditions de la Pléiade, s'associa, à son arrivée à New York, avec un ménage allemand, Kurt et Helen Wolff, pour fonder une maison d'éditions, Pantheon, qui allait refléter une attitude européenne. Les textes choisis traduisaient le goût personnel des éditeurs et ceux-ci considéraient les livres, non comme de simples produits commerciaux, mais comme des objets de valeur durable. Dans une lettre adressée à Laura Fermi, la femme du physicien Enrico Fermi, sur ce sujet, Helen Wolff évoqua une scène dont elle fut le témoin entre Kurt Wolff et un de ses représentants à propos de la dorure de la tranche d'un volume. Wolff tenait pour de la vraie dorure, le vendeur pour de la fausse. Qu'importe, arguait-il, si la couleur passe au bout de quelques années, l'acheteur ne rendra pas le livre pour autant. Wolff l'emporta. Pantheon innova également en publiant des éditions bilingues de poésie.

Grâce aux éditeurs européens, livres d'art et livres illustrés firent leur apparition sur le marché. Des réalisations, peu lucratives mais inappréciables, contribuèrent à affiner le goût américain : le carnet pédagogique de Klee, par exemple, ou encore un *Candide*, illustré par le même Klee. Parut également une collection dite « Documents d'art moderne » où furent représentés Apollinaire, Arp, Ernst, Kandinsky, Klee, Mondrian et Moholy-Nagy. Ces entreprises auraient été impossibles dans la New York d'entre les deux guerres.

C'est à Paris, en 1927, que les Américains Harry et Caresse Crosby avaient fondé leur *Black Sun Press*, pour y publier *Alice au Pays des Merveilles*, illustré par Marie Laurencin, le *Babylone*, de René Crevel, enrichi des dessins de Max Ernst, et de superbes éditions de James Joyce, de D.H. Lawrence ou de Hart Crane. Lorsqu'en 1932, Caresse Crosby tenta de faire distribuer ses livres par Simon and Schunster aux États-Unis, l'entrevue se passa si mal qu'elle quitta les bureaux en larmes[22].

Mais l'atmosphère changea et se fit plus accueillante quelques années plus tard. La greffe aux États-Unis de l'art contemporain, si vigoureux dans le Paris d'avant la guerre et l'Allemagne de Weimar, fut précipitée par la persécution dont étaient victimes les directeurs de musées et de galeries, coupables non seulement d'être juifs mais aussi de vendre et de faire connaître un art jugé indigne. Hitler fit brûler les livres dangereux mais vendit aux enchères — et à grand profit — en Suisse, les œuvres des « artistes dégénérés ». Et les toiles se retrouvèrent à New York, parfois chez leurs marchands d'origine. Curt Valentin avait ouvert la galerie Bucholtz, J. B. Neumann dirigeait le Cercle de l'Art nouveau et Karl Nierendorf l'établissement qui portait son nom. Ils avaient reconstitué un stock semblable à celui qui avait fait leur renommée en Europe, composé de Braque, Chagall, Juan Gris, Kandinsky, Klee, Nolde, Picasso, et les meilleurs parmi les expressionnistes français et allemands. La difficulté des temps imposait une collaboration fraternelle entre ces concurrents. Jimmy Ernst, le fils de Max, raconte que bien des Klee furent transportés d'une galerie à l'autre avant de trouver un acquéreur[23]. Il évoque aussi les arrière-boutiques qui tenaient lieu du café européen si amèrement regretté de tous les exilés. Là se réunissaient les artistes, plus accessibles que du temps de leur splendeur, écrivains, historiens, marchands et bientôt jeunes New-Yorkais.

Certes, durant la période précédente, les artistes américains avaient été traités avec désinvolture. Lors de la première exposition surréaliste à New York, organisée par Julien Levy, seuls Joseph Cornell et Man Ray s'étaient glissés parmi les Duchamp, Ernst, Dali ou Cocteau. Mais, une fois arrivés et établis à New York, les peintres européens s'intéressèrent à leurs jeunes collègues. Hans Hofmann, qui avait attiré tant de débutants à Munich, ouvrit une école, 8e Rue, dans le Village et influença toute une génération d'artistes — Louise Nevelson, Larry Rivers, Helen Frankenthaler, Lee Krasnick et Fritz Bultman — qui se fixèrent à New York. Matta, un Chilien qui avait quitté Paris en même temps que ses amis surréalistes, invitait Robert Motherwell et Jackson Pollock à ses rencontres sur le rôle de l'énergie créatrice dans le rôle de l'inconscient. Peggy Guggenheim, revenue d'Europe en 1941 en compagnie de Max Ernst qu'elle allait (brièvement) épouser, ouvrit une galerie vouée à l'art contemporain, la galerie de l'Art de Notre Siècle, et décida de donner leur chance à de jeunes artistes américains en organisant un Salon de printemps, aidée des conseils de Marcel Duchamp, Max Ernst, Piet Mondrian et d'Albert

Barr, le directeur du musée d'Art moderne. Ce fut Mondrian qui fit sélectionner Jackson Pollock[24]. La même année, Stuart Davis, Willem De Kooning, Jackson Pollock et Lee Krasner exposaient aux côtés de Picasso, Braque, Modigliani et Matisse chez John Graham. Deux ans plus tard, en 1943, Jimmy Ernst ouvrit une galerie entièrement consacrée à l'art américain. L'École de New York était née.

New York devint pendant la guerre — et resta par la suite — la capitale mondiale de l'art, et cela dans ses manifestations les plus diverses car l'avant-garde ne règna pas sans rival. Il y eut simultanément un renouveau de styles et de genres d'expression passés de mode. Il se trouvait qu'antiquaires, experts et propriétaires de galeries en Europe étaient très souvent juifs. Le fait même que la représentation de l'image ait été interdite pendant si longtemps par la religion juive leur donnait-il un sentiment exacerbé de sa puissance? La longue tradition de l'évaluation, du prêt, du change avait-elle affiné les qualités nécessaires à un jugement rapide de l'authenticité, à une observation attentive des détails? Pouvait-on avoir été, pendant des siècles, pourvoyeurs de tissus, de bijoux, de vêtements sans y gagner un sens assuré du style? Enfin, au sortir du XIXe siècle, époque de la libération de tous les juifs européens des servitudes qui avaient limité leurs activités, le commerce de l'art et tous les métiers y attenant constituaient une solution idéale pour les jeunes juifs qui répugnaient à une carrière purement commerciale, en leur permettant d'unir l'érudition, le goût et les affaires. Une foule d'entre eux se réfugia donc à Manhattan et s'installa dans le quartier des galeries, autour de la 57e Rue[25].

Parfois, comme les banquiers et les physiciens, ils mirent à profit d'anciens liens. Les grands de la profession avaient été les fournisseurs des Duveen et des Berenson qui avaient constitué les superbes et classiques collections des milliardaires américains. Georges Wildenstein arriva de Paris pour se mettre à la tête de sa filiale new-yorkaise et publia une *Gazette des Beaux-Arts*. Mais la plupart venaient les mains vides et manquaient des moyens financiers qui leur auraient permis de s'établir au premier rang. Ils durent se spécialiser dans un style plus personnel et plus aventureux. La gravure en couleur et la reliure moderne avaient peu d'adeptes. Un groupe de marchands français, allemands et autrichiens suscitèrent un intérêt durable dans ce domaine. Les arts décoratifs avaient été fort négligés depuis les années vingt et la dépression avait contribué à l'effondrement du marché des petits maîtres, des tapisseries, des bijoux contemporains, de la porcelaine. Sans les marchands européens, prêts à acheter, quitte à garder en réserve pendant de longues années leurs acquisitions, bien des chefs-d'œuvre mineurs auraient disparu. Depuis la crise, et la crise dura jusqu'à la fin de la guerre, le difficile n'était pas d'acheter mais de vendre ; aussi pouvait-on se meubler pour des sommes dérisoires : une crédence toscane du XVIᵉ siècle coûta quelques dizaines de dollars à Claude Lévi-Strauss ; une belle table de chêne, acquise pour quatre dollars, sert encore à Lucien Goldschmidt dans sa galerie de Madison Avenue. De par leur nombre même, ces réfugiés eurent un effet enrichissant sur le public. La 57ᵉ Rue y gagna le surnom d'« Université ouverte » tant ces hommes se plaisaient à éduquer les amateurs qui entraient dans leurs boutiques.

Les Européens avertis ne se lassaient point de fouiner chez les marchands et de fouiller parmi la brocante offerte chaque semaine dans les salles de vente de quartier. Max Ernst, André Breton, Georges Duthuit et Claude Lévi-Strauss fréquentaient un petit antiquaire de la Troisième Avenue qui « faisait surgir d'une caverne d'Ali Baba [...] de précieux masques en pierre de Teotihuacan et d'admirables sculptures de la côte nord-ouest du Pacifique ». Un hasard les amena dans l'appartement d'un jeune homme qui voulait se délester de séries entières d'Utamuro en tirage d'époque[26]. Dans un autre ordre de jouissances, les marchands de vin proposaient des rabais à qui voulait bien les débarrasser de caisses entières de Lafite ou de Latour.

Petit à petit, l'influence de la presse illustrée, qui fut transformée de fond en comble par les réfugiés, se fit sentir sur les Américains dont le goût commença à évoluer.

Le photo-reportage avait pris naissance en Allemagne et en France à la fin des années vingt. Le succès de magazines, comme *Vu* ou *l'Illustration* témoignait de l'intérêt de la formule. Or, le directeur artistique de *Vu*, Alexandre Libermann, débarqua à New York en 1941. Condé Nast le reçut à *Vogue* à bras ouverts et, deux ans plus tard, en 1943, le jeune homme prenait la barre. Libermann n'apportait pas la tradition et le passé mais une vision résolument contemporaine. Il engagea les meilleurs photographes, exigeant un niveau de qualité jusque-là inconnu dans la presse américaine. La couleur fit son apparition dans des pages jadis vouées au noir et au blanc. Il osa photographier des mannequins contre un

fond de tableaux modernes et bannit les poses trop apprê-
tées[27]. Les lectrices, toutes frissonnantes de ses audaces, se
tournèrent vers *Vogue* pour les guider dans leur transformation de provinciales sages en femmes du monde modernes.
On vivait dans des intérieurs sombres où d'épaisses tentures
voilaient la lumière, la superbe et éclatante lumière de New
York. On respectait avec ferveur l'unité de style dans la décoration. Quel ennui ! s'exclamait Scott Fitzgerald que « ces
dîners tout acajou[28] ». Ce fut à Paris, en 1926, chez Étienne
de Beaumont, que pour la première fois de sa vie Caresse
Crosby vit accrochées au même mur toiles anciennes et
modernes, en l'occurrence des Clouet parmi des Picasso[29].
Ainsi, dans tous les domaines, les New-Yorkais s'éveillaient-
ils à des sensations nouvelles. Cette effervescence dans les
lettres et les arts aurait suffi à assurer à New York une vitalité différente de celle des autres villes : la présence de
grands universitaires ajouta encore une dimension à la
transformation de la métropole.

New York a la caractéristique, rare aux États-Unis, d'avoir
des universités de premier ordre sans être pour autant une
ville universitaire. Columbia, New York University, la New
School, l'Institut des Beaux-Arts sont disséminés à travers
Manhattan. Professeurs et étudiants n'habitent pas nécessairement dans leur voisinage. Un professeur de Columbia a
toute latitude pour mener d'autres activités et entretenir des
contacts avec des profanes. On le met facilement à contribution, alors qu'un poste à Yale, à Princeton ou à Stanford relè-
gue son homme dans un cadre exclusivement universitaire.
(Le cas de Harvard est plus particulier. L'université est
située sur la rive gauche de la Charles, dans la petite ville de
Cambridge, juste en face de Boston. Il y a évidemment des
liens entre la ville et l'université, mais maîtres et étudiants
forment néanmoins une communauté étroite et très circons-
crite dans l'espace). L'arrivée des intellectuels persécutés à
New York eut l'effet d'y implanter des disciplines qui jusque-là avaient été ancrées en Europe — la psychanalyse, par
exemple — et de créer passerelles et liens inattendus entre
différents domaines.

Aucun psychologue respectable ne se serait dispensé,
jusqu'au premier quart du XXe siècle, de couronner son éducation par un séjour en Allemagne ou en Autriche. La présence de Freud à Vienne constituait le plus puissant des
aimants. Les étudiants américains y faisaient d'ailleurs le
lien entre deux mondes qui s'ignoraient : l'univers officiel

régi par Karl et Charlotte Buhler, et le cercle freudien. Alors que d'innombrables sociétés psychanalytiques avaient été fondées en Europe, il n'en existait qu'une aux États-Unis, constituée en 1911, à New York. La venue de Sandor Rado, en 1933, un Hongrois qui régnait sur l'Institut de psychanalyse de Berlin, bientôt suivi de tous ses collègues, bouleversa la situation. Mettant à profit la souplesse du système universitaire américain, soutenu par ses anciens étudiants, il mit sur pied un organisme, calqué sur celui de Berlin, afin de pouvoir aisément analyser, à titre didactique, les futurs praticiens, superviser leur travail clinique et organiser cours et séminaires. En 1944, il créa une clinique de formation et de recherche dans le cadre de l'université de Columbia. Les psychanalystes affluèrent dans la ville, où la clientèle privée se faisait de plus en plus nombreuse. (La psychanalyse était peut-être le seul domaine où un accent allemand, évocateur du bon docteur Freud, constituait un avantage.) New York prit la relève de Vienne et l'influence de la psychanalyse sur la culture populaire de Manhattan fut profonde. Le vocabulaire de la sexualité, des complexes les plus subtils, des mécanismes de défense, se propagea si vite grâce aux journaux, aux magazines, au cinéma, que Lionel Trilling put avancer que la psychanalyse devenait l' « argot de la culture new-yorkaise [30] ». L'analyste fait quasiment partie des meubles, désormais, dans les films de Woody Allen ou dans les romans de Philip Roth.

Autre déplacement en masse, celui des sociologues. Le centre européen le plus entreprenant se trouvait être l'Institut de recherche sociale de Francfort. Tous ses membres, qu'ils fussent juifs ou libéraux, furent atteints par les premiers décrets de Hitler. L'Institut ferma donc ses portes dès 1933, déménagea à Paris, puis vint, pratiquement en corps constitué, à New York, grâce au parrainage de Columbia. Ils ne se cantonnèrent pas dans des études abstraites, et un savant, non pas allemand mais autrichien, Paul Lazarsfeld, joua un rôle tout à fait original dans la fusion des intérêts commerciaux et universitaires.

Lazarsfeld avait mis au point des types d'études de marché fort complexes et il put les appliquer à New York, dès son arrivée, en vertu de son remarquable réseau d'amis et de collègues. On lui doit les premières lectures affinées de sondages et les premières véritables études de marché. Il s'intéressait aussi bien aux motivations des électeurs qu'aux raisons du choix d'une robe ou d'une marque d'essence.

L'impact de la radio, étudié en collaboration avec Frank Stanton, un jeune cadre de la Columbia Broadcasting Systems, le fascinait. L'ampleur et les répercussions de son travail incitèrent Princeton à le financer mais il n'était pas question pour lui d'abandonner New York où rencontres entre monde universitaire et monde des affaires se faisaient si aisément. Cette liaison fut mise en évidence lorsqu'une agence de publicité, McCann Ericson, lui acheta le droit d'utiliser une méthode qu'il avait perfectionnée pour analyser l'effet de la musique sur les auditeurs[31].

Avant la guerre, la culture américaine avait été méprisée en Europe. Les États-Unis produisaient d'admirables athlètes et de bons films. Telle était l'opinion générale. Quelques rares amateurs connaissaient Faulkner, Steinbeck et Dos Passos. Une exposition qui eut lieu au Jeu de Paume, à Paris, en 1938, intitulée « Trois siècles d'art américain », fut massacrée par la critique et boudée par le public[32]. Personne n'aurait songé à aller achever ses études ou écrire un roman à New York. Attitude renforcée par le mouvement continuel des artistes et des intellectuels américains qui venaient chercher l'inspiration à Paris, dans une atmosphère faite de tradition, de loisirs et de désintéressement. Scott Fitzgerald s'était fait l'interprète de toute une génération qui comprenait Gertrude Stein, Hemingway, Dos Passos, E. E. Cummings, Henry Miller, Man Ray et bien d'autres, en affirmant en 1927 que « tout à New York semblait moisi, pourri [...] Le meilleur de l'Amérique est entraîné vers Paris. L'Américain à Paris est le meilleur Américain. Il est plus amusant pour une personne intelligente de vivre dans un pays intelligent[33] ». Intelligente, cette Europe qui avait sombré dans la démence et la destruction ? Personne n'aurait osé le proclamer en 1945, et c'est New York qui s'imposait comme la nouvelle capitale intellectuelle, artistique et économique du monde occidental.

La ville attirait les visiteurs. Sartre s'y précipita le plus tôt possible, en 1948 ; les étudiants se disputaient les bourses de Columbia ou de New York University, non seulement pour y suivre les cours des professeurs réfugiés qui avaient décidé, dans leur grande majorité, de ne pas revenir chez eux, mais aussi pour y humer l'air d'une époque nouvelle. Simultanément, la ville conservait les talents nouvellement éclos. Les peintres, groupés sous le nom d'École de New York, choisirent de rester dans une ville qui nourrissait leur inspiration et où la prospérité revenue — et revenue avec fracas — leur ménageait un marché. Finies la dépression et l'insécurité.

La ville faisait peau neuve. Littéralement. La démolition des derniers métros aériens brisait une coque aux relents industriels du XIXᵉ siècle et, rendant au soleil des avenues sacrifiées, ouvrait la ville au futur et à la beauté. Cette nouvelle New York, saisissante de lumière, d'effronterie, d'assurance en son propre talent, devenait la capitale du monde. L'adjectif le plus couramment employé pour caractériser la ville était « incroyable », observait à son retour de l'armée Alfred Kazin, un des écrivains américains les plus sensibles aux tressaillements de sa ville. Contemplant les longues avenues qui semblaient s'élancer à l'infini, il voyait dans New York « une formidable machine à vivre toute rayonnante de pouvoir[34] ».

Manhattan en 1940. Superbe contraste entre le haut et le bas, entre le granite dur et le schiste plus mou. Au tout premier plan, les immeubles en quinconce sont des logements sociaux élevés sur l'emplacement d'anciens taudis. Le premier des deux ponts est le Manhattan Bridge, construit en 1909. L'on reconnaît, derrière, les arches du Brooklyn Bridge. Tout à fait dans le lointain, la statue de la Liberté. La voie express qui longe actuellement la rivière n'existait pas encore. (PPP/IPS.)

La Troisième Avenue en 1948. Deux ans plus tard, on démantelait le réseau aérien et la modernisation de la Troisième commençait. (Musée de la ville de New York.)

XIII

NEW YORK AU BOUT DE MA RUE

Profitant de ce que l'histoire m'a, en quelque sorte, rattrapée, je vais à mon tour pénétrer dans la ville.

Je suis arrivée deux fois à New York, non pas en touriste, mais pour y vivre. D'abord en 1940. Je n'avais pas cinq ans et je ne me souviens pas d'avoir *vu* la ville pour la première fois. Aucune mémoire des gratte-ciel, ni du bruit, ni de la bizarrerie de la langue parlée autour de moi. En revanche, je me souviens du sentiment très net que j'ai eu d'être en sécurité après la fuite à travers la France et l'attente d'un bateau au Portugal. A la fin de la guerre, ma famille a décidé de revenir à Paris. On ne m'a pas demandé mon avis. Si on l'avait fait j'aurais certainement décidé de rester à New York, ma ville-refuge. Une ville gaie et hospitalière aux enfants. De nos jours, à la rentrée, des agents de police vont dans les écoles expliquer les dangers de la rue aux enfants et leur enseigner les moyens de les déjouer. Pendant la guerre, on laissait les petites filles aller s'amuser toutes seules à Central Park. Et mon enfance n'a pas été bridée par la crainte, mais éclairée par la gentillesse déployée par les Américains pour les *little French girls* que nous étions, mes sœurs et moi, et allégée par l'absence d'une discipline trop stricte. Le goût de la liberté et de l'entreprise est indissociable d'une éducation américaine, même menée dans le lycée français de la ville. « *It's a free country* », répliquions-nous à qui voulait nous imposer des interdictions incompréhensibles.

Je suis revenue à New York en 1974. Que retrouvai-je du Manhattan de mes dix ans ? Le Park, la patinoire étaient toujours là ; ni la Cinquième Avenue, ni Central Park West n'avaient changé, non plus que les rues tranquilles de

l'Upper East Side autour du lycée de la 92ᵉ Rue. Mais Park
Avenue, avec ses éblouissants immeubles de verre et d'acier,
semblait surgie d'une autre planète. Dans le bas de la ville
s'élevaient deux tours jumelles, si hautes et si vastes que
toute la population de Dreux aurait pu s'y loger. Wall Street
n'avait plus l'exclusivité des affaires. Le centre culturel de
Lincoln Center regroupait deux salles d'opéra, des salles de
concert, un théâtre, une bibliothèque consacrée aux arts, la
Juilliard School, qui tient lieu de Conservatoire à la ville, et
avait ainsi amorcé la renaissance du quartier situé au sud-
ouest du Park. De l'autre côté de la ville, la construction de
l'immeuble des Nations unies, sur l'East River, entre la 42ᵉ
et la 48ᵉ, avait rendu aux promeneurs et aux touristes ce
quartier jadis voué aux abattoirs et aux scieries. La foule me
paraissait plus bigarrée. Il est vrai qu'un changement dans la
législation avait largement ouvert les portes du pays aux
habitants du tiers monde. L'espagnol, que l'on entendait partout, s'étalait sur les affiches dans les rues et dans le métro
et témoignait du nombre accru de Portoricains. Chinatown
semblait plus vibrante que dans mon souvenir. En contrepartie, des secteurs entiers de la ville étaient fermés aux
citoyens prudents. Non, on ne montait plus à Harlem ; on ne
flânait plus dans le Park dès la tombée du jour ; on se ruinait
en taxis pour éviter le métro tard dans la nuit ; on fuyait les
rues désertes de ce qui allait devenir SoHo et, pour qui
venait de Paris, la saleté des rues, le nombre d'immeubles
abandonnés, l'inconfort des bus, la malpropreté des taxis
dans lesquels le chauffeur s'isolait derrière une vitre cras-
seuse, étonnaient.

Je débarquai en pleine crise, pour la nation comme pour la
ville. Le président Richard Nixon avait démissionné le 9 août
pour éviter un procès déshonorant. Gerald Ford, qui avait
été désigné et non élu, assumait le pouvoir et ne faisait guère
qu'expédier les affaires courantes. Le 30 avril 1975 la guerre
du Vietnam se terminait enfin et l'on suivit à la télévision le
spectacle humiliant de l'évacuation de Saigon. Un sentiment
de culpabilité, d'amertume et de gâchis envahissait la population. On estimait que les États-Unis avaient dépensé là-bas
vingt-huit millions de dollars par jour depuis 1961[1]. Pour
rien. Statistique d'autant plus pénible qu'il suffisait de regarder autour de soi pour regretter que ces sommes n'aient pas
été dépensées à meilleur escient. La municipalité, endettée
au-delà du raisonnable, se trouvait au bord de la faillite.
L'héritage des années soixante, avec leurs élans charitables,

leurs innovations irréfléchies, avait été trop lourd à supporter. En 1964, la ville avait élu à la mairie John Lindsay, un homme politique qui ne ressemblait guère à ses collègues. D'une excellente famille, élevé à Saint-Paul — l'une des meilleures écoles privées du pays —, puis étudiant à Yale, associé dans une grande firme d'avocats de New York, il était jeune, beau, généreux, idéaliste... et peu enclin à faire des comptes. Le héros des « radicaux chics », la gauche du seizième aurait-on dit à Paris, ému par la misère des minorités noire et portoricaine, mit sur pied, en accord avec le gouverneur de l'État de New York, Nelson Rockefeller, le système de sécurité sociale le plus libéral du pays, dont les conséquences fiscales firent fuir un million d'habitants de la moyenne et de la petite bourgeoisie ! Plus préoccupé des questions morales issues de la guerre du Vietnam et de la lutte pour les droits civiques que des problèmes quotidiens de sa ville, Lindsay ne s'inquiéta pas assez de sa gestion qui se solda par un grave déséquilibre budgétaire. La municipalité se mit à emprunter régulièrement sur ses revenus de l'année à venir jusqu'au moment où la crise éclata en novembre 1974.

Gerald Ford refusa une aide fédérale à la ville, décision qui lui coûta l'élection présidentielle en 1976. New York, en votant contre lui, fit peser la balance en faveur de Jimmy Carter. Lindsay, le flamboyant Lindsay fut remplacé par un comptable, Abraham Beame, qui, malgré sa compétence tant vantée en matière de chiffres, ne parvint pas à sortir la ville de l'abîme financier. Avant que l'inimaginable se produisît — comment une ville dépose-t-elle son bilan ? —, une alliance se forma entre les adversaires de la veille. Le nouveau gouverneur de l'État, Hugh Carey, les syndicats municipaux, les banques, les représentants de la communauté des affaires, soudés par la volonté de survivre unirent leurs efforts. L'assemblée législative de l'État de New York établit la *Municipal Assistance Corporation* dans le but de vendre des obligations pour la ville. Afin de créer le climat de confiance nécessaire à la réussite de l'opération, Carey imposa à la municipalité un programme d'économies. Chacun y mit du sien. Les banques acceptèrent de baisser leurs taux d'intérêt pour les *city bonds* ; les syndicats admirent le besoin absolu de réduire le nombre des employés municipaux. Vingt-cinq mille personnes furent ainsi licenciées. Et le public accepta la détérioration inévitable des services publics. Les agents de police et les pompiers répondirent moins vite aux appels. Le passage des éboueurs se fit moins fréquent. Les hôpitaux municipaux se dégradèrent. Les bibliothèques et les musées réduisirent leurs achats et limitèrent leurs heures d'ouverture. Le métro se fit détestable de saleté et d'insécurité. Mais la coopération entre la municipalité, les hommes d'affaires et les syndicats se renforçait — le représentant des banques, Felix Rohatyn, et l'homme des syndicats, Victor Gotbaum, sont devenus des amis intimes — et au printemps 1976, la crise financière était surmontée.

L'année suivante, un nouveau maire fut élu, Edward Koch, qui représente l'opposé de John Lindsay. Fils d'immigrants, né à Brooklyn, il clame bien fort des opinions qui font horreur aux idéalistes mais qui sont étonnamment accordées à celles de son électorat. Les observateurs de la politique locale prétendent que les sondages sont désormais inutiles en ville : il suffit d'écouter les déclarations du maire. Celui-ci ne mâche pas ses mots. Il est pour la peine de mort, contre l'obligation d'embaucher un certain pourcentage d'employés issus de minorités sans égard à leurs qualifications. Son agressivité irrite parfois, mais un maire débonnaire agacerait bien davantage et siérait moins à une ville où il faut jouer des coudes et non pas se contenter de bons sentiments pour réussir. Sa probité personnelle semble au-dessus de tout soupçon pour soixante-dix-neuf pour cent de citadins[2], interrogés alors même qu'éclatait un scandale municipal mettant en cause le système de paiement des contraventions de stationnement. Si la pureté de son personnel administratif laisse encore à désirer — près de deux mille fonctionnaires ont été traduits devant les tribunaux pour corruption pendant les deux premiers mandats de Koch —, il donne cependant toute satisfaction à ses administrés puisqu'il a été réélu pour la troisième fois, avec soixante-dix-huit pour cent des voix en novembre 1985.

A partir des années quatre-vingt, la ville a effectivement retrouvé une ardeur confiante qui se traduit dans les rues par une vigoureuse reprise du bâtiment. On construit des immeubles de bureaux autour de la 50e Rue, mais aussi dans le bas de la ville ; on pousse vers l'ouest où un immense palais des congrès vient d'être achevé entre la Onzième Avenue et l'Hudson. Les bureaux, dont le prix est passé proportionnellement de 15 à 40 de 1979 à 1985[3], s'enlèvent promptement. Manhattan demeure le centre financier des États-Unis et le royaume incontesté de la mode, de la presse, de l'édi-

⁻tion. Certes, les ateliers et les imprimeries ne se trouvent plus en ville. Des vêtements conçus à New York peuvent être assemblés aussi bien à Hong Kong qu'en Géorgie ; on rédige à New York, on imprime en province. La rapidité et la baisse des prix des transports, le perfectionnement des modes de communication électroniques ont amené une rupture géographique totale entre la conception et la fabrication. Les créateurs et les administrateurs sont demeurés groupés dans l'espace exigu de Manhattan si favorable à l'invention, aux échanges d'idées, aux expérimentations. Certes, le prix insensé du logement sur l'île oblige les jeunes musiciens, les danseurs, les acteurs et les artistes, qui traditionnellement montaient à l'assaut de Manhattan, à abandonner les lofts de leurs aînés pour des ateliers à Queens ou à Brooklyn. La ville s'ouvre plus aux artistes consacrés qu'aux débutants, davantage aux *yuppies*, les jeunes cadres dynamiques et ambitieux, inquiets de leur carrière, soucieux de leur fortune, produits de campus redevenus sages après les houles des années soixante, qu'aux *hippies* d'antan.

Point n'est besoin de lire les journaux pour mesurer cette évolution. Il suffit de se promener les yeux ouverts pour la percevoir, et ma rue, dans cette caisse de résonance qu'est Manhattan, reflète instantanément tous les mouvements qui affectent la ville.

J'habite le Upper East Side, la portion de Manhattan limitée par l'East River et la Cinquième Avenue d'une part, et de l'autre par la 60e et la 96e Rue. Plus précisément, je demeure depuis douze ans Park Avenue, au coin de la 80e Rue. J'ai ce que les New-Yorkais appellent une « bonne adresse », si bonne même que le voisinage serait un brin ennuyeux si je m'en tenais à sa définition verticale. Pas de vitrines, donc pas de flâneurs, le long de l'avenue où sont amarrés de grands immeubles gardés par des portiers en livrée. L'ouverture d'une épicerie, à la place de l'unique fleuriste des lieux, fit souffler un vent de panique dans le voisinage menacé, pensait-on, de déclassement. Le commerçant dut s'engager à n'offrir aux yeux des passants que chocolats et fruits exotiques pour obtenir le droit de tenir boutique. Il suffit, heureusement, d'enfiler une rue latérale pour découvrir les contrastes qui font la saveur de la ville. Si, de Park Avenue, je m'engage vers l'ouest, j'atteins Madison Avenue où Saint-Laurent, Givenchy, Sonia Rykiel et Agnès B. se partagent le terrain avec joailliers, antiquaires et libraires. Mon libraire prétend que soixante pour cent des livres vendus aux États-

Unis le sont à Manhattan. Il se vante — le chiffre serait plus
près de quarante —, mais son exagération est compréhensible. Sept librairies, qui supportent avec le sourire la rude
concurrence des grandes surfaces de Midtown, ponctuent
l'avenue de la 70e à la 86e Rue. Les cordonniers, droguistes et
autres utilités disparaissent peu à peu, chassés par la hausse
vertigineuse des loyers. Poursuivant mon chemin, j'arrive à
la Cinquième Avenue, habitat traditionnel des citoyens les
plus riches de la ville. La densité du dollar au mètre carré a
donné le surnom de « Bas de soie » à la circonscription tout
entière. Ici pas de magasins, mais des musées. La présence
du Frick, l'ancien palais du magnat de l'acier, du Metropolitan, du Guggenheim, du Cooper-Hewitt, un musée des arts
décoratifs installé dans l'ancienne demeure de Andrew Carnegie, le centre international de photographie et, plus haut,
près de la 100e Rue, le musée de la ville de New York, justifie
le terme de « Museum Mile » utilisé par les guides touristi-
ques. Central Park, qui borde l'avenue, constitue la frontière
naturelle qui fait de moi une *East Sider*. La propreté et
l'épaisseur des pelouses varient selon l'état des finances de
la ville (en ce moment, l'activité des jardiniers témoigne
d'une époque faste), mais la Cinquième Avenue reste immua-
ble car même lors des crises les plus aiguës, Manhattan
conserve et choie ses habitants les plus riches.

En revanche, si de Park Avenue je me dirige vers l'est et
Lexington Avenue, le paysage est tout différent. Lexington
est une division importante de l'Upper East Side. Elle marque le passage entre la partie ouest du quartier propre et
même pimpante, à l'opulence ancienne, aux jolis hôtels particuliers, le plus souvent classés par une commission historique, aux restaurants raffinés et discrets, et la partie qui
regarde vers l'East River, plus diverse et changeante. L'avenue elle-même est une succession de « grand-rues » de villages, mises bout à bout. Tous les quatre ou cinq pâtés de
maisons, on trouve l'indispensable : un petit supermarché,
une pharmacie, un cordonnier, un marchand de primeurs,
un tailleur-retoucheur, une teinturerie et au moins un fleuriste. Comme pour administrer la preuve que l'on pénètre
dans un monde réel, fait de riches et de pauvres, d'espoir et
de misère, l'église au coin de Lexington et de la 80e Rue
abrite un jardin d'enfants et une soupe populaire financée
par les gens du quartier. Une fois par jour, une longue file
d'hommes silencieux vous rappelle l'existence de l'autre face
de la ville.

Pendant la guerre, dans les années quarante, il n'existait, entre le quartier résidentiel à l'ouest de Lexington et la bande de beaux immeubles construits sur l'esplanade dominant la voie sur berge qui longe l'East River, que des brasseries — l'établissement de Jacob Ruppert couvrait tout le terrain entre la Deuxième et la Troisième Avenue et la 90e et la 93e Rue — des fabriques et des rangées de *tenements*, datant de la construction des métros aériens. Ces maisons sombres et régulières, dotées de l'inévitable escalier de secours extérieur, étaient souvent occupées par des familles d'origine européenne qui avaient tenté de reconstituer des petits ensembles nationaux. Certains ont résisté. Ainsi, à la croisée de la 80e Rue et de la Deuxième Avenue, le café Bartók, une agence de voyages vantant les beautés de Budapest et une profusion de saucisses et de paprika dans les vitrines des épiceries, annoncent les Hongrois. Si l'on traversait plus au nord, on tomberait sur les Allemands, plus au sud, vers la 72e Rue, sur les Tchèques. Plus bas encore, se sont regroupés les Polonais, puis les Ukrainiens.

Mais ce quartier de petites manufactures était en passe de disparaître lorsque je revins, il y a une douzaine d'années. Plus de fabriques, plus de brasseries. A leur place s'élevaient autour de la Troisième Avenue de grands immeubles aux terrasses en retrait indiquant le respect de la réglementation d'avant 1965, à la façade terne, faite d'une pierre grisâtre. Autour de la Deuxième et de la Première Avenue, les choses avaient moins changé et l'on remarquait toujours des scieries, des garde-meubles, un nombre considérable de garages — tout cela indiquait la médiocrité du prix du terrain — et les rangées intactes de petits immeubles. Vers 1980, lorsque les affaires reprirent irrésistiblement, les promoteurs immobiliers s'emballèrent. Mettant à profit les nouvelles dispositions qui leur permettaient de construire plus haut à la seule condition de ménager des espaces publics au sol, ils fichèrent de hautes tours d'habitation le long des avenues et au coin des rues. Les urbanistes découragent fort judicieusement la construction d'immeubles élevés au milieu des rues transversales. Le quartier a donc deux types d'habitations. Les anciens immeubles, dont les loyers ne sont pas libres mais assujettis à un contrôle, qui peuvent donc toujours être habités par une population modeste, et les nouvelles constructions qui ne sont plus des immeubles locatifs mais des *condominiums* extrêmement onéreux. La Carmargue, *East Winds*, le Trianon, car la tradition du nom de l'immeu-

ble est demeurée vivace, ne s'en sont pas moins rapidement
vendus, enlevés par des gens qui ont toujours des moyens
considérables, en général pas d'enfants, et souvent ne vivent
pas en famille. Les statistiques sont formelles. Dans la circonscription, seuls trente-sept pour cent des foyers sont
familiaux et seulement quatorze pour cent comptent des
enfants[4]. A titre de comparaison, à Staten Island, le *borough*
le plus rural de la ville, soixante-quatorze pour cent des gens
vivent en famille et trente-huit pour cent des ménages ont
des enfants[5].

Il est vrai que les nouveautés apparues dans le voisinage
n'évoquent guère la vie de famille. Les crèches sont rares ; en
revanche un hôtel pour chiens et chats ne désemplit pas. Il
semble, à en juger par l'évolution des commerces, que la passion de la cuisine, haute, nouvelle ou exotique, et l'obsession
de la forme physique, soient les caractéristiques principales
des arrivants. La puissante coulée de fromage épandue dans
les rues s'impose au plus distrait des passants. Au début des
années soixante-dix, le fromage n'existait que sous une
forme cuite et pasteurisée, le plus souvent enrobé de cello-
phane. Dix ans plus tard, les provinces françaises sont toutes
représentées dans les fromageries qui ont poussé tous les
trois blocs ; on découvre maintenant les fromages de brebis
italiens, les pâtes cuites de Suisse, les fermentés à pâte molle
et les affinés à pâte dure. Les producteurs américains se sont
mis de la partie et l'on reçoit des chèvres frais, des crottins
et des cœurs à la crème du Vermont. Pour arroser le fromage, on se livre aux joies de la dégustation, et des bars à
vin offrent aux jeunes connaisseurs la possibilité de s'éduquer en comparant les crus. Le beaujolais nouveau, trans-
porté par Concorde, est accueilli ici avec plus de fanfare que
dans les estaminets de Lyon. Le moindre supermarché propose dorénavant des baguettes de pain, quinze espèces différentes de moutarde et un choix exhaustif d'huiles et de vinai-
gres. Mais le foisonnement parallèle de traiteurs indiquerait
un penchant à dissocier gastronomie et stationnement pro-
longé devant les fourneaux.

J'avais pu mépriser, à mon arrivée, les confections surge-
lées achetées par les Américains, mais il faudrait être
aujourd'hui un fameux cordon bleu pour rivaliser avec les
mets préparés par les cuisiniers de mon quartier : le Grec
grille des poulets à la perfection ; un jeune Français offre
bourguignons, fricassées et blanquettes ; le Russe concocte
côtelettes de volailles, choux farcis et bortschs irrésistibles ;

le poissonnier fournit à la demande salades de fruits de mer et poissons pochés à la perfection. Tout cela dénote l'existence d'une clientèle aisée, au goût affiné soit par les voyages soit, plus modestement, par la lecture des nombreuses publications gastronomiques qui ont fleuri ces dernières années. Je pense aussi que l'évolution du travail féminin y est pour quelque chose.

Manhattan, avec ses milliers d'emplois de secrétaires, de comptables et de vendeuses, a traditionnellement été une ville où les femmes venaient chercher et trouvaient un emploi. Mais récemment la qualité et l'intensité de leur travail ont changé. J'ai débarqué en 1974 en pleine agitation féministe. Un soulèvement qui ne laissait pas de m'étonner. Je venais d'un pays où les femmes médecins, avocates ou journalistes ne manquaient pas. En revanche, nous n'avions pas droit à la pilule et ne pouvions pas ouvrir un compte en banque sans l'autorisation de notre père ou mari ; nos mères n'avaient pu voter qu'en 1945. Ici, c'était tout le contraire. Les femmes avaient tous les droits, mais le sentiment frustrant d'être tenues à l'écart des postes de décision. Mais, en dix ans, à force de patience, de détermination, de sacrifices personnels, parfois de procès, elles ont investi les tours retranchées et masculines de la haute finance, des grandes firmes d'avocats et de la presse. Ces jeunes femmes travaillent très dur, à la new-yorkaise, dix ou douze heures par jour, souvent le week-end, et n'ont manifestement ni le temps de cuisiner des petits plats ni l'envie de sacrifier à leur rôle traditionnel. Ce sont elles et leurs compagnons qui fréquentent les *take-out*, les « à emporter ». Finis les lourds repas ; la mode est à l'échantillonnage. Il n'est pas rare au cinéma ou au théâtre de voir ces gens déballer leurs fromages, leurs pâtés végétariens ou leur *sashimi* avant le spectacle. On cuisine si peu chez les *grazers* — les brouteurs — que dans certains appartements dernier cri, réservés à cette clientèle, on a carrément supprimé la cuisine pour la remplacer par de grands placards. En revanche, il y a de fortes chances pour que la salle de bains comporte un *jacuzzi* et quelques appareils de gymnastique.

Le sport et le culte de la forme ont connu une expansion phénoménale. Je suis arrivée avec les patins à roulettes — des patins aux roulements à billes de Rolls Royce et exigeant une chaussure qui décuplait le prix du jouet — qui furent rapidement remplacés par les planches —, les *skateboards*. Quand celles-ci se perfectionnèrent au point de se munir d'un moteur, il devint évident que le jeu n'était plus réservé aux enfants. Puis vinrent les bicyclettes. Soudain, le petit marchand de vélos de la 85ᵉ Rue ne suffit plus à la tâche. Il colonisa le trottoir, puis s'agrandit. Les bicyclettes américaines, adaptées aux rues de la ville, avec leurs pneus épais et leurs guidons relevés, furent remplacées par des instruments racés, fragiles et dispendieux. Si on n'avait pas une Peugeot dix vitesses, mieux encore une italienne, bien plus légères que les lourdes chaînes et les pesants cadenas qu'il fallait transporter pour les protéger contre le vol, on n'était pas dans la course. Le Park est interdit aux voitures les week-ends et jours de fête, mais entre les patineurs, les plancheurs et les cyclistes, les promeneurs se sentaient tout aussi menacés que par les automobiles. Apparurent enfin les *joggers*. On pourrait croire que le fait de courir n'influence en rien la vie économique. Erreur. Ils ont stimulé la production et vente de souliers divers, de survêtements, de livres de conseils — l'un de ceux-ci a battu le record de durée sur la liste des *best-sellers* jusqu'au moment où son auteur s'est écroulé, victime d'une crise cardiaque —, et l'établissement de cliniques spécialisées pour dos, genoux et chevilles malmenés.

Le goût de l'exercice a même eu un effet sur Park Avenue. Les trottoirs, jadis dégagés, sont maintenant encombrés le matin d'une foule d'hommes et de femmes qui descendent à pied à leurs bureaux, vêtus de leur uniforme de travail. Costume classique, chemise blanche ou bleue pour les financiers et les hommes de loi. Tailleur strict pour les jeunes ambitieuses, convaincues de la nécessité absolue de ne trahir ni féminité ni fantaisie dans leur vêtement ; chaussures de tennis pour tout le monde. Les souliers de ville sont transportés dans un sac en bandoulière ou attendent dans un tiroir du bureau.

A l'heure où les habitants du quartier descendent aux affaires, arrivent de Brooklyn, de Queens, du Bronx, de Staten Island, parfois de plus loin, tous ceux qui vont animer le commerce du voisinage, lui donner sa couleur et sa diversité. Dans mon bloc, seuls le pharmacien et les garçons livreurs sont américains. Les tailleurs sont juifs polonais, syriens et chinois. (Le nombre surprenant de tailleurs est la preuve que l'industrie de l'aiguille survit encore de façon artisanale sur l'île.) Le fleuriste est grec, les Coréens fournissent fruits, légumes et poissons, la pâtissière est bretonne, le boucher irlandais, le cordonnier est russe. Plus surprenante encore que la variété des origines — car enfin, il y a longtemps que

– Quelque chose ne va pas ?

Sempé
New-York 1981

l'on sait que Manhattan est un *melting-pot* — est la manière
dont les tout derniers venus s'insèrent dans la vie de la ville
et s'inventent des emplois quand on ne leur en offre pas.

Je pris conscience de l'existence d'une nouvelle vague
d'immigrants indiens et pakistanais, un groupe beaucoup
plus modeste que leurs prédécesseurs des années soixante
dont la majorité étaient médecins ou professeurs, du jour où
ils apparurent à l'intérieur de kiosques à journaux laissés à
l'abandon et de minuscules échoppes, véritables trous dans
le mur, où ils vendaient publications, bonbons et pellicules.
Ce phénomène n'est pas propre à ma rue. Soixante-dix pour
cent des cinq mille kiosques de la ville sont désormais tenus
par des Indiens, et cela grâce à l'esprit d'initiative d'un
nommé Bhanesh Kapoor, arrivé en 1972 de son Pendjab
natal, à vingt-neuf ans, avec un diplôme de comptable dans
sa poche. Il prit en gérance un kiosque à Wall Street où il
s'activa plus de douze heures par jour. S'interdisant toute
dépense superflue, il parvint à économiser, en huit ans, les
quinze mille dollars nécessaires pour acheter son fonds.
Trois ans plus tard, il participa à une adjudication municipale et obtint le contrat de gestion de tous les kiosques du
métro. Bien entendu, il engagea ses compatriotes pour les
tenir et constitua ainsi un mini-monopole. Puis il fit surface,
envoya ses hommes dans la rue et reprit, chaque fois qu'il le
put, les boutiques trop petites pour être utilisables à autre
chose qu'à ce commerce de détail. Le choix des journaux et
des magazines y est étourdissant. Kapoor innove en relé-
guant les publications pornographiques au fond de l'éventaire, car il avait remarqué que moins de dix pour cent de ses
clients les achetaient, mais que leur étalage dissuadait les
femmes de flâner avant de se décider. Il n'a jamais de mal à
trouver des gérants malgré le travail lassant et les horaires
épuisants, car, pour un investissement minime, ils disposent
d'un tremplin qui leur facilitera l'établissement d'un commerce plus large. Il semble que Manhattan sécrète sans
cesse ces « niches » à étrangers. Les derniers à marquer ma
rue sont les Sénégalais.

Comme je l'ai dit plus haut, la chaussée de Manhattan a
toujours été encombrée. Outre les piétons et les livreurs qui
chargent et déchargent leurs marchandises, un buffet permanent occupe le trottoir. Le matin, on vend du café et des
doughnuts; devant les immeubles de bureaux les plus élégants, les *French Croissants* sont au menu ; à midi on peut
faire un véritable déjeuner de saucisses, de brochettes, de

boulettes farcies à la chinoise ; l'été, en plus des glaces et des
sorbets, on propose maintenant des oranges pressées devant
le client, des fruits frais et, depuis peu, on les vend coupés,
épluchés, dans de petites boîtes de plastique transparentes.
Cette activité se concentrait naturellement dans le quartier
des affaires de la ville. Puis, en 1984, on eut soudain l'impression qu'à chaque coin de rue, un Noir très noir et non
métissé comme la plupart des Noirs américains vendait des
lunettes de soleil par beau temps et des parapluies les jours
d'orage. Petit à petit, l'étal se diversifiait : bijoux africains,
cassettes, écharpes et gants, sacs façon Gucci ou genre Vuit-
ton, et toujours ce vendeur très silencieux, comme aux
aguets. Renseignements pris, il s'agissait de Sénégalais, sans
visa légal, donc à la merci de la police. Leur perpétuelle qui-
vive s'expliquait. Ces hommes vivent à quatre par matelas
dans deux hôtels minables de Broadway et l'on peut les voir
tous les matins s'approvisionner dans un magasin en gros
tenu par des Asiatiques ; une des minorités les plus entrepre-
nantes et remarquables de la ville.

La population jaune de New York est passée de quatre-
vingt-quatorze mille cinq cents en 1970 à deux cent trente et
un mille en 1980. Le New-Yorkais moyen en est tout à fait
conscient. Non pas qu'il sache nécessairement que près de
dix pour cent des étudiants de Columbia sont orientaux,
comme près du tiers des élèves de l'école de musique, la Juilliard, ou qu'un prix sur trois des concours, équivalents de
notre Concours général, est décerné à un ressortissant de
cette minorité ; mais sa vie quotidienne a été transformée
par la mainmise des Coréens sur le marché des fruits, fleurs
et légumes.

On m'avait prévenue quand j'avais quitté Paris : « A New
York, pas de légumes frais, finis les fruits de saison, on vit de
conserves. » Il est vrai que, les premières années, les devantures des rares marchands de primeurs ne m'attiraient guère
et que je me repliais sur le choix banal du supermarché. En
1978, un Coréen, Jai Rowe, s'établit Lexington Avenue. Très
mince dans son jean impeccable, souriant, appelant ses
clients réguliers par leur nom, admonestant les enfants qui
ne s'emparaient pas assez vite du panier rempli de leurs
mères, dirigeant d'un ton sans réplique toute une troupe de
frères et de belles-sœurs, Rowe était là tous les jours,
dimanches compris, de sept heures du matin à neuf heures
du soir. Son étalage, des planches posées sur des casiers à
lait en plastiques multicolores, disposé avec goût, sans cesse

réaménagé, dépoussiéré, rafraîchi par son plus jeune neveu, se diversifiait chaque jour davantage. La mâche, l'oseille, la trévise, la frisée remplaçaient l'*iceberg*, une chicorée insipide qui servait de salade universelle jusque-là. De l'arrière-boutique surgissait la grand-mère avec des sachets de haricots verts épluchés, des poireaux lavés et, comble de la prévoyance, des petits pois écossés. La musique classique qui s'échappait toute la journée du poste de radio m'intriguait. M. Rowe me dit qu'il aurait voulu être pianiste mais que son père, un médecin, l'avait convaincu de venir tenter l'aventure à New York. L'aventure commençait pour lui, comme pour ses compatriotes qui gèrent les deux tiers de toutes les boutiques de primeurs de la ville, par des journées de dix-huit heures. Mais deux ans plus tard, sa femme ouvrait une boutique attenante ; son frère s'installait quelques rues plus bas. Puis un jour, M. Rowe disparut en laissant un cousin derrière la caisse et je le retrouvai Madison Avenue, à la tête d'un magasin d'un raffinement à la Hédiard. Il avait troqué son jean contre un complet veston et donnait des interviews au *New York Times* sur le marché de la crudité.

Aujourd'hui, entre la 81e et la 82e Rue, la tribu préside à la vente des fruits et légumes, des fleurs et du poisson. Elle vient d'ouvrir un atelier d'encadrement tandis qu'un peu plus haut, deux cousines ont ouvert des boutiques de mode. La même chose se reproduit dans la ville entière. Le succès des Coréens s'explique non seulement par le dur travail qu'ils abattent, par l'efficacité de l'entraide familiale, mais aussi par leur intelligence de la ville, si prompte à adopter une nouvelle mode. L'obsession de la santé et de la minceur qui s'est emparée de l'esprit des New-Yorkais les a amenés à consommer de plus en plus de légumes frais. Les Coréens de se féliciter de cette tendance et de la mettre immédiatement à profit. Ils consacrent, lorsque la dimension de leur boutique le leur permet, le milieu de leur espace à un grand comptoir, où ils disposent sur un lit de glaçons tout un assortiment de légumes prêts à être consommés. Le client prend une boîte de plastique et la remplit à volonté de deux feuilles d'endives, d'un brin de cresson, trois radis et une lamelle de concombre. Mayonnaise et diverses vinaigrettes sont à sa disposition dans de grandes jattes. Devant le succès de la formule, certains ont installé de grands chariots pour des nourritures chaudes : un plat du jour, des croquettes chinoises, des pâtés impériaux ou des crevettes frites. Leur dernière conquête, ce sont les fleurs.

Les fleuristes ne manquent pas à New York. Mais le commerce, généralement réservé aux Grecs, est axé moins sur les fleurs coupées, le plus souvent reléguées dans un réfrigérateur vitré, au fond du magasin, que sur les plantes. Les Coréens ont été rapides à repérer la « niche ». Ils ont envoyé un représentant en Hollande pour mettre au point des envois directs et éviter ainsi le marché des grossistes, tenu par leurs concurrents et adversaires grecs, et depuis deux ans les épiciers coréens disposent sur le trottoir, devant leurs boutiques, de grands seaux de tulipes, de chrysanthèmes et d'œillets. L'hiver, ils protègent leur éventaire de rideaux de plastique et la vente continue.

Il est fort à parier que les enfants ne prendront pas leur relève. Manhattan ne tiendrait pas ses promesses si les enfants suivaient la trace de leurs pères. Aux États-Unis, quatre-vingt-sept pour cent des enfants blancs et soixante-quatorze pour cent des élèves noirs terminent leur scolarité. La proportion est de quatre-vingt-quatorze pour cent pour les Coréens. Un quart des adolescents blancs et un cinquième des jeunes gens noirs vont à l'université, mais quarante pour cent des Coréens poursuivent des études supérieures. Ils sont en train de faire un « parcours de l'immigrant » sans faute, rapide, intelligent et terriblement new-yorkais. Car la réussite, et une réussite éclatante, fait partie du mythe de la ville. On a dit qu'il y avait trois New York : celle du natif de Manhattan, qui lui donne sa continuité ; celle du banlieusard recraché tous les soirs aux frontières ; et celle de l'étranger venu en quête de succès ou de gloire et qui confère à la ville sa vivacité, sa passion et son éclat.

C'est pourquoi il est aisé de s'y intégrer. On n'abandonne jamais rien pour en faire partie ; point n'est besoin de se forcer pour se glisser dans un moule. Bien au contraire, c'est l'originalité, le talent et l'énergie, une sève bien souvent venue d'ailleurs, qui ouvrent les portes de la ville. Une fois adopté on découvrira, tout surpris, qu'on est devenu sans le savoir un New-Yorkais, un vrai.

Les marchands coréens de Lexington Avenue. Si les hommes ont accepté de poser, les femmes ont dû, elles, rester à l'intérieur et continuer la vente. La petite fille, née à New York, a donné son nom américain à la boutique. (Amey Larmore.)

NOTES

Introduction

1. Jules Romains, *Salsette découvre l'Amérique*, New York, Éditions de la Maison française, 1942, p. 34.
2. Philip Hone, *The Diary of*, édité par Allan Nevins, 2 volumes, New York, 1927, I, pp. 394-395.
3. Le Corbusier, *Quand les cathédrales étaient blanches*, Plon, 1937, p. 5.
4. Brissot de Warville, *Nouveau Voyage dans les États-Unis d'Amérique septentrionale, fait en 1788*, Paris, 1971, p. 238.
5. Henry James, *the American Scene*, Indiana University Press, 1968.
6. William Dean Howells, *Impressions and Experiences*, New York, 1896.
7. H.G. Wells, *the Future in America*, Harper and Brother, 1906, p. 35.
8. Walt Whitman, *Articles written by Whitman as editor of New York Aurora*, édité par Joseph J. Rubin and Charles H. Brown, State college, Pa. 1950, p. 125.
9. Mark Twain, *Lettres de New York au Alta California*, journal de San Francisco du 5 juin 1867.
10. Gustav Unionus, *A Pioneer in Northwest America*, Minneapolis 1950, I, pp. 30-31.
11. Claude Roy, *Clefs pour l'Amérique*, Genève, 1947, p. 187.
12. Jules Romains, *op. cit.*, p. 38.
13. Walt Whitman, cité par Peter Conrad, *the Art of the City*, New York Oxford University Press, 1984, pp. 20-21.
14. Walt Whitman, Articles... *op. cit.*, New York Aurora, p. 19.
15. Mark Twain, *op. cit.*
16. H.G. Wells, *op. cit.*

17. Mrs. March dans *A Hazard of New Fortunes*, Signet, 1965.
18. Jean-Paul Sartre, « New York, ville coloniale », in *Situations III*, Gallimard, 1949, p. 118.
19. Claude Lévi-Strauss, *Tristes Tropiques*, Plon, 1955, pp. 86-87.
20. George Templeton Strong, *The Diary of*, édité par Allan Nevins et Milton Halsey Thomas, 4 volumes, New York, 1952, IV, p. 535.
21. Henry James, *op. cit.*, p. 76.
22. W.E. Adams, *Our American Cousins*, Londres, 1883, p. 207.
23. Paul Morand, *New York*, Flammarion, 1930, pp. 23 et 26.
24. William Archer, *America to-day*, New York, 1899, p. 21.
25. John Lambert, *Travels through Canada and the United States of America in the Years 1806, 1807 and 1808*, 2 volumes, Londres, 1814, II, pp. 106-107.
26. William Dean Howells, « Editor's easy chair » in *Harper' Monthly Magazine*, CXVI (1908), p. 472.
27. Le Corbusier, *op. cit.*, p. 98.
28. Henry James, *op. cit.*, p. 139.
29. Peter Conrad, *op. cit.*, p. 122.

I. *Castors, dindons et schnaps*

1. Walt Whitman, *Feuilles d'herbe*, traduit par Léon Bazalgette, Mercure de France, 1931, p. 285.
2. Jugement de Descartes sur Amsterdam cité par Fernand Braudel, *Civilisation matérielle, économie et capitalisme, XVe et XVIIe siècles*, Armand Colin, 1979, p. 20.
3. Tous les détails sur la vie des Indiens sont tirés de Adrian Van der Douch, *A description of New Netherlands*, édité par Thomas O'Donnell, Syracuse University Press, 1968.
4. Van Laer, « New Netherlands documents, 1624-1626 », cité par A.W. Trelease, *Indian Affairs in Colonial New York in the XVIIth century*, Cornell University Press, 1960.
5. Jerry E. Patterson, *The City of New York*, Abrams, 1978, p. 21.
6. A.W. Trelease, *op. cit.*
7. Van Laer, « Correspondence of Jeremias Van Rensselaer », cité par A.W. Trelease, *op. cit.*
8. Recensement de 1656 cité par Jerry E. Patterson, *op. cit.*, p. 21.
9. *Mémoires de la marquise de La Tour du Pin*, Mercure de France, 1979, p. 210.
10. Mrs. John Van Rensselaer, *The Groede Vrow of Man-ha-ta*, New York, 1898.
11. Patterson, *op. cit.*, p. 23.
12. Pelliana Papers, pp. 36 et suivantes.
13. A.W. Trelease, *op. cit.*, p. 39.
14. Fernand Braudel, *op. cit.*, p. 20.

15. Allan Nevins et John A. Krout, *The Greater City*, New York, 1898-1948, Columbia University Press, 1948, p. 15.
16. Jacques de Vilamont, « Voyages », cité par Fernand Braudel, *op. cit.*, p. 20.
17. Voyage d'Angleterre, de Hollande et de Flandre, cité par Fernand Braudel, *ibid.*

II. *Les affres de la croissance*

1. Marthe Joanna Lamb, *History of the City of New York*, New York, 1877, I, 678.
2. Michael Kammen, *Colonial New York, a History*, Charles Scribner's, 1975, p. 94.
3. « Commercial Arbitration in the Eighteenth Century : Searching for the Transformation of American Law » in *The Yale Law Journal*, vol. 93, 135, 1983.
4. Kammen, *op. cit.*, p. 86.
5. Frances Gruber Safford, *Colonial Silver in the American Wing*, Metropolitan Museum of Art, 1983.
6. Charles W. Baird, *Huguenot Emigration in America*, New York, 1885.
7. Thomas J. Archdeacon, *New York City, 1664-1710, Conquest and Change*, Cornell University Press, 1976.
8. Edith Wharton, *The Age of Innocence*, Charles Scribner, 1968, pp. 33-34.
9. Carl Bridenbaugh, *Cities in the Wilderness : the First Century of Urban Life in America 1625-1742*, The Ronald Press Company, 1938, p. 148.
10. Chateaubriand, *Mémoires d'outre-tombe*, éditions de la Pléiade, Gallimard, 1951, livre VI, chap. VII, p. 220.
11. Charles Dickens, *American Notes*, Londres, 1842, pp. 206-207.
12. Jon Butler, *The Huguenots in America, a refugee people in a New World Society*, Harvard University Press, 1983, pp. 186-189.
13. *Letters of the Franks Family (1733-1748)*, American Jewish Historical Society, 1968.
14. Kammen, *op. cit.*, p. 270.
15. *Ibid.*, p. 277.
16. Bridenbaugh, *op. cit.*, p. 288.
17. *Ibid.*, p. 134.

III. *Révolution, retournements et reprise des affaires*

1. John Adams, cité par Kammen, *op. cit.*, p. 341.
2. Bayrd Still, *Mirror for Gotham*, New York University Press, 1956, p. 37.
3. Washington Irving, *George Washington*, édition abrégée de l'ouvrage original publié en cinq volumes en 1856-1859, Doubleday, 1975, p. 76.
4. Vergennes, cité par Irving, *op. cit.*, p. 108.
5. *Colonial Panorama, 1775 : Dr Robert Honyman's Journal for March and April*, ed. by Philip Padelford, San Marino, Cal. 1939, p. 29.
6. Irving, *op. cit.*, p. 219.
7. Edward Countryman, *A People in Revolution, the American Revolution and Political Society in New York, 1760-1790*, Johns Hopkins University Press, 1981, pp. 123-130.
8. Robert Livingston, cité par Countryman, *op. cit.*, p. 165.
9. Sacvan Bercovitch, « How the Puritans won the war », in *Massachusetts review*, 1976.
10. William Clark, *Talk II, BBC, June 1976*, cité par Susan Mary Alsop, *Yankees at the court, the First Americans in Paris*, Doubleday 1982, Prologue, 16.
11. Allan Nevins et Henry Steele Commager, *A Pocket History of the United States*, Washington Press Square, 1942, revu en 1981, p. 92.
12. Sacvan Bercovitch, *op. cit.*
13. Brissot de Warville, *op. cit.*, p. 239.
14. Thomas Twining, *Travels in America... 1795-1796*, cité par Sidney I. Pomerantz, *New York, An American City, 1783-1803*, Columbia University Press, p. 159.
15. François de La Rochefoucauld-Liancourt, *Voyage dans les États-Unis d'Amérique, fait en 1795, 1796 et 1797*, Paris, 1799.
16. « Travels of John Davis in the United States of America », cité par Still, *op. cit.*, p. 68.
17. *Daily Advertiser*, avril 1808, cité par Pomerantz, *op. cit.*, p. 200.
18. Pour tout ce développement, j'ai suivi Dixon Ryan Fox, in « The negro vote in old New York », in *Political Quarterly*, vol. XXXII, n° 2, pp. 252-275.
19. Countryman, *op. cit.*, p. 294.
20. Pomerantz, *op. cit.*, p. 140.
21. Charles Lockwood, *Bricks and Brownstones, the New York Row House, 1783-1929*, Abbeville Press, 1972, p. 2.

IV. *La course et la victoire*

Pour tout ce chapitre, je me suis énormément servie de l'ouvrage fondamental de Robert Greenhalg Albion, *The Rise of New York Port, 1815-1860*, Scribner, 1939.

1. Publicité parue dans la presse new-yorkaise pour James Farquar and Son, importateurs.
2. J.A. Scoville, *The Old Merchants of New York*, cité par Albion, *op. cit.*
3. Allan R. Pred, *Urban Growth and the Circulation of Information : the United States System of Cities, 1790-1840*, Harvard University Press, 1973, p. 30.
4. *Ibid.*, p. 50.
5. George Combe, *Notes on the United States of North America during a Phrenological Visit in 1838-1840*, 3 vol., Edinburgh, 1841, vol. 1, pp. 28-29.
6. George Washington, cité par Albion, *op. cit.*, p. 84.

V. *Une métropole à l'américaine*

1. Walt Whitman, *Poetry and Prose*, The Library of America, New York, 1982, p. 1061.
2. Tous les chiffres sont tirés de Ira Rosewaike, *History of the population of New York*, Syracuse University Press, 1972.
3. Philip Hone, *op. cit.*, p. 202.
4. Gunther Barth, *City People*, Oxford University Press, New York, 1980, Introduction.
5. Philip Hone, cité par Edward K. Spann, *The New Metropolis, New York, 1840-1857*, Columbia University Press, 1982, p. 54.
6. Charles Lockwood, *op. cit.*, *passim*.
7. Frances Trollope, *Domestic Manners of the American*, Vintage Books, 1949, p. 349.
8. Justin Kaplan, *Walt Whitman, a Life*, Simon and Schuster, 1980, p. 95.
9. *Ibid.*
10. Frances Trollope, *op. cit.*, p. 283.
11. William Dean Howells, *A Hazard of New Fortunes*, New American Library, 1980, p. 51.
12. Edward K. Spann, *op. cit.*, p. 123.
13. Richard Plunz, *Habiter New York, la forme institutionnalisée de l'habitat new-yorkais, 1850-1950*, Pierre Mardaga, 1982, p. 55.

14. *Ibid.*, p. 58.
15. Edith Wharton, *The Age of Innocence, op. cit.*
16. Charlotte Perkins Gilman, « The Passing of the Home in great American Cities », *Cosmopolitan* XXXVIII.
17. Sarah Gilman Young, *European modes of living or the question of apartment houses*, Putman, 1881, pp. 26-27.
18. *New York Times*, 15 juillet 1985.
19. Stephen Birmingham, *Life at the Dakota*, Random House, 1979.
20. John Tauranac et Christopher Little, *Elegant New York, the Builders and the Buildings, 1885-1915*, Abbeville Press, 1985, p. 6.
21. Thomas E. Norton et Jerry E. Patterson, *Living it up, a guide to the named apartment houses of New York*, Atheneum, 1984.
22. Henry James, *Washington Square*, in Great short works of Henry James, Harper and Row, 1966, p. 86.
23. Henry James, *The American Scene, op. cit.*, pp. 175 et suiv.

VI. *Les étrangers chez eux*

1. Henry James, *The American Scene, op. cit.*, p. 124.
2. William Dean Howells, *A Hazard of New Fortunes, op. cit.*, p. 56.
3. Carlo Levi, *Le Christ s'est arrêté à Eboli*, Folio, p. 86.
4. *New York Panorama*, Pantheon, 1984, p. 368.
5. Jason Epstein, in *New York Review of Books*, 19 février 1976.
6. Robert Ernst, *Immigrant Life In New York City, 1825-1863*, New York, 1949.
7. Nathan Glazer and Daniel P. Moynihan, *Beyond the Melting Pot, the Negroes, Puerto-Ricans, Jews, Italians and Irish of New York City*, M.I.T. Press, 1970, p.217.
8. Carlo Levi, *op. cit.*, pp. 138-139.
9. Irwing Howe, *World of our fathers*, Harcourt, Brace, Jovanovitch, *1976*, in chap. III : « The Early Years ».
10. *New York Times*, 22 mai 1985.
11. Irwing Howe, *op. cit.* in chap. V : « Slum and shop ».
12. Glazer and Moynihan, *op. cit.*, p. 226.
13. David A. Bell, « The Triumph of Asian-Americans », The New Republic.
14. Thomas Boese, *Public education in the city of New York*, Harper, 1869, p. 69, cité par Diane Ravitch, *The Great Schools Wars*, New York City 1805-1973, Basic Books, 1974.
15. Lilian Wald, *The House on Henry Street*, Holt, 1915.
16. Irwing Howe, *op. cit.*, p. 176.
17. E.B. White, *Here is New York*, p. 43, Harper, 1949.
18. Mike Royco, *Boss, Richard J. Daley of Chicago*, Signet, 1971, p. 31.

19. Caroline Ware, *Greenwich Village, 1920-1930, a Comment on American Civilization in the Post-War Years*, Houghton Mifflin, 1935.
20. Henry Roth, *Call it Sleep*, Avon Books, 1964.
21. Alfred Kazin, *A Walker in the City*, Harcourt, Brace, Jovanovitch, 1951, p. 32.
22. David Nasaw, *Children at Work and at Play, Children of the City*, Anchor Press/Doubleday, 1985, p. 126.
23. *Ibid.*
24. Henry James, *The American Scene, op. cit.*, p. 131.
25. Harpo Marx, avec la collaboration de Rowland Barber, *Harpo Speaks*, New York, 1974, p. 36.
26. Bette Bao Lord, in *New York Times Magazine*, 2 novembre 1985.
27. David Nasaw, *op. cit.*, dans son chapitre consacré aux Newsies.

VII. *La machine politique*

1. George Templeton Strong, *op. cit.*, vol. I, p. 94.
2. Glazer et Moynihan, *op. cit.*, p. 223.
3. Pour tout ce développement, j'ai suivi Glazer et Moynihan, *ibid.*
4. Daniel Bell, *The End of Ideology*, New York, the Free Press, 1967.
5. Caroline Ware, *op. cit.*
6. Voir le roman de Felix Reisenberg, *East Side, West Side*, Harcourt and Brace, 1927.
7. Harpo Marx, *op. cit.*, pp. 47-48.
8. Charles Garrett, *The La Guardia Years, Machine and Reform Politics in New York City*, Rutger University Press, 1961.
9. Robert Caro, *The Power Broker, Robert Moses and the Fall of New York*, Vintage, 1975, p. 71.
10. Oscar Handlin, *Al Smith and his America*, Little Brown, 1958.
11. Garrett, *op. cit.*, p. 17.
12. Gustavus Myers, *The History of Tammany Hall*, New York, 1901, p. 266.
13. Garrett, *op. cit.*, p. 29.
14. Peter Collier et David Horowitz, *The Rockefellers, an American Dynasty*, Holt, Rinehart and Winston, 1976, p. 181.

VIII. *Quatre kilomètres à l'heure, à pied, à cheval ou en voiture*

1. Patterson, *The City of New York, op. cit.*, p. 114.

2. John P. MacKay, *Tramways and Trolleys : the Rise of Urban Mass Transit in Europe*, Princeton University Press, 1976, p. 16.
3. John Anderson Miller, *Fares, please! From Horse-Cars to Stream-Liners*, Appleton Century Company, 1941, p. 4.
4. *Ibid.*, pp. 5 et suivantes.
5. *New York Herald*, 2 octobre 1864, cité par James Blaine Walker, *Fifty years of rapid transit*, New York, 1918.
6. *Ibid.*
7. McKay, *op. cit.*
8. Pour tout ce développement, j'ai suivi Charles Cheape, *Moving the Masses : Urban Public Transit in New York, Boston and Philadelphia, 1880-1912*, Harvard University Press, 1980.
9. *New York Herald*, 2 octobre 1864.
10. Miller, *op. cit.*, p. 29.
11. *New York Daily Tribune*, cité par Cheape, *op. cit.*
12. John I. Davenport, *Letter on the Subject of the Population of the City of New York. Its Density and the Evils Resulting therefrom*, New York, 1884, p. 11.
13. Robert C. Reed, *The New York Elevated*, A.S. Barnes and co, 1978.
14. Howells, *op. cit.*, p. 66.
15. *Henry Irving's impressions of America narrated in a serie of sketches, chronicles and conversations*, Boston, 1884, p. 10, cité in Bayrd Still, *op. cit.*, p. 220.
16. Burton J. Hendrick, « Great American Fortunes and their Making », in *McClure Magazine*, nov. 1907.
17. Milo Maltbie, « A Century of Franchise History, Municipal Affairs », mars 1900, cité par Cheape, *op. cit.*, p. 69.

IX. *Ancrages*

1. *New York Times*, 21 août 1985.
2. *Ibid.*
3. Henry James, *The American Scene, op. cit.*, p. 139.
4. Harvey A. Kantor, « The City Beautiful in New York », *The New York Historical Society Quarterly* 67, avril 1975, pp. 148-171.
5. Nils Groen, cité dans l'article précédent.
6. Henry James, *Washington Square, op. cit.*, p. 77.
7. Deborah Nevins, general editor, *The Municipal Art Society of New York : Grand Central Terminal, City within the City*, 1982.
8. Christopher Gray, Park Avenue comes into its own, Avenue Magazine, mars 1984.
9. *New Republic* 1927, cité par Gray in article précédent.
10. Rem Koolhaas, *Delirious New York*, New York Oxford Univer-

sity Press, 1978, « The Talents of Raymond Hood », pp. 36 et suiv.

11. L'ouvrage de base sur Rockefeller Center est la thèse de Carol Krinsky, *Rockefeller Center*, New York, Oxford University Press, 1978.
12. David Loth, *The city within the City, the Romance of Rockefeller Center*, p. 24.
13. Cité par Krinsky, *op. cit.*, p. 47.
14. Cité par Loth, *op. cit.*, p. 59.
15. *Ibid.*, p. 73.
16. Alfred Kazin, *New York Jew*, Knopf, 1978, pp. 57 et 74.
17. Cité par Alan Balfour, *Rockefeller Center, Architecture as theater*, McGraw Hill, 1978.
18. Alan Balfour, *op. cit.*
19. James Marston Fitch et Diana S. Waite, *Grand Central Terminal and Rockefeller Center, a Historic critical estimate of their significance*, New York State Parks and Recreation, Division for Historic Preservation, 1974.

X. Harlem

1. Adam Clayton Powell, *Against the Tide*, pp. 70-71.
2. *Saturday Evening Post*, 8 août 1925.
3. 287 Convent Avenue entre la 141e et la 142e Rue (1801).
4. Edgecombe Avenue à la 160e Rue (1765).
5. Broadway et 204e Rue (1783).
6. Arthur Goldberg, in *New Yorker* du 9 novembre 1929.
7. Jervis Anderson, *This was Harlem : 1900-1950*, Farrar Straus Giroux, 1981, 2e partie : « Shaping a Black metropolis ».
8. Gilbert Osofsky, *Harlem, the Making of a Ghetto, Negro New York, 1890-1930*, Harper and Row, 1963, chap. VI, *passim*.
9. James Weldon Johnson, *Black Manhattan*, Knopf, 1930, p. 146.
10. Cité par Anderson, *op. cit.*, p. 142.
11. Oscar Handlin, *The New Comers : Negroes and Puerto-Ricans in a Changing Metropolis*, Harvard, 1959, p. 79.
12. Gunnar Myrdal, *An American Dilemma : the Negro Problem and American Democracy*, Harper and Row, 1962.
13. Osofsky, *op. cit.*
14. Johnson, *op. cit.*, p. 143.
15. Osofsky, *op. cit.*
16. *New York Times*, 17 avril 1927.
17. Johnson, *op. cit.*, p. 231.
18. Marian Anderson, *My Lord, What a Morning*, Viking, 1956.
19. Anderson, *op. cit.*, p. 203.
20. Darius Milhaud, *Ma vie heureuse*, Belfond, 1973, p. 114.
21. Smith and Hoefer, *Music on my Mind*, cité par Anderson, *op. cit.*

22. Scott F. Fitzgerald, *This Side of Paradise*, Scribners, 1920, p. 282.
23. Frederick Lewis Allen, *Only Yesterday*, Harper and Brothers, 1931.
24. Ethel Waters and Charles Samuels, *His Eye on the Sparrow*, Doubleday, 1951, p. 124.

XI. *La loi du gang*

1. John Kobler, *Capone, the Life and World of Al Capone*, Putnam, 1971, p. 31.
2. Daniel Bell, *op. cit.*, p. 127.
3. *New York Times*, 25 novembre 1985.
4. Herbert Ashbury, *The Gangs of New York*, Knopf, 1928.
5. Craig Thompson et Raymond Allen, *Gang Rule in New York*, The Dial Press, 1940, p. 129.
6. Jenna Weissman Joselit, *Our Gang*, Indiana University Press, 1983, *passim*.
7. Theodore A. Bingham, *Foreign criminals in New York*, cité par Joselit, *op. cit.*, p. 23.
8. Martin A. Gosch et Richard Hammer, *The last Testament of Lucky Luciano*, Little, Brown, 1974, p. 8.
9. Joselit, *op. cit.*, p. 27.
10. *Ibid.*, p. 38.
11. Gosch et Hammer, *op. cit.*, p. 9.
12. *New Yorker*, 17 février 1940.
13. Gosch et Hammer, *op. cit.*, p. 49.
14. *Ibid.*, p. 44.
15. Caroline Ware, *op. cit.*, p. 59.
16. Thompson et Allen, *op. cit.*
17. Josclit, *op. cit.*, chap. v, *passim*.
18. Charles R. Snyder, *Alcohol and the Jews : a Cultural Study of Drinking and Sobriety*, Glancoe, 1958.
19. Thompson et Allen, *op. cit.*, pp. 63-65.
20. Charles Garrett, *The La Guardia Years, machine and reform politics in New York City*, Rutgers University Press, 1961, p. 155.
21. Leon Stein, *The Triangle Fire*, Lippincott, 1962.
22. Garrett, *op. cit.*, pp. 155-164.
23. Thomas Kessner, *The Golden Door, Italian and Jewish Immigrant Mobility in New York City 1880-1915*, Oxford University Press, 1977, p. 98.
24. *New York Times*, 19 décembre 1985.
25. *New York Times*, 2 janvier 1986.

XII. *Le refuge des hommes illustres*

1. Laura Fermi, *Illustrious Immigrants*, University of Chicago Press, 1967, p. 11.
2. John Highman, *Strangers in the Land, Patterns of American nativism, 1860-1925*, Athencum, 1981, pp. 267-270.
3. Allen, *op. cit.*, p. 66.
4. Higham, *op. cit.*, p. 268.
5. Heywood Brown et George Britt, *Christians only, a Study in Prejudice*, New York, 1931.
6. Glazer and Moynihan, *op. cit.*, p. 156.
7. Claude Lévi-Strauss, *Tristes Tropiques, op. cit.*, p. 36.
8. *The Intellectual Migration, Europe and America 1930-1960*, edited by Donald Fleming et Bernard Bailyn, Harvard University Press, 1969, p. 212.
9. Alfred Kazin, *Starting out in the Thirties*, Vintage, 1980.
10. *The Letters of Thomas Mann 1889-1955*, 2 volumes, traduction de R. et C. Winston, Londres, 1970.
11. Alvin Johnson, *Pioneer's Progress*, Viking Press, 1952, p. 338.
12. *Ibid.*, pp. 366-367.
13. *The Cultural Migration, the European Scholar in America*, University of Pennsylvania Press, édité par Franz Neumann, pp. 16-17.
14. *Intellectual migration, op. cit.*, p. 97.
15. Alfred Kazin, *New York Jew, op. cit.*, p. 104.
16. Claude Lévi-Strauss, *le Regard éloigné*, Plon, 1983, p. 347.
17. Erich Maria Remarque, *Shadows in Paradise*, New York, 1972.
18. Caresse Crosby, *The Passionate Years*, Dial Press, 1953, p. 322.
19. Helmut F. Pfanner, *Exile in New York, German and Austrian Writers after 1933*, Wayne University Press, pp. 116-117.
20. Fermi, *op. cit.*, pp. 275 et suiv.
21. *Ibid.*, p. 280.
22. Crosby, *op. cit.*, p. 317.
23. Jimmy Ernst, *A Not-so-still Life, a Memoir*, St Martins/Marek, 1984, p. 148.
24. Ernst, *op. cit.*, p. 241.
25. *Intellectual Migration, op. cit.*, in article de Colin Eisler « Kunstgeschichte American Style ».
26. Claude Lévi-Strauss, *le Regard éloigné, op. cit.*, p. 349.
27. Alexander Libermann, article de Marie Winn in *New York Times*, 13 mai 1979.
28. Scott Fitzgerald, *The Crack Up*, New Directions Paperbook, 1956, p. 27.
29. Crosby, *op. cit.*, p. 126.

286   *Manhattan*

30. *Intellectual Migration, op. cit.*
31. *Intellectual Migration, op. cit.*, in article de Paul Lazarsfeld, « An Episode in the History of Social Research, a Memoir ».
32. Ernst, *op. cit.*, p. 111.
33. Fitzgerald Scrap books, cité dans *F. Scott Fitzgerald in his own Time : a Miscellany*, Kent State University Press, 1971, pp. 272-273 et repris par André Le Vot, *F. Scott Fitzgerald*, p. 223.
34. Kazin, *New York Jew, op. cit.*, p. 157.

XIII. *New York au bout de ma rue*

1. David Wallechinsky et Irving Wallace, *The People's Almanac*, Bantam, 1978, p. 479.
2. *New York Times*, 11 février 1986.
3. *The Gordon Office Market Report*, vol. 8, no 4, 1985.
4. Michael Baron et Grant Ujifusa, *The Almanac of American politics*, 1984, Government Research Corporation.
5. *Ibid.*

TABLE

Aubin Imprimeur
LIGUGÉ. POITIERS

Achevé d'imprimer en décembre 1986
Première édition, dépôt légal septembre 1986
Nouveau tirage, dépôt légal décembre 1986
N° d'édition 7204 / N° d'impression L 22476
ISBN 2-246-31221-3
Imprimé en France